위기 대응과 노동시장 전략

위기 대응과
노동시장 전략

국정과제협의회 정책기획시리즈 **18**

권 혁 진
김 성 희
신 우 진
황 선 웅

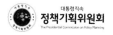

대통령직속
정책기획위원회
The Presidential Commission on Policy Planning

차 례

표 차례

그림 차례

국정과제협의회 정책기획시리즈
발간에 붙여

대통령직속 정책기획위원회

위원장 조대엽

1. 문재인 정부 5년, 정책기획위원회 5년을 돌아보며

문재인 정부가 출범한 지 5년차가 되었습니다. 돌이켜보면 전국의 거리를 밝힌 거대한 촛불의 물결과 전임 대통령의 탄핵, 새 정부출범에 이르는 과정은 '촛불혁명'이라고 할 만했습니다. 2016년 촛불혁명은 법과 제도의 틀에서 전개된 특별한 혁명이었습니다. 1,700만 명의 군중이 모여 촛불의 바다를 이루었지만 법의 선을 넘지 않았습니다. 전임 대통령의 탄핵과 새 대통령의 선출이 법과 정치적 절차의 훼손 없이 제도적으로 진행되었습니다. '제도혁명'이라고도 부를 수 있는 참으로 특별한 정치 과정이 아닐 수 없습니다. 세계적으로 대의 민주주의의 위기와 한계가 뚜렷한 가운데 2017년 문재인 정부의 출범 과정은 현대 민주주의의 범위와 내용을 제도적으로 확장한 정치사적 성과라고도 할 수 있습니다.

현대 민주주의의 괄목할 만한 진화를 이끌고 제도혁명으로 집권한 문재인 정부가 5년차를 맞았습니다. 선거 후 바로 대통령 취임과 함께 국정기획자문위원회가 출발해 100대 국정과제를 선별하면서 문재인 정부의 정치 일정이 시작되었습니다. 집권 5년차를 맞으며 인수위도 없이 출발한 집권 초기의 긴박한 과정을 떠올리면 문재인 정부는 임기 마지막까지 국정의 긴장을 늦출 수 없는 운명을 지녔습니다. 어쩌면 문재인 정부는 '제도혁명정부'라는 특별한 성격을 갖는다는 점에서 거의 모든 정부가 예외 없이 겪었던 임기 후반의 '레임덕'이라는 표현은 정치적 사치일 수 있습니다. 문재인 정부의 남은 시간 동안 지난 5년의 국정 성과에 이어 마지막까지 성과를 만들어냄으로써 국정의 긴장과 동력을 잃지 않는 일이 무엇보다 중요한 시점입니다. 그것이 문재인 정부의 역사적 소명이기도 합니다.

정책기획위원회는 지난 5년간 대통령 직속기구로서 폭넓은 국정자문 활동을 했습니다. 정책기획위원회의 주된 일은 국정과제 전반을 점검하고 대통령에게 필요한 내용들을 보고하는 일입니다. 지난 5년 정책기획위원회의 역할을 구분하면 정책 콘텐츠 관리와 정책 네트워크 관리, 정책소통 관리라는 세 가지로 요약할 수 있습니다.

먼저, 정책 콘텐츠 관리는 국가 중장기 발전전략 및 정책 방향 수립과 함께 100대 국정과제의 추진과 조정, 국정과제 관련 보고회의 지원, 국정분야별 정책 및 현안과제 연구, 대통령이 요구하는 국가 주요 정책 연구 등을 포괄합니다. 둘째로 정책 네트워크 관리는 청와대, 총리실, 정부부처, 정부출연 연구기관, 정당 등과의 협업 및 교류가 중요하며, 학계, 전문가 집단, 시민단체 등과의 네트워크 확장을 포함합니다. 특히 정책기획위원회는 대통령 소속 위원회를 통괄하는 기능을 갖기도 합니다.

대통령 소속의 9개 주요 위원회로 구성된 '국정과제협의회'의 의장

위원회로서 대통령 위원회의 소통과 협업의 구심 역할을 했습니다. 셋째로 정책소통 관리는 정부부처 간의 소통과 협력을 매개하는 역할이나 정책 쟁점이나 정책 성과에 대해 국민들이 공감할 수 있도록 정책 담론을 생산하고 확산하는 일을 포괄합니다. 연구용역이나 주요 정책 TF 운용의 결과를 다양한 형태의 간담회, 학술회의, 토론회, 언론 기고, 자체 온라인 방송 채널을 통해 공유하기도 했습니다.

정책기획위원회의 1기는 정부 출범 시 '국정기획자문위원회'가 만든 100대 국정과제의 관리와 '미래비전 2045'를 만드는 데 중점이 두어졌습니다. 말하자면 정책 콘텐츠 관리에 중점을 둔 셈입니다. 정책기획위원회의 2기는 위기적 정책 환경에 대응하는 정책 콘텐츠 생산과 집권 후반부의 성과관리라는 측면에서 과제가 큰 폭으로 늘었습니다. 주지하듯 문재인 정부의 후반부는 세계사적이고 문명사적인 아주 특별한 시대적 위기를 맞고 있습니다. 코로나19 팬데믹이라는 문명사적 위기는 정책기획위원회 2기의 정책 환경을 완전히 바꾸었습니다. 정책기획위원회는 코로나19 발생 이후 포스트 코로나시대에 새롭게 부가되는 국정과제를 100대 과제와 조정 보완하는 작업, 감염병 대응과 보건의료체제 혁신을 위한 종합 대책의 마련, 코로나19 이후 거대 전환의 사회변동에 대한 전망, 한국판 뉴딜의 보완과 국정자문단의 운영 등을 새로운 과제로 진행했습니다.

정책기획위원회의 2기는 코로나19 팬데믹으로 인한 방역위기와 경제위기를 뚫고 나아가는 국가 혁신전략들을 지원하는 일과 함께, 무엇보다도 문재인 정부의 국정성과를 정리하고 〈국정백서〉를 집필하는 일이 남아 있습니다. 우리 위원회는 성과관리를 단순히 정부의 치적을 정리하는 수준이 아니라 국정성과를 국민의 성과로 간주하고 국민과 공유해야 한다는 차원에서 정책 소통의 한 축으로 간주하고 있습니다.

우리 위원회는 문재인 정부가 촛불혁명의 정부로서 그리고 제도혁명의 정부로서 지향했던 비전의 진화 경로를 종합적 조감도로 그렸고 이 비전 진화의 경로를 따라 축적된 지난 5년의 성과를 포괄적으로 정리하기도 했습니다. 다양한 정책성과 관련 담론들을 세부적으로 만드는 과정이 이어지는 가운데, 우리 위원회는 그간의 위원회 활동 결과로 생산된 다양한 정책담론들을 단행본으로 만들어 대중적으로 공유하면 좋겠다는 데에 뜻을 모았습니다. 이러한 취지는 정책기획위원회 뿐 아니라 국정과제협의회 소속의 다른 대통령 위원회도 공유함으로써 단행본 발간에 동참하게 되었습니다. '국정과제협의회 정책기획시리즈'가 탄생했고 각 단행본의 주제와 필진 선정, 그리고 출판은 각 위원회가 주관해서 진행하는 것으로 했습니다.

정책기획위원회가 출간하는 이번 단행본들은 정부의 중점 정책이나 대표 정책을 다루는 것이 아닙니다. 또 단행본의 주제들은 특별한 기준에 따라 선별된 것도 아닙니다. 이번에 출간하는 단행본 시리즈의 내용들은 정부 정책이나 법안에 반영된 것도 있고 그렇지 않은 것도 포함되어 있습니다. 따라서 이 책의 내용들은 정부나 정책기획위원회의 공식 입장이라고 할 수 없습니다. 정책기획위원회에서 지난 5년간 다양한 방식으로 논의된 정책담론들 가운데 비교적 단행본으로 엮어내기에 수월한 것들을 모아 필진들이 수정하는 수고를 더한 것입니다. 문재인 정부의 정책기획위원회에 모인 백여 명의 정책기획위원들이 다양한 분야에서 국가의 미래를 고민했던 흔적을 담아보자는 취지라 할 수 있습니다.

2. 문재인 정부 5년의 국정비전과 국정성과에 대하여

문재인 정부는 촛불시민의 염원을 담아 '나라다운 나라, 새로운 대한민국'을 약속하며 출발했습니다. 지난 5년은 우리 정부가 국민과 약속한 나라를 만들기 위해 진지하고도 일관된 노력을 기울인 시간이었습니다. 지난 5년, 국민의 눈높이에 미흡하고 부족한 부분이 있었습니다. 그러나 예상하지 못한 거대한 위기가 거듭되는 가운데서도 정부는 국민과 함께 다양한 국정성과를 만들었습니다.

어떤 정부든 공과 과가 있기 마련입니다. 한 정부의 공은 공대로 평가되어야 하고 과는 과대로 평가되어야 합니다. 아무리 미흡한 부분이 있더라도 한 정부의 국정성과는 국민이 함께 만든 것이기 때문에 국민적으로 공유되어야 하고, 국민적 자부심으로 축적되어야 합니다. 국정의 성과가 국민적 자부심과 자신감으로 축적되어야 새로운 미래가 있습니다.

정부가 국정 성과에 대해 오만하거나 공치사를 하는 것은 경계해야 할 일이지만 적어도 우리가 한 일에 대한 자신감과 자부심 없이는 대한민국의 미래 또한 밝을 수 없습니다. 정책기획위원회는 이 같은 취지로 2021년 4월, 『문재인 정부 국정비전의 진화와 국정성과』라는 제목의 보고서를 만들었고, 이 보고서를 바탕으로 5월에는 문재인 정부 4주년을 기념하는 컨퍼런스도 개최했습니다.

문재인 정부는 2017년 출범 후 '국민의 나라, 정의로운 대한민국'을 국가비전으로 제시하고 5대 국정목표, 20대 국정전략, 100대 국정과제를 제시했습니다. '국민의 나라, 정의로운 대한민국'이라는 국정의 총괄 비전은 "대한민국의 모든 권력은 국민으로부터 나온다"라고 하는 헌법 제1조의 정신입니다. 여기에 '공정'과 '정의'에 대한 문재인 대통령의 통치 철학을 담았습니다. 정의로운 질서는 사회적 기회의 윤리인 '공정', 사회적 결과의 윤리인 '책임', 사회적 통합의 윤리인 '협력'이라는 실천윤리가 어울려 완성됩니다. 문재인 정부 5년은 공정국가, 책임국가, 협력국가를 향한 일관된 여정이었습니다. 그리고 문재인 정부의 국정성과는 공정국가, 책임국가, 협력국가를 향한 일관된 정책의 효과였습니다.

돌이켜보면 문재인 정부 5년은 중첩된 위기의 시간이었습니다. 집권 초기 북핵위기에 이은 한일통상위기, 그리고 코로나19 팬데믹 위기라는 예측하지 못한 3대 위기에 문재인 정부는 놀라운 위기 대응 능력을 보였습니다. 2017년 북핵위기는 평창올림픽과 다자외교, 국방력 강화를 통한 한반도 평화 프로세스로 위기 극복의 성과를 만들었습니다. 2019년의 한일통상위기는 우리 정부와 기업이 소부장산업 글로벌 공급망을 재편하고 소부장산업 특별법 제정 등 모든 수단을 동원해 제조업의 경쟁력을 강화함으로써 위기를 극복했습니다. 일본과의 무역마찰을 극복하는 이 과정에서 '아무도 흔들 수 없는 나라'를 만들겠다는 대통령의 약속이 있었고 마침내 우리는 일본과 경쟁할 만하다는 국민적 자신감을 갖게 되었습니다.

이제는 핵심 산업에서 한국 경제가 일본을 추월하게 되었지만 우리 국민이 갖게 된 일본에 대한 자신감이야말로 무엇보다 큰 국민적 성과가 아닐 수 없습니다.

2020년 이후의 코로나19 위기는 지구적 생명권의 위기이자 인류 삶의 근본을 뒤흔드는 문명사적 위기라 할 수 있습니다. 우리는 개방, 투명, 민주방역, 과학적이고 창의적 방역으로 전면적 봉쇄 없이 팬데믹을 억제한 유일한 나라가 되었습니다. K-방역의 성공은 K-경제의 성과로도 확인됩니다. K-경제의 주요 지표들은 우리 경제가 코로나19 이전으로 회복되었을 뿐 아니라 성공적 방역으로 우리 경제가 새롭게 도약하고 있다는 사실을 보여주고 있습니다.

문재인 정부 5년 간 겪었던 3대 거대 위기는 인류의 문명사에 대한 재러드 다이아몬드식 설명에 비유하면 '총·균·쇠'의 위기라 할 수 있습니다. 인류문명을 관통하는 총·균·쇠의 역사는 제국주의로 극대화된 정복과 침략의 문명사였습니다. 그러나 문재인 정부가 지난 5년 총·균·쇠에 대응한 방식은 평화와 협력, 상생의 패러다임으로 인류의 신문명을 선도하는 것이었습니다. 세계가 이 같은 총·균·쇠의 새로운 패러다임에 주목하고 있습니다. 문재인 정부가 총·균·쇠의 역사를 다시 쓰고 인류문명을 새롭게 이끌고 있다고 감히 말할 수 있습니다.

문재인 정부는 지난 5년, 3대 위기를 극복함으로써 '위기에 강한 정부'의 성과를 얻었습니다. 또 한국판 뉴딜과 탄소중립 선언, 4차 산업혁명과 혁신성장, 문화강국과 자치분권의 확장을 주도해 '미래를 여는 정부'의 성과를 만들었습니다. 돌봄과 무상교육, 건강공공성, 노동복지 등에서 '복지를 확장한 정부'의 성과도 주목할 만합니다. 국정원과 검찰·경찰 개혁, 공수처 출범 및 시장권력의 개혁과 같은 '권력을 개혁한 정부'의 성과에도 주목해야 합니다. 나아가 문재인 정부는 한반도 평화유지와 국방력 강화를 통해 '평화시대를 연 정부'의 성과도 거두고 있습니다.

위기대응, 미래대응, 복지확장, 권력개혁, 한반도 평화유지의 성과를 통해 강한 국가, 든든한 나라로 거듭나는 정부라는 점에 주목하면 우리는 '문재인 정부 국정성과로 보는 5대 강국론'을 강조할 수 있습니다. 이 같은 '5대 강국론'을 포함해 주요 입법성과를 중심으로 '대한민국을 바꾼 문재인 정부 100대 입법성과'를 담론화하고, 또 문재인 정부 들어 눈에 띄게 달라진 주요 국제지표를 중심으로 '세계가 주목하는 문재인 정부 20대 국제지표'도 담론화하고 있습니다.

2021년 4월 26일 국정성과를 보고하는 비공개 회의에서 문재인 대통령은 "모든 위기 극복의 성과에 국민과 기업의 참여와 협력이 있었다"는 말씀을 몇 차례 반복했습니다. 지난 5년, 국정의 성과는 오로지 국민이 만든 국민의 성과입니다. 그래서 문재인 정부 5년의 성과는 오롯이 우리 국민의 자부심의 역사이자 자신감의 역사입니다. 문재인 정부 5년의 성과는 국민과 함께 한 일관되고 연속적인 국정비전의 진화를 통해 축적되었습니다. '국민의 나라, 정의로운 대한민국'이라는 국가비전이 구체화되고 세분화되어 진화하는 과정에서 '소득주도성장·혁신성장·공정경제'의 비전이 제시되었고, 이러한 경제운용 방향은 '혁신적 포용국가'라는 국정비전으로 포괄되었습니다.

3대 위기과정을 극복하는 과정에서 문재인 정부는 '아무도 흔들 수 없는 나라', '위기에 강한 나라'라는 비전을 진화시켰고, 코로나19 팬데믹 위기에서 '포용적 회복과 도약'의 비전이 모든 국정 방향을 포괄하는 비전으로 강조되었습니다. 코로나19 팬데믹으로 인한 방역위기와 경제위기를 극복하는 과정에서 대한민국은 새로운 세계표준이 되었습니다. 또 최근 탄소중립시대와 디지털 경제로의 대전환을 준비하는 한국판 뉴딜의 국가혁신 전략은 '세계선도 국가'의 비전으로 포괄되었습니다.

이 모든 국정비전의 진화와 성과에는 국민과 기업의 기대와 참여가 있었습니다. 그러나 우리는 문재인 정부의 임기가 그리 많이 남지 않은 시점에서 국민의 기대와 애초의 약속에 미치지 못한 많은 부분들은 남겨놓고 있습니다. 혁신적이고 종합적인 새로운 그림이 필요한 부분도 있고 강력한 실천과 합의가 필요한 부분도 있습니다. 무엇보다도 민주주의에 대한 새로운 기획이 필요합니다. 문재인 정부는 촛불혁명이라는 제도혁명을 통해 민주주의를 진화시킨 정치사적 성과를 얻었으나 정작 민주주의에 대한 새로운 전망을 제시하는 데는 미치지 못했습니다. 문재인 정부는 헌법 제1조의 민주주의를 실현하고자 했으나 문재인 정부 이후의 민주주의는 국민의 행복추구와 관련된 헌법 제10조의 민주주의로 진화해야 할지 모릅니다. 민주정부 4기로 이어지는 새로운 민주주의의 디자인이 필요합니다.

둘째는 공정과 평등을 구성하는 새로운 정책비전의 제시와 합의가 요구됩니다. 오늘날 대부분의 국가는 정의로운 공동체를 추구합니다. 정의로운 질서는 불평등과 불공정, 부패를 넘어 실현됩니다. 이 같은 질서에는 공정과 책임, 협력의 실천윤리가 요구되지만 우리 시대에 들어 이러한 실천윤리에 접근하는 방식은 세대와 집단별로 큰 차이를 보입니다.

신자유주의 시대에 성장한 청년세대는 능력주의와 시장경쟁력을 공정의 근본으로 인식하는 반면 기성세대는 달리 인식합니다. 공정과 평등에 대한 '공화적 합의'가 필요합니다. 소득과 자산의 분배, 성장과 복지의 운용, 일자리와 노동을 둘러싼 공정과 평등의 가치에 합의함으로써 '공화적 협력'에 관한 새로운 그림이 제시되어야 합니다.

셋째는 지역을 살리는 그랜드 비전이 새롭게 제시되어야 합니다. 공공기관 이전을 통한 중앙정부 주도의 혁신도시 정책을 넘어 지역 주도의 메가시티 디자인과 한국판 뉴딜의 지역균형 뉴딜, 혁신도시 시즌

2 정책이 보다 큰 그림으로 결합되어 지역을 살리는 새로운 그랜드 비전으로 제시될 필요가 있습니다.

넷째는 고등교육 혁신정책과 새로운 산업 전환에 요구되는 인력양성 프로그램이 결합된 교육혁신의 그랜드 플랜이 만들어져야 합니다.

다섯째는 커뮤니티 케어에 관한 혁신적이고 복합적인 정책 디자인이 준비되어야 합니다. 지역 기반의 교육시스템과 지역거점 공공병원, 여기에 결합된 지역 돌봄 시스템이 복합적이고 혁신적으로 기획되어야 합니다.

이 같은 과제들은 더 큰 합의와 더 많은 시간이 필요합니다. 그러나 이러한 쟁점들이 다음 정부의 과제나 미래과제로 막연히 미루어져서는 안 됩니다. 문재인 정부의 국정성과들이 국민의 기대와 참여로 가능했듯이 이러한 과제들은 기존의 국정성과에 이어 문재인 정부의 마지막까지 국민과 함께 제안하고 추진함으로써 정책동력을 놓치지 않는 것이 중요합니다.

코로나19 변이종이 기승을 부리면서 여전히 코로나19 팬데믹의 엄중한 위기가 진행되는 가운데 국민의 생명과 삶을 지켜야 하는 절체절명한 시간이 흐르고 있습니다. 문명 전환기의 미래를 빈틈없이 준비해야하는 절대시간이기도 합니다. 여기에 대응하는 문재인 정부의 남은 시간이 그리 길지 않습니다. 그러나 인수위도 없이 서둘러 출발한 정부라는 점과 코로나 상황의 엄중함을 생각하면 문재인 정부에게 남은 책임의 시간은 길고 짧음을 잴 여유가 없습니다.

이 절대시간 동안 코로나19보다 위태롭고 무서운 것은 가짜뉴스나 프레임 정치가 만드는 국론의 분열입니다. 세계가 주목하는 정부의 성과를 애써 외면하고 근거 없는 프레임을 공공연히 덧씌우는 일은 우리 공동체를 국민의 실패, 대한민국의 무능이라는 벼랑으로 몰아가는 것과 다르지 않습니다. 국민이 선택한 정부는 진보정부든 보수정부든 성공해야 합니다. 책임 있는 정부가 작동되는 데는 책임 있는 '정치'가 동반되어야 합니다.

정책기획위원회를 포함한 국정과제위원회들은 문재인 정부의 남은 기간 동안 국정성과를 국민과 공유하는 적극적 정책소통관리에 더 많은 의미를 두어야 합니다. 문재인 정부의 성과를 정확하게, 사실에 근거해서 평가하고 공유하는 데 더 많은 시간을 써야 합니다. 다른 무엇보다도 객관적이고 종합적인 국정성과에 기반을 둔 세 가지 국민소통전략이 강조됩니다.

첫째는 정책 환경과 정책 대상의 상태를 살피고 문제를 찾아내는 '진단적 소통'입니다. 둘째는 국정성과에 대한 이해를 통해 민심과 정부 정책의 간극이나 긴장을 줄이고 조율하는 '설득적 소통'이 중요합니다. 셋째는 국민들이 삶의 현장에서 정책의 성과를 체감할 수 있게 하는 '체감적 소통'을 강조할 수 있습니다. 위기대응정부론, 미래대응정부론, 복지확장정부론, 권력개혁정부론, 평화유지정부론의 '5대 강국론'을 비롯한 다양한 국정성과 담론들이 이 같은 국민소통전략으로 공유될 수 있기를 바랍니다.

정책기획위원회의 눈으로 지난 5년을 돌이켜보면 문재인 정부의 시간은 '일하는 정부'의 시간, '일하는 대통령'의 시간이었습니다. 촛불혁명으로 집권한 제도혁명정부로서는 누적된 적폐의 청산과 산적한 과제의 해결이 국민의 명령이었기 때문에 옆도 뒤도 보지 않고 오로지 이 명령을 충실히 따라야 했습니다. 그 결과가 '일하는 정부', '일하는 대통령'의 시간으로 남게 된 셈입니다.

정부 광화문청사에 있는 정책기획위원회 위원장실에는 한 쌍의 액자가 걸려 있습니다. 위원장 취임과 함께 우리 서예계의 대가 시중(時中) 변영문(邊英文) 선생님께 부탁해 받은 것으로 "先天下之憂而憂, 後天下之樂而樂"(선천하지우이우, 후천하지락이락)이라는 글씨입니다. 북송의 명문장가였던 범중엄(范仲淹)이 쓴 '악양루기'(岳陽樓記)의 마지막 구절입니다. "천하의 근심은 백성들이 걱정하기 전에 먼저 걱정하고, 천하의 즐거움은 모든 백성들이 다 즐긴 후에 맨 마지막에 즐긴다"는 의미로 풀어볼 수 있습니다. 국민들보다 먼저 걱정하고 국민들보다 나중에 즐긴다는 말로 해석됩니다. 일하는 정부, 일하는 대통령의 시간과 닿아 있는 글귀입니다.

문재인 정부의 남은 시간이 길지 않지만, 일하는 정부의 시간으로 보면 짧지만도 않습니다. 결코 짧지 않은 문재인 정부의 시간을 마지막까지 일하는 시간으로 채우는 것이 제도혁명정부의 운명입니다. 촛불시민의 한 마음, 문재인 정부 출범 시의 절실했던 기억, 국민의 위대한 힘을 떠올리며 우리 모두 초심으로 돌아가야 합니다.

앞선 두 번의 정부가 국민적 상처를 남겼습니다. 진보와 보수를 떠나 국민이 선택한 정부가 세 번째 회한을 남기는 어리석은 역사를 거듭해서는 안 됩니다. 문재인 정부의 성공이 우리 당대, 우리 국민 모두의 시대적 과제입니다.

3. 한없는 고마움을 전하며

아무리 작은 일이라도 일이 마무리되고 결과를 얻는 데는 드러나지 않는 많은 분들의 기여와 관심이 있기 마련입니다. 정책기획위원회는 앞에서 밝힌 바와 같이 정책 콘텐츠 관리와 정책 네트워크 관리, 정책 소통 관리에 포괄되는 광범한 활동을 수행하고 있습니다. 사실 이 책과 같은 단행본 출간사업은 정책기획위원회의 관례적 활동과는 별개로 진행되는 여벌의 사업이라 할 수 있습니다. 이러한 부가적 사업이 가능한 것은 6개 분과 약 백여 명의 정책기획위원들이 위원회의 정규 사업들을 충실히 해낸 효과라 할 수 있습니다. 무엇보다도 정책기획위원회라는 큰 배를 위원장과 함께 운항해주신 두 분의 단장과 여섯 분의 분과위원장께 감사의 말씀을 드려야 합니다. 미래정책연구단장을 맡아 위원회에 따뜻한 애정을 쏟아주셨던 박태균 교수와 2021년 하반기부터 박태균 교수의 뒤를 이어 중책을 맡아주신 추장민 박사, 그리고 국정과제지원단장을 맡아 헌신적으로 일해주신 윤태범 교수께 각별한 마음을 전합니다. 김선혁 교수, 양종곤 교수, 문진영 교수, 곽채기 교수, 김경희 교수, 구갑우 교수, 그리고 지금은 자치분권위원회로 자리를 옮긴 소순창 교수께서는 6개 분과를 늘 든든하게 이끌어 주셨습니다. 한없는 고마움을 전합니다.

단행본 사업에 흔쾌히 함께 해주신 정책기획위원뿐 아니라 비록 단행본 집필에는 참여하지 않았지만 지난 5년 정책기획위원회에서 문재인 정부의 다양한 정책담론을 다루어주신 1기와 2기 정책기획위원 모든 분께 이 자리를 빌려 그간 가슴 한 곳에 묻어두었던 고마운 마음을 전합니다.

위원들의 활동을 결실로 만들고 그 결실을 빛나게 만든 것은 정부 부처의 파견 공무원과 공공기관의 파견 위원, 그리고 전문위원으로 구성된 위원회 직원들의 공이었습니다. 국정담론을 주제로 한 단행본들이 결실을 본 것 또한 직원들의 헌신 덕분입니다. 행정적 지원을 진두지휘한 김주이 기획운영국장, 김성현 국정과제국장, 백운광 국정연구국장, 박철응 전략홍보실장께 각별한 감사를 드리며, 본래의 소속으로 복귀한 직원들을 포함해 정책기획위원회에서 함께 일한 직원들 한 분 한 분께도 감사의 마음을 전합니다.

한국판 뉴딜을 정책소통의 차원에서 국민적으로 공유하기 위해 정책기획위원회는 '한국판 뉴딜 국정자문단'을 만들었고, 지역자문단도 순차적으로 구성한 바 있습니다. 한국판 뉴딜 국정자문단의 자문위원으로 함께 해주신 모든 분들께도 이 자리를 빌려 감사드립니다.

| 서론 |

코로나19 위기와
경제·사회 구조 전환

우리나라는 2020년 1월 20일 코로나바이러스감염증-19(COVID-19, 이하 코로나19) 최초 확진자 발생, 이어 2월 중순 대구 종교집단 중심의 1차 대유행이 시작되면서 코로나19 위기가 본격화되었다. 이후 전 세계적으로 코로나19가 확산되면서 세계보건기구(WHO)는 2020년 3월 11일 전염병 경보 단계 중 최고 위험등급인 팬데믹(pandemic)을 선언했다. 이에 세계 각국은 국경 봉쇄와 집합금지 등의 이동 제한 조치와 방역 조치들을 시행했지만 코로나19 확산이 전 세계에 미치는 사회·경제적 충격은 전례가 없을 정도로 매우 크고 광범위했다.

코로나19로 인해 전 세계적인 가치사슬은 파괴되었고 교역은 중단되었으며, 소비와 투자는 급속하게 위축됨으로써 전 세계는 실물경제 부진, 금융시장 악화 및 경기침체에 직면하게 되었다. 그 결과 전 세계 국가들의 2020년 성장률은 -3.1% 감소했으며, 선진국들은 -4.5% 감소했다. 더욱이 그동안의 정책적 노력과 백신접종률 증가 등으로 2021년에는 경제가 회복될 것으로 기대했지만, 델타변이의 확산과 더불어 원자재 공급 불안과 인플레이션 우려, 각국의 통화정책 조기 정상화, 미국의 재정축소의 위험요인들, 그리고 무엇보다 선·후진국 간 불균등한 회복과정으로 인해 경제회복세는 예상보다 더딜 것으로 예측되고 있다(기획재정부 보도자료, 2021.10.12).

더욱이 코로나19 확산은 경제적 충격에 머물지 않고 재택근무·비대면서비스, 사회적 거리두기 등으로 일하는 방식과 생활하는 방식에도 지대한 영향을 미쳤다. 이에 많은 전문가들은 4차 산업혁명과 고령화 등의 요인으로 인해 우리 사회에 언젠가는 다가올 것으로 예견되어 온 노동시장의 변화가 코로나19 위기로 인해 더욱 빠르게 변화되고 있다고 지적한다(김주섭, 2020).

　재택근로 등 유연한 근무 형태의 확산, 비대면 근로의 일상화, 플랫폼 노동의 확산이 가속화되었으며, 이로 인한 고용안정망 사각지대의 위험 역시 빠르게 확산되고 있다. 이처럼 코로나19 위기는 불과 1~2년만에 우리 경제·사회 전반에 걸쳐 큰 변화를 가져왔다. 이에 많은 연구들이 코로나19 위기가 미친 영향을 다양한 측면에서 분석·검토했고, 지금도 많은 연구들이 진행되고 있다.

　이 책은 코로나19 확산이 우리 경제·사회에 미친 다양한 영향 중에서도 노동시장에 미친 영향과 이에 대응하기 위한 고용정책에 주목하고자 한다. 코로나19가 노동시장에 미치는 영향은 다음과 같은 경로를 통해 나타났다. 전례가 없을 정도로 빠르고 광범위하게 확산하는 코로나19에 대응하기 위해 우리나라를 포함해 전 세계 국가들은 특정 지역 이동을 제한(lockdown)하거나, 사회적 거리두기 조치를 강화했다. 정부의 대응이 강경할수록 사람들의 외부 활동은 줄어들게 되는데, 이로 인해 외식과 각종 모임, 여가, 문화활동, 여행을 비롯한 대면 접촉이 잦은 산업은 다른 어떤 산업보다 직접적이고 일차적인 충격을 받는다. 심지어는 보육원과 학원은 물론, 각급 학교들까지 모두 휴원과 휴교를 하면서 어린 자녀를 둔 가구의 가중된 돌봄부담으로 인해 휴직과 사직하는 사례를 쉽지 않게 접할 수 있었다.

　다른 경제위기와 유사하게 코로나19 위기 역시 전반적으로 소비지출을 축소시키지만, 코로나19와 같은 감염병 확산에 따른 위기는 대면을 중심으로 하는 산업의 소비를 크게 축소시켰다. 이처럼 줄어든 소비는 다른 소비로 대체될 수도 있다. 외식이 줄면 가정에서 직접 요리를 하기 위한 식료품 소비가 늘거나 배달음식에 대한 수요가 늘어날 수 있다. 그러나 다른 소비와 대체되기 힘든 경우도 존재한다. 여행과 운동·오락과 같은 외부 활동은 대체되기 힘들고, 대체된다 하더라도 매우 제한적으로 이루어질 수밖에 없다. 결국 소비의 대체가 힘들거나, 미래에 대한 불확실성이 큰 경우 가구의 소비지출은 줄어들게 되면서 경제 전반의 수요 축소는 불가피하다.

예를 들어, 2020년 1/4분기 국내 소매판매는 전년 동기와 대비해 −2.9%, 전기 대비 −6.4%를 기록하여 금융위기 이후 가장 큰 폭으로 감소하였다. 특히 3월 중 소매판매는 코로나19 확진자 수가 빠르게 증가하고 고강도 거리두기 시행으로 소비 주체들이 외부 활동을 자제하면서 전년 동월 대비 8.0% 급감하여 외환위기(1998년 11월 −12.1%) 이후 가장 크게 감소했다(국회예산정책처, 2020c).[1]

다시 말하면, 감염병 확산에 대응하기 위한 사회적 거리두기는 가구지출을 축소시키는 동시에 지출 패턴의 변화를 동반한다. 가구지출의 전반적인 축소는 경제 전반의 수요, 나아가 생산 전반을 위축시킨다. 또한 소비지출 패턴의 변화는 수요 감소의 충격이 산업별로 다르

---

1   미국에서는 코로나19가 급격히 확산된 4월 이후 소비지출이 전월 대비 13.6% 줄어들어 집계를 시작한 이후 가장 큰 폭으로 감소했다(BEA, 2020). 중국에서도 코로나19 확산 이후 전체 소비지출 수준이 이전 대비 27%가량 감소했으며, 이동제한 조치가 시행된 우한지역에서는 지출의 감소 정도가 70%로 가장 높았다(Chen et al., 2020)(이승호·홍민기, 2020에서 재인용).

게 나타나게 함으로써 산업구조의 변화를 동반한다. 이러한 변화는 위기의 강도와 지속 기간에 의존하는데, 코로나19 확산에 따른 충격이 본격화한 시점인 2020년 3월에서 19개월 지난 지금까지 여전히 진행형임을 고려하면 코로나19 위기에 따른 우리 사회·경제의 변화가 상당할 것임은 두말할 여지가 없을 것이다.

실제로 코로나19 확산에 따라 소비가 위축된 산업에서 일했던 노동자들은 실직을 경험했으며, 음식점 혹은 학원 등을 운영하던 자영업자들은 폐업을 결정하거나, 종업원을 해고하는 등 인건비와 경비를 줄여가면서 대응했지만 매출 감소를 피하기는 어려웠다. 일반적으로 경제위기의 충격은 고용취약계층에게 더 크게 나타나는데, 코로나19 위기의 충격 역시 고용이 불안정한 임시·일용노동자들과 영세 자영업자들에게 가장 빠르고 크게 나타났다.

하지만 코로나19 확산에 직접적 영향을 받지 않는 산업 혹은 고용이 상대적으로 안정적인 노동자라 할지라도 아무런 영향을 받지 않은 것은 아니다. 정규직 임금노동자의 경우에도 정규 노동시간 외의 초과노동이 줄어들고, 재택근무와 교대제를 비롯한 유연근무 형태가 확산되었다. 또한 초등학생 자녀를 둔 노동자들은 돌봄부담 등으로 유·무급 휴직 혹은 사직을 하기도 했으며, 대면 접촉이 빈번한 사업장에서 일하는 근로자가 감염되는 경우 해당 사업장이 일시적으로 폐쇄되는 등의 영향을 받았다.

오삼일·이상아(2020)에 따르면, 감염병의 확산에 고용이 취약해지기 쉬운 일자리로는 필수 산업에 속하지 않고(non-essential), 재택근무로 전환하기 어려우며(low work-from-home), 대면 접촉의 빈도가 높은 (high physical-proximity) 일자리들인데, 전체 일자리의 55%가 이에 해당한다. 더욱이 감염병 확산에 취약한 일자리에는 저학력의 여성, 고령자 및 청년 등과 같이 노동시장의 취약집단이 주로 종사하기에 코로나19 확산으로 인한 고용충격은 이들에게 가장 우선적이고 강하게 나타나는 것은 피할 수 없었다. 이러한 문제는 위기 때마다 반복되곤 한다.

이처럼 감염병의 확산은 불안정 임금노동자의 고용을 줄이고, 대면 빈도가 높은 산업의 자영업자 매출을 줄이는 경로로 가구 소득과 지출에 직접적 영향을 미친다. 또한 소득의 변화가 없거나 적은 가구에서도 사회적 거리두기의 정도에 따라 소비지출이 축소되는 간접적 영향 역시 상당히 크다는 점에 주목할 필요가 있다. 이러한 간접적 영향으로 인해 방역 수준을 높일수록 경제활동이 제약되고, 그로 인해 고용충격이 심화되어 소비지출이 더 감소한다. 이처럼 경제위기로 인한 직·간접적 영향에 따른 소비지출 감소는 실물경제를 위축시켜 고용 악화와 소득 축소가 반복되는 악순환을 낳을 수 있다.

전 세계 많은 국가들이 코로나19 위기에 직면하여 소득이 감소한 계층을 지원하는 동시에, 소비가 급격하게 줄어들지 않도록 다양한 정책을 시행하는 것도 이러한 맥락에서 이해할 수 있다. 이때, 다양한 정책들은 각국의 여건에 따라 다를 수 있는데, 복지제도가 잘 작동하는 국가들에서는 기존 제도의 수급 자격을 한시적으로 완화하고 수급액을 증가하는 방식으로 대응할 수도 있다. 예를 들어, 스웨덴, 프랑스 등은 상병급여와 실업급여 완화 전략, 영국과 독일은 사회부조 기준 완화 전략 등을 활용했지만, 우리나라와 미국 등의 국가들은 전국민 재난지원금 등과 같은 한시적으로 도입한 제도들을 중심으로 대응하였다(여유진 외, 2021).

하지만 코로나19 위기에 대해 어떤 방식의 대응이 더욱 효과적인가를 판단하는 것은 쉽지 않다. 예를 들어, 코로나19 대응과정에서 보편과 선별 지원에 대한 논쟁도 있었고, 실제로도 보편적 성격의 긴급재난지원금과 선별적 성격의 고용안정지원금, 소상공인 지원이 동시에 이루어졌다. 또한 위의 한시적 제도뿐 아니라 고용유지지원금 제도와 실업급여, 그리고 긴급복지제도 등 기존 제도들의 수급 자격과 기간을 완화하거나, 국민취업제도와 같이 새로운 제도를 도입하는 등 다양한 정책들을 조합하여 대응했기 때문이다.

더욱이 코로나19 위기는 이전 위기들과는 다른 특징들을 갖고 있다 (강두용, 2020). 과거의 경제위기들은 경제적 요인에서 비롯된 것이지만 코로나19 위기는 생태환경적 요인에서 발생하여 전 세계 경제에 동시적 충격을 주었고, 그 파급력은 전례없이 크고 빠르다는 점이다. 또한 코로나19가 발생한 지 벌써 2년이 되어 가는데도 그 영향력은 장기간 지속됨으로써 성장잠재력 훼손마저 우려되는 상황이다. 더욱이 코로나19 위기에 따른 부문간 불균등은 이전 위기에 비해서도 훨씬 크다.[2] 즉 코로나19 위기는 이전 위기에 비해 그 충격이 광범위하면서도 장기적인 동시에, 국가 간·국가 내 불균등이 과거 어떤 위기보다도 크게 나타났다.

그러나 기존 위기들과 마찬가지로 코로나19 위기 역시 우리 경제·사회 구조의 취약점을 극명하게 드러내는 동시에, 새로운 경제·사회 구조로 변화시키는 계기가 될 것이라는 점은 분명하다. 예를 들어, 외환위기는 그동안의 산업화와 경제성장 과정에서 누적된 문제점들을

---

2 강두용(2020)에 따르면, 외환위기 충격이 산업별 성장률 편차에 미친 영향(분산 31.2)에 비해 코로나19의 영향(분산 63.8)은 두 배 클 정도이며, 역대 경기침체 중 가장 크다.

드러낸 동시에, 국민기초생활보장제도 도입 및 사회보험제도 통합 및 확대 등 사회안전망을 강화하는 계기가 되었다.

이러한 맥락에서 코로나19 위기에 대응한 정부의 노동시장 정책은 기존 노동 정책 및 제도의 한계에 대한 검토와 더불어, 위기 이전부터 진행된 노동시장의 변화가 동시에 고려될 필요가 있다. 초단시간, 일일노동, 5인 미만 영세 사업체, 특수고용, 파견, 용역 등과 같은 노동자들이 일자리를 잃게 될 경우 이들에게 최소 생계를 보장해줄 수 있는 사회보장체계가 견고하지 않음으로써 정책의 사각지대가 존재한다. 또한 코로나19는 위기 이전부터 진행된 근로방식 변화의 범위를 확대시키는 동시에 그 속도를 가속화시켰다. 이러한 상황은 코로나19 확산에 따른 피해만을 보전하기 위한 정책에만 머물지 않고, 기존의 노동법과 사회보장제도의 개편, 그리고 산업구조 변화 방향에 대한 중·장기적인 논의가 병행될 필요가 있음을 의미한다.

이러한 맥락에서 이 책은 코로나19 위기가 초래한 노동시장과 가구 소득·소비 실태와 변화과정, 구조적 문제의 변모 양상, 그것이 제기한 도전과 함의 등을 파악하는 동시에, 고용위기에 대응한 제도적·정책적 대응을 평가함으로써 위기 이후 노동시장 활력과 건전성을 증진하기 위한 정책 제안을 목적으로 한다. 이를 위한 이 책의 구성은 다음과 같다.

먼저, 제2장에서는 코로나19 확산 이후 그 충격에 대응하기 위한 그동안의 정부 정책을 개괄적으로 살펴보고 취약계층에 대한 주요 지원정책을 정리한다. 제3장에서는 코로나19 확산에 따른 노동시장 추이와 최근 현황을 살펴본다. 이때, 과거 위기(외환위기와 금융위기)와 코로나19 위기를 비교·검토한다. 이어 제4장에서는 코로나19 위기가 노동시장에 미친 충격으로 인한 가구소득과 지출의 변화를 살펴본다. 이때, 제3장과 제4장의 주요 관심사 중 하나는 코로나19로 인한 노동시장과 가구의 충격이 위기 이전의 상황과 비교할 때 어느 수준까지 회복되고 있는가로서, 현재까지 활용할 수 있는 가장 최근 시점까지의 자료를 활용한다. 다음으로 제5장에서는 코로나19 위기에 취약한 계층의 소득보장제도 중 국민취업제도와 근로장려금 현황과 시뮬레이션을 통해 향후 제도 개선 방안을 제시한다. 그리고 제6장에서는 고용안정과 적극적 노동시장 정책 중 고용유지지원금을 중심으로 코로나19 위기 이후 제도 변화를 검토·분석함으로써 향후 제도 개선 방향을 제시한다. 마지막으로 제7장에서는 이 연구를 통해 얻을 수 있는 관련 제도들에 대한 정책적 제언과 향후 지속적인 관심이 필요한 내용들을 제시하면서 보고서를 마치고자 한다.[3]

---

3 이 연구에서는 분석 대상 제도를 포함해 코로나19 위기 이후 대응 정책들에 대해 정책담당자와 실행부서 책임자, 그리고 관련 전문가들을 대상으로 심층 인터뷰를 시행하였다. 다만, 인터뷰를 통한 주요 내용과 시사점들은 본문에서 최대한 활용하고 있다는 점에서 보고서의 〈부록〉에서는 녹취록 등만을 첨부하였다.

코로나19 위기와
정책적 대응

제1장 사회적 거리두기 전개 과정

코로나19는 2020년 1월 20일 첫 번째 확진자가 발생한 이후 약 한 달여 동안 확진자 수는 30명에 불과했지만, 2월 18일 대구 확진자 발생을 기점으로 1차 유행(~ 5월 5일)이 시작됐다. 정부는 2월 23일 감염병 위기경보 단계를 최고 단계인 '심각' 단계로 격상시켰으며, 29일에는 '사회적 거리두기'를 공식적으로 시행했다. 1차 유행 기간 하루 평균 확진자 수는 138명 수준이었으며 정점은 2월 29일 909명이었고, 이후 조금씩 줄어들어 3월 12일부터는 일일 확진자 수가 100명대를 유지하면서 1차 유행이 잠잠해졌다([그림 1-1] 참고).

정부는 3월 22일에 집합금지 등 행정 제재를 동반한 '강력한 사회적 거리두기'를 적용하기 시작했고, 이후 '완화된 사회적 거리두기', '생활 속 거리두기' 등을 거쳐 6월 28일 3단계 사회적 거리두기가 마련됐다(사회적 거리두기 1차 개편). 다른 한편, 전 세계적으로는 당시 110여 나라에서 12만여 명이 코로나19에 확진되는 상황에 세계보건기구(WHO)는 코로나19에 대해 '세계적 대유행(팬데믹, pandemic)'을 3월 12일(한국 시간)에 공식 선언했다. 또한 바이러스의 유입을 막기 위한 강력한 조치 방법으로 각국은 국경 문을 걸어 잠궜고 자국민들의 이동을 제한했다.

2차 유행은 8월 12일부터 11월 2일까지 진행됐다. 서울 성북구 사랑제일교회를 포함해 수도권의 교회, 식당, 시장, 학교 등 각종 다중이

[그림 1-1] 일일 신규확진자와 사회적 거리두기 추이

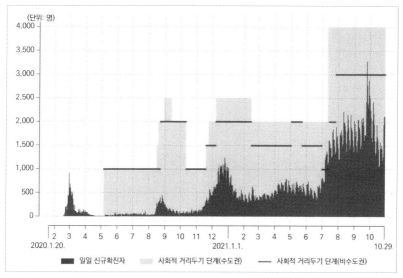

주: 사회적 거리두기 단계=1,000×단계를 의미함[1]
출처: 1) 코로나19 확진자 현황: 공공데이터포털(https://www.data.go.kr/tcs/dss/
  selectApiDataDetailView.do?publicDataPk=15043378)의 자료를 직접 가공함(다운로
  드 일시: 2021.10.29).
  2) 사회적 거리두기 단계: 국회의원 자료와 보건복지부 질병청의 보도자료 참고.

용시설에서 확진자가 발생했다. 8월 13일까지 두 자릿수를 유지하던 일일 확진자 수가 14일 세 자릿수인 103명을 기록했고 27일 441명을 기록하며 8~9월 중 가장 많은 일일 확진자 수를 기록했다. 이후 9월 말까지 점차 감소해 9월 30일 113명 수준으로 줄어들면서 2차 유행이 막을 내렸다. 8, 9월 두 달 동안 발생한 확진자는 총 9,506명으로 1차 유행 기간인 2, 3월 발생한 확진자 수와 비슷한 수준이다. 2차 유행 전체 기간(8월 12일~11월 2일) 하루 평균 확진자 규모는 143명으로 1차 유행(2월 18일~5월 5일) 때보다 소폭 증가했다.

---

1 예를 들어, 사회적 거리두기 1.5단계는 1,500(=1,000 × 1.5)임.

당시에는 2차 유행 얼마 전인 2020년 6월에 마련된 '3단계 사회적 거리두기'에 따라 시행되고 있던 1단계는 8월 15일 수도권을 중심으로 150명이 넘는 확진자가 발생해 8월 16일부터 서울과 경기 지역에 한해 사회적 거리두기 단계를 2단계로 격상했고, 8월 23일 전국적으로 확대 시행했다. 그럼에도 코로나19의 확산세가 계속되자 8월 30일부터 수도권 사회적 거리두기 2단계에서 음식점, 제과점, 학원, 체육시설 이용 항목의 제한을 강화해 사실상 2.5단계를 실시했고, 9월 14일 다시 2단계로 완화됐다. 그리고 추석 기간에 특별방역기간을 거쳐 10월 12일부터 1단계로 낮췄다.

　　2020년 11월 13일부터 2021년 1월 20일까지 진행된 3차 유행은 1, 2차 유행과 다르게 특정 집단이 아닌 산발적인 감염과 감염경로를 알 수 없는 숨은 감염이 크게 늘면서 최대 감염재생산지수가 1.52로 낮았음에도 일일 평균 확진자 규모는 660명으로 1·2차 유행의 4배 이상이었다. 예를 들어, 11월 중 3일을 제외한 모든 날에 세 자릿수 확진자가 나왔으며, 일일 평균 259명이 확진됐고, 확진자가 가장 많은 26일에는 583명까지 발생하는 등, 11월 한 달에만 총 7,769명이 확진됐다. 12월에는 일일 확진자가 천 명이 넘은 날이 11일이나 되었으며, 25일에는 1,241명이 확진돼 역대 가장 많은 확진자가 나왔고, 한 달 동안 총 2만 6579명이 확진됐다. 이러한 추이는 2021년 1월까지 지속되었고, 3차 유행이 시작된 11월부터 2021년 1월 19일까지 발생한 확진자 수는 총 4만 6745명으로 그때까지 국내 전체 확진자 수인 7만 3115명의 64%에 해당한다.

　　정부는 6월 28일 사회적 거리두기 명칭을 3단계로 통일한 이후 약 4개월 만에 기존 3단계에서 1.5단계와 2.5단계를 추가해 5단계로 세

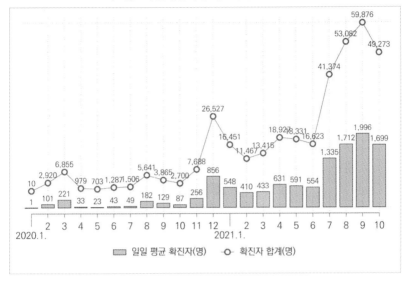

[그림 1-2] 일 평균과 총 확진자 수 월별 추이

분화(11월 7일부터 시행)된 사회적 거리두기 1단계를 시행하고 있었다. 그러나 3차 유행이 시작되면서 거리두기 단계는 수도권의 경우 11월에 1단계에서 1.5(11.18)단계, 2단계(11.24), 그리고 2.5단계(12.8)로 빠르게 격상시켰다. 특히 12월 24일부터는 연말연시 특별방역대책을 통해 5인 이상의 모임이 전면 금지되었다.

[그림 1-2]에서 보듯이, 2021년 2월 이후 연말연시 기간에 비해 약간 줄어들기는 했지만, 일 평균 400명 이상의 확진자가 지속적으로 발생됨으로써 코로나19의 장기화 경향이 나타났다. 사회적 거리두기 역시 2월 중순 이후 2.5단계에서 2단계(수도권)로 완화됐지만 코로나19 장기화로 인한 국민들의 피로도는 점점 누적되어 한계점에 도달하는 듯했다. 이에 정부는 기존 사회적 거리두기 장기화에 따른 피해 증가 속에 예방접종(백신 최초 접종은 2월 26일) 확대효과가 일부 나타나면서

전환 기준을 대폭 완화한 4단계 사회적 거리두기 체계(사회적 거리두기 3차 개편, 2021.7.1) 중 수도권 2단계, 비수도권 1단계를 7월 1일부터 시행하였다.

하지만 얼마 지나지 않아 1월 이후 처음 네 자릿수 확진자가 발생하는 등 7월 7일부터 4차 유행이 시작되었는데, 이후 지금까지도 하루 확진자 수가 2,000~3,000명대로 나타나기도 하는 등 그 규모와 지속 기간은 앞선 유행들을 크게 넘어선다. 이에 정부는 수도권은 7월 12일 4단계로 바로 격상시켰으며, 비수도권은 7월 15일 2단계로, 곧이어 27일에는 3단계로 격상시킨 후 10월까지 지속되었다. 이후 11월부터는 '단계적 일상회복(위드 코로나)'이 시행되고 있다.

정리하면, 2020년 1월 이후 최근까지 코로나19가 지속되는 과정에서 '20년 2~3월, 7~8월, 11~12월, 그리고 '21년 7~10월 시기는 이전 시기에 비해 감염이 크게 확산되었다. 이처럼 코로나19의 확산-소강-재확산 과정의 반복, 그에 따른 사회적 거리두기 조치의 강화-완화-완화 과정의 반복은 노동시장과 가구의 경제 상황의 변동성을 키웠을 것으로 충분히 예상할 수 있다.

제2장 거시경제에 미친 영향

　다음에서는 코로나19가 경제에 미친 영향을 한국이 경험한 기존 위기들, 1998년 외환위기, 2008년 금융위기와 비교하여 살펴본다. 다만 과거 위기를 경험한 시기의 경제·사회적 환경이 현재와는 분명히 다르다는 점에서 위기로 인한 파급효과 크기를 비교하기보다는 파급효과의 전개과정 혹은 패턴에 주목하고자 한다.

[그림 1-3] 경제위기 전후 GDP 추이

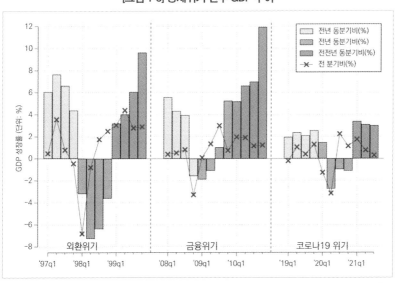

주: 1) 막대그래프 중 1999년·2010년·2021년은 전전년 동분기비. 이외 다른 연도는 전년도 동분기비.
　　2) 원자료를 직접 가공·작성함
출처: 한국은행, 「국민계정」, 국내총생산에 대한 지출(계절조정, 실질, 분기), 2021.10.29. 13:41.

[그림 1-3]에서 보듯이 지난 세 위기 중에서 외환위기의 충격이 가장 컸다는 것은 쉽게 확인할 수 있다. 외환위기 시에는 3분기 연속 마이너스 성장했을 뿐 아니라 전분기 대비 감소폭도 최대 -6.8%('98.1분기)에 이르는 등, '98년 1~4분기 내내 전년도 GDP 수준에 미치지 못했다. 다만 '98.3분기에 1.7%(전분기 대비) 플러스 성장으로 전환된 이후 2~4%대 성장이 지속되었다. 그 결과 위기의 충격이 상당히 컸음에도 '99년의 분기별 GDP는 모두 전전년, 즉 위기 직전인 1997년 GDP 수준을 빠르게 회복했다.

여기에는 [그림 1-4]에서 보듯이 외환위기에도 불구하고 지속적으로 증가했던 수출과 위기로 급감했던 설비투자와 소비, 특히 민간소비의 빠른 회복과 지속적 성장이 중요한 역할을 했다. 예를 들어, 소비는 '98년 2분기부터 플러스 성장으로 전환된 후 2~4.5% 수준의 성장이 지속되었으며, 설비투자는 '98년 3분기부터 플러스 성장으로 전환된 후 10% 내외 수준으로 성장이 지속되었다.

코로나19 위기 시에도 '20년 1·2분기(각각 -1.3%, -3.2%)에 마이너스 성장했지만, 다음 3분기부터 '21년 3분기(2.2%)까지 5분기 연속 플러스 성장을 유지하고 있고, 위기 발생 이후 1년이 지난 '21년 1분기에 위기 이전인 2019년 GDP를 약 3% 상회할 정도로 회복했다는 점은 외환위기와 유사하다.

그러나 과거의 위기 회복 과정을 보면 플러스 성장으로 전환된 이후 성상률이 점차 증가했던 것에 반해, 코로나19 위기는 '20년 3분기 이후 성장 모멘텀이 약화되고 있다는 점이다. 즉 '20년 3분기에는 GDP가 2.2%로 반등했지만, 이후 4분기(1.1%) → '21년 1분기(1.7%) → 2분기(0.8%) → 3분기(0.3%)로 성장속도가 점차 둔화됨으로써 '21년 성

[그림 1-4] 경제위기 전후 GDP 소비, 투자, 수출 추이

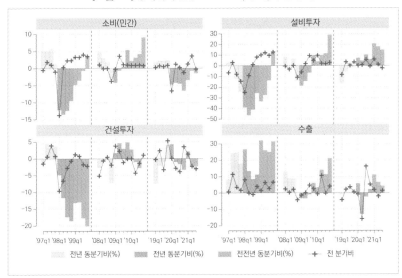

출처: 한국은행, 「국민계정」, 국내총생산에 대한 지출(계절조정, 실질, 분기)(2021.10.29)자료를 직접 가공·작성함.

장 전망치인 4% 성장이 이루어질 것인지는 불분명한 상태이다.

여기에는 1·2분기 연속해서 증가했던 민간소비 증가가 7월부터 시작된 코로나19 4차 대유행과 음식숙박 및 오락문화 등의 대면서비스 위축으로 전기 대비 0.3% 감소한 소비수요와 글로벌 공급 병목현상으로 감소한 투자(건설·설비)의 영향이 크다([그림 1-4] 참고). 특히 외환위기 때에도 '99년 4분기에 소비는 위기 이전 수준을 어느 정도 회복한데 반해, 코로나19 위기에는 감염병의 확산-소강-재확산 과정과 그에 따른 거리두기 강화가 반복됨으로써 소비수요는 여전히 위기 이전 수준을 회복하지 못하고 있다는 점에 주목할 필요가 있다.

또한 코로나19 위기는 일부 국가에만 한정되지 않고 전 세계적으로 나타난 것으로서 해외수요, 즉 수출의 성장기여도 역시 제한적일

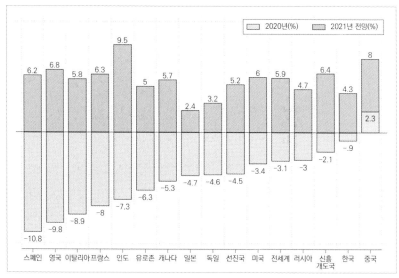

[그림 1-5] 주요 선진국의 2020년 성장률과 전망

주: 저자가 직접 작성함.
출처: 기획재정부 보도자료(2021.10.12), "'21.10월 국제통화기금(IMF) 세계경제전망(WEO)
수정 발표".

수밖에 없다.[2] [그림 1-5]에서 보듯이 코로나19 확산으로 인해 전 세
계 국가들의 2020년 성장률은 -3.1% 감소했으며, 선진국들은 -4.5%
감소했다. 2021년 들어 그동안의 정책적 노력과 백신접종률 증가 등
으로 경제가 회복될 것으로 기대했지만, 델타변이의 확산과 더불어 원
자재 공급 불안과 인플레이션 우려, 각국의 통화정책 조기 정상화, 미
국의 재정 축소 등 여러 위험 요인들로 인해 2021년 주요 선진국 경제

---

2   수출은 석탄 및 석유제품, 기계 및 장비 등을 중심으로 1.5% 늘었다. 수입은 자동차
    등 운송장비를 중심으로 0.6% 줄며 다섯 분기 만에 감소세로 전환했다. 순수출의 성
    장기여도가 2분기 -1.7%p에서 0.8%p로 증가했다. 참고 전게서.

회복세가 예상보다 더딜 것이라는 예측이 최근 나오고 있다. 예를 들어, OECD는 G20 국가의 '21년 성장전망치를 기존에 비해 0.2%p 하향(6.3% → 6.1%)했으며, IMF는 선진국의 경우 기존에 비해 0.4%p 하향(5.6% → 5.2%) 조정했다.

다만 이러한 위험요인에도 한국 경제는 백신접종률 확대와 수출의 견조한 증가세, 재난지원금 등 추가경정예산 집행효과 등으로 기존 성장률 전망치를 유지할 것으로 평가됐다. 예를 들어, 우리나라에 대한 IMF의 전망(4.3%)은 '21년 7월 대폭 상향 조정(3.6 → 4.3%, 0.7%p)된 이후, 4차 대유행에도 불구하고 10월 수정 전망에서도 IMF가 4.2% 성장률 전망치를 유지하는 등, 주요 전망 기관들 모두 한국의 4%대 성장을 제시하는 등 다른 국가와 비교할 때 낙관적인 전망이 제시되고 있다.

〈표 1-1〉 주요 기관의 '21년 한국 경제 성장전망(%)

IMF (10월)	정부 (6월)	IB 평균 (10월)	한은 (8월)	OECD (9월)	Moody's (8월)	S&P (9월)	Fitch (9월)
4.3	4.2	4.2	4.0	4.0	4.0	4.0	4.0

출처: 기획재정부, 보도자료(2021.10.12), '21.10월 국제통화기금(IMF) 세계경제전망(WEO)* 수정 발표.

하지만 최근 발표된 '21년 3분기 경제성장률이 전기 대비 0.3%에 그치면서, 4% 성장목표는 4분기에 1% 이상 증가해야만 달성될 수 있는 상황이다.[3] 결국 3분기 동안 델타변이 확산으로 인해 지속·강화된 거리두기, 폭염 및 철근가격 상승 등으로 인한 민간소비·건설투자 등

---

3 한국은행, 보도자료(2021.10.26), 2021년 3/4분기 실질 국내총생산(속보).

내수가 11월 1일부터 시행되는 '단계적 일상회복(위드코로나)'에 따라 민간소비가 얼마나 회복될 것인가가 매우 중요한 시점이다.

이러한 맥락에서 경제위기가 형태별 소비지출에 미친 영향을 좀 더 세부적으로 살펴볼 필요가 있다. [그림 1-6]에서 보면, 외환위기의 경우 다른 위기에 비해 소비가 더욱 크게 위축되었지만, 내구재와 준내구재에 대한 소비위축이 상대적으로 컸고, 다음으로 비내구재, 그리고 서비스에 대한 수요 감소가 상대적으로 가장 작았다. 그 결과 서비스에 대한 소비수요 회복이 '99년 1분기부터 나타나 가장 빠르게 이루어졌으며, 내구재는 3분기부터 위기 이전 수준으로 회복되었다.

코로나19 위기 역시 소비수요에 미치는 영향이 형태별로 다르게 나타난다. [그림 1-6]에서 보듯이, 준내구재와 서비스에 대한 소비지출은 전년 동분기에 비해 큰 폭으로 감소했고 '21년 1·2분기에도 위기 이전 수준을 회복하지 못하고 있다. 특히 서비스 수요는 '21년 1·2분기 동안 전기에 비해 1.1%와 4.9% 각각 증가했음에도 2019년 동분기 대비 각각 7.2%, 3.2% 적은 수준이다.

이처럼 코로나19 확산으로 인해 감소한 서비스와 준내구재에 대한 수요와는 달리, 내구재와 비내구재, 특히 내구재에 대한 수요는 위기 이전 시기에 비해 오히려 큰 폭으로 증가했다. 예를 들어, 1차 재난지원금이 지급된 '20년 2분기 내구재 소비는 전기비 14%, 전년 동분기비 20%로 급등한 이후 일정 수준의 수요가 유지된 것으로 판단된다. 그 결과, 내구재 소비는 2019년을 기준으로 볼 때 최대 22%('21.1분기), 최소 10%('20.4분기) 증가했다. 비내구재의 경우에도 내구재에 비해서는 작지만 2019년 수준에 비해 2~3% 증가한 정도로 다른 형태의 소비에 비교할 때 큰 변화가 없었다고 판단할 수 있다.

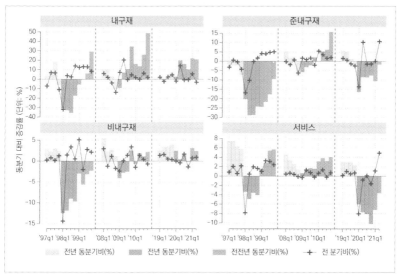

[그림 1-6] 경제위기와 형태별 소비지출

내구재 준내구재 비내구재 서비스

동분기 대비 증감률 (단위: %)

'97q1 '98q1 '99q1 '08q1 '09q1 '10q1 '19q1 '20q1 '21q1 '97q1 '98q1 '99q1 '08q1 '09q1 '10q1 '19q1 '20q1 '21q1

전년 동분기비(%)　　전년 동분기비(%)　　전전년 동분기비(%)　　＋ 전 분기비(%)

출처: 한국은행, 「국민계정」, 가계의 형태별 최종소비지출(계절조정, 실질, 분기)(2021.09.15)
을 직접 작성·가공함.

사실, 경제위기와 같은 시기에 가계는 불확실성이 확대됨으로써 소
비지출을 줄이고 저축을 늘려 대응, 즉 외환위기 때와 같이 내구재 및
준내구재 등 불요불급하지 않은 지출을 우선적으로 줄이는 것이 일반
적이다. 그러나 코로나19 위기에서는 감염 우려와 사회적 거리두기로
인해 소위 대면소비인 서비스 수요가 큰 폭으로 축소된 대신 내구재
소비가 크게 증가했다는 점에서 특징적이다.[4]

이와 같은 소비수요의 감소는 상응하는 생산 부문을 위축시키는 요
인으로 작용하는데, 특히 코로나19 위기의 특성 상 서비스 업종 중에
서도 대면 접촉이 잦은 업종을 중심으로 그 영향이 집중되었다([그림

4　가구소비 행태의 변화는 이 보고서 4장에서 좀 더 자세하게 살펴본다.

1-7] 참고). 사회적 거리두기에 따른 집합금지 및 집합제한 조치와 더불어, 사람들이 대면접촉과 외부 활동을 기피하면서 관련 서비스 업종의 생산 부진은 충분히 예상되는 것이다.

좀 더 구체적으로 [그림 1-7]을 보면, 대면 중심 서비스 업종들의 생산지수는 2019년 생산지수를 100으로 할 때, 코로나19가 시작된 '20년 1월부터 최근까지도 여전히 100을 하회하고 있다. 특히 예술·스포츠·여가 관련 서비스업이 코로나19 확산의 충격이 가장 컸고 확산과정에 따른 변동 역시 가장 밀접했던 것으로 나타난다. 예를 들어, 1차 대유행 시기인 3월 생산지수는 55, 3차 대유행 시기인 '21년 1월에는 45, 이후 백신 보급 등으로 생산지수가 상승하기도 했지만 4차 대유행으로 다시 감소하였고, 관련 업종 중에서 생산지수가 여전히 가장 낮은 것으로 나타난다.

다음으로는 숙박·음식점업과 이미용 등의 기타 개인서비스업이 코로나19의 충격이 상대적으로 더 컸다. 더불어 코로나19로 인한 이동제한 조치로 여행과 항공업종이 타격을 입으면서 육상·수상·항공운송 등을 담당하는 운수업과 여행사·여행보조서비스를 포함하는 사업지원서비스업의 생산지수도 여전히 코로나19 이전 수준을 밑도는 것은 물론, 코로나19 확산 정도와 연관되어 있음을 재차 확인할 수 있다.

이와 더불어 사람들과의 대면이 전혀 없을 수는 없지만 그 정도가 크지 않은 서비스 업종에 대한 코로나19 확산의 전반적인 영향은 직집적이시는 않은 것으로 보인다. 코로나19 대유행 시기에 생산지수가 감소하는 경향이 있지만 이는 서비스 업종 외에서도 충분히 나타날 수 있다는 점에서 해당 업종의 특징이라고 보기는 어렵다([그림 1-7] 참고).

[그림 1-7] 서비스사업 생산지수와 코로나19 신규 확진자 추이

대면 중심 서비스업과 확진자

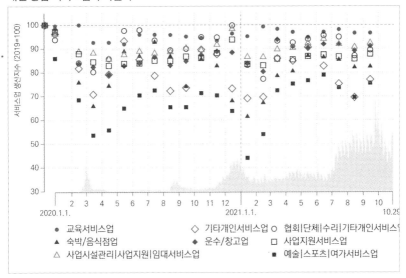

- ● 교육서비스업
- ▲ 숙박/음식점업
- △ 사업시설관리|사업지원|임대서비스업
- ◇ 기타개인서비스업
- ◆ 운수/창고업
- ○ 협회|단체|수리|기타개인서비스업
- □ 사업지원서비스업
- ■ 예술|스포츠|여가서비스업

기타 서비스업과 확진자

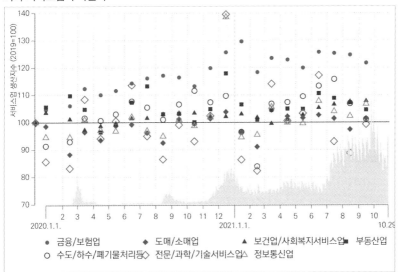

- ● 금융/보험업
- ○ 수도/하수/폐기물처리업
- ◆ 도매/소매업
- ◇ 전문/과학/기술서비스업
- ▲ 보건업/사회복지서비스업
- △ 정보통신업
- ■ 부동산업

주: 사업지원서비스업은 사업시설관리|사업지원|임대서비스업 내 업종, 기타개인서비스업은 협회 및 단체, 수리 및 기타개인서비스업 내 업종임.
출처: KOSIS(통계청, 「서비스업동향조사」), 산업별 서비스업생산지수(2015=100.0), 2021.09.15 10:52 통계표URL(https://kosis.kr/statHtml/statHtml.do?orgId=101&tblId=DT_1KS 2015&conn_path=I3).

그렇다 해서 코로나19 확산이 일부 서비스 업종에만 영향을 미친 것은 아니다. 예를 들어, 직장 내 감염으로 조업이 중단되거나, 사회적 거리두기 강화에 따른 보육·교육 시설의 휴업으로 인한 육아 부담에 따른 일시휴직 혹은 퇴직, 각종 취업 관련 시험 등의 무기한 연기 등 코로나19 확산이 미친 영향은 노동시장 전반에 걸쳐 나타났다.

[그림 1-8]에서 보듯이, 코로나19 확산으로 인해 15~64세 취업자 인구는 감염병 위기의 영향이 본격화한 '20년 3월, 4월에 급감했다(2월 약 2,434만 명, 3월 약 2,388만 명, 4월 2,398만 명).[5] 이후 코로나19 확산이 주춤하면서 취업자가 일시적으로 늘어나기는 했지만, 2·3차 유행으로 9월, 12월 및 '21년 1월, 2월에 또 다시 취업자 수는 급감했다. 다만 코로나19 장기화에 따른 피로감이 누적된 상태에서 국내·외 백신 보급과 접종자 증가로 감염병 위험에 대한 경계감이 완화됨으로써 '21년 상반기에는 취업자 수가 빠르게 증가하기 시작했다.

하지만 '21년 7월부터 전 세계적으로 델타변이가 확산되면서 취업자 증가 추세는 꺾인 상태이다. 이는 감염병 확산과 더불어, 공급망 병목현상과 감염병 대응을 위해 각 국가들이 수행했던 재정정책의 축소 움직임 등으로 인해 '21년 상반기에 나타나기 시작했던 코로나19 극복과 경제회복에 대한 기대가 벽에 부딪힌 상황과 무관하지 않다.

코로나19 위기가 발생한 이후 취업자 수 추이를 정리하면, 위기 초기에는 취업자 수가 급감하고, 급감한 수준을 중심으로 취업자 수는

---

5 월별 자료는 계절적 요인이 작용함으로써 취업자 수 변화만으로는 코로나19의 영향을 과소 혹은 과대 평가할 수 있다. 이에 이 보고서에서는 전년 동월비 변화를 중심으로 노동시장의 변화를 검토한다. 하지만 이 경우에도 시계열적 요인과 인구학적 요인 등 다른 요인들이 미치는 영향을 고려하지 못하는 한계가 있다.

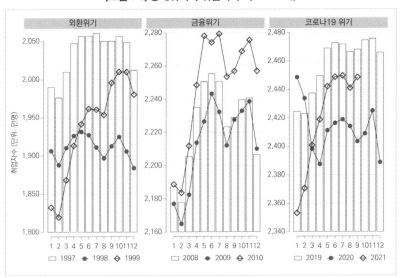

[그림 1-8] 경제위기와 취업자 추이: 15~64세

일정 기간 지속되다가 다음 해부터는 취업자가 빠르게 증가하는 추이가 나타났다. 이와 같은 위기 이후 취업자 수 추이는 과거 외환위기 경우에도 유사하다. [그림 1-8]에서 보듯이, '98년 취업자는 2,000만 명 내외 수준을 유지했던 '97년에 비해 대략적으로 100만 명 적은 1,900만 명 수준에서 등락을 거듭한 이후 '99년 초부터 빠르게 증가했다. 또한 두 경우 모두 위기 이후 2년차 되는 해부터 취업자 규모가 빠르게 증가하고 있기는 하지만, 위기 이전의 수준에는 미치지 못하고 있다는 점 역시 유사하다.

여기서 한 가지 주목할 점은 GDP 측면에서 보면 외환위기와 코로나19 위기 모두 위기 이후 2년차가 되는 해에 위기 이전의 수준을 회복했지만([그림 1-3] 참조), 취업자 수는 그렇지 못하다는 점이다. 이는 경제위기와 그 극복과정은 노동시장, 나아가 경제·사회구조가 변화하는 과정임을 시사한다.

예를 들어, 외환위기는 이전 시기 경제·사회구조를 급변시킨 사건이기도 했다. 노동시장 측면에서는 노동 유연화가 빠르게 확산되는 계기가 되었으며, 복지제도 측면에서도 국민기초생활보장제도와 사회보험제도가 정비되는 계기로 작용했다. 이러한 맥락에서 코로나19 위기역시 향후 노동시장 구조와 복지제도의 변화를 촉발할 수 있는 계기로 작용할 가능성은 높다. 즉 코로나19 확산으로 인해 재택근무 및 플랫폼 노동 등 새로운 유형의 노동시장 현상이 확대되고 있다. 동시에 기존 사각지대의 위험이 드러나고 있는 상황은 향후 발전을 위한 변화과정이라는 점에 주목할 필요가 있다.

제3장 정부의 정책적 대응

　정부는 코로나19로 인한 재난 및 피해 대응을 위해 1~5차 재난지원 프로그램[6]과 2020년 3월의 제1회 추경, 7월의 제3회 추경을 포함해 모두 일곱 차례에 걸친 재난프로그램을 통해 총 125.9조 원('20년 76조 원, '21년 49.8조 원)을 지원하였다.

　'대한민국 정책브리핑'에서 제시하는 정부 재난지원 프로그램의 내용은 특정 업종, 계층에 대한 현금성 급여와 융자사업만을 기준으로 하는 데 반해, 정부의 예산안 및 성과보고 관련 자료에서는 코로나19 대응 피해지원 사업으로 현금성 급여 외에 일자리 제공, 소비진작을 위한 바우처·쿠폰 제공 사업, 지역경제 활성화 사업과 방역 대책 등도 모두 포함하여 제시하고 있다. 예를 들어, 역대 추경예산 중 가장 규모가 큰 3차 추경의 경우 그 목적이 '경제위기 조기 극복과 포스트코로나 시대 대응'을 위한 것이었다는 이유로 재난지원 프로그램에 포함하지 않은 것이다.

　하지만 3차 추경에 포함된 21개 사업(약 약 11조 2,473억 원)은 1~5차 재난지원 프로그램에 포함된 현금성 급여 및 고용지원 사업들과 동일

6　2020년 제2회 추경사업과 제4회 추경사업, 2021년 본예산 및 제1회, 제2회 추경을 지칭한다(코로나19 경제대책: https://www.korea.kr/special/policyCurationView.do?newsId=148872965#L2-3).

한 것임에도 코로나19에 대응하기 위한 재난지원으로 산정되지 않는다는 문제점이 있다. 더불어 제3차 추가경정예산 사업 중 일부는 사업 목적과 내용을 감안할 때 명백하게 코로나19 대응 재난지원 사업임에도 정부의 재난지원 프로그램 내역에 포함되지 않는다.

이에 대해 국회예산정책처(2021)에서 지적하는 바와 같이, 정부에서 재난지원 프로그램의 범위와 내역에 대해 명시하지 않은 상황에서 발표 시기나 매체별로 관련 사업과 규모를 상이하게 제시하여 정확한 정보를 제공하는데 한계가 있다. 이는 정부의 코로나19 대응 재난지원 프로그램의 재원 투입 수준과 성과를 파악하고, 이를 토대로 기존 재난 대응 체계와 상이한 감염병에 의한 재난 대응 정책에 함의를 도출하는 데도 제약이 된다.

지금과 같이 재난지원 프로그램에 대한 기준이 모호하고 이에 따라 재정 투입의 규모와 전체 추진 현황이 불명확한 상황에서는 효율적으로 대응하는데 제약이 될 수 있다. 따라서 정부는 한시적 긴급지원 정책들을 추진하는 것에서 나아가 정부 재난지원 사업의 범위와 내역을 명확히 하고, 이에 대한 재정 투입과 성과를 확인할 수 있도록 할 필요가 있다.

이에 다음에서는 1~5차 재난지원 프로그램과 함께, 2020년 제1차 추경과 2020년 제3차 추경을 포함해, 코로나19에 대한 대응정책을 살펴보고자 한다.[7] [그림 1-9]에서 보듯이, 정부는 코로나19 대응

---

7 3월 1차 추경 이전에도 정부는 두 차례에 걸쳐 코로나19 대응 업종·분야별 긴급지원(2.5~2.20)과 행정부·유관기관 등 독자적 패키지 지원(2.28)을 발표하였다. 전자의 긴급지원은 주로 중소기업, 소상공인, 자동차부품, 관광·외식, 항공·해운, 지역경제, 수출기업 등에 대한 정책금융 지원과 방역 대응을 위한 목적예비비 지원 등으로 구성되

[그림 1-9] 코로나19 위기 대응을 위한 추경 규모와 추이

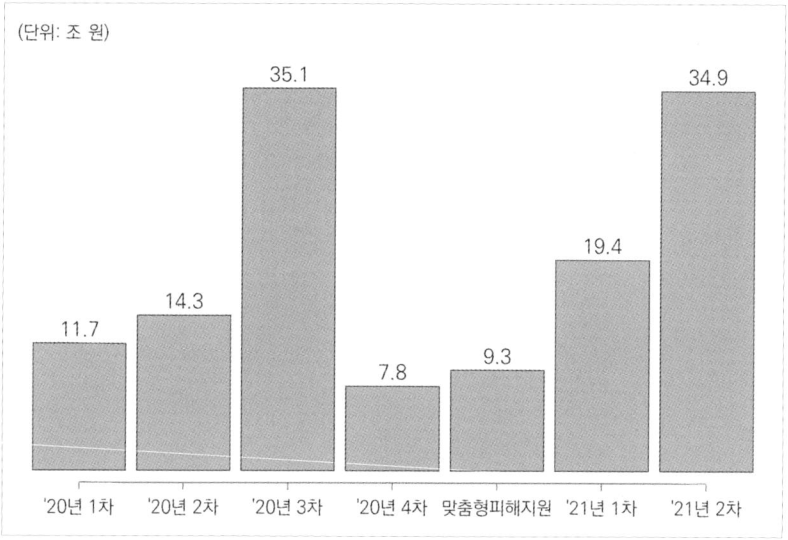

(단위: 조 원)

'20년 1차	'20년 2차	'20년 3차	'20년 4차	맞춤형피해지원	'21년 1차	'21년 2차
11.7	14.3	35.1	7.8	9.3	19.4	34.9

출처: 〈표 1-2〉 참고.

을 위해 지난 2년여 동안 7차례에 걸쳐 총 125.9조 원('20년 76조 원, '21 년 49.8조 원)의 추경예산 등을 편성·지출했다. 이 중 '20년 3차(7월 3일) 와 '21년 2차(7월 24일)는 약 35조 원으로 역대 가장 큰 규모의 추경예 산이다.

었으며, 규모는 약 4조 원이었다. 후자의 정책 패키지 역시 소상공인·중소기업의 피 해 회복 기반 마련, 비상 지역경제 지원체계 가동, 내수회복 지원, 투자 및 수출 활력 제고 노력 강화 등에 대해 약 16조 원의 규모로 지원하였다. 세부 사업과 내용에 대해 서는 기획재정부 보도자료(2020.3.4) 참고.

[그림 1-10] 코로나19 신규 확진자 추이와 정부 대응

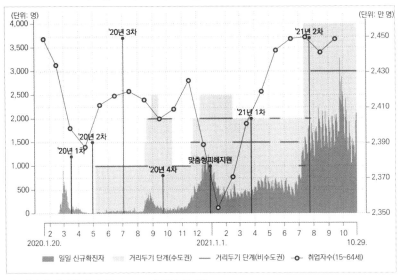

주: 사회적 거리두기 단계=1,000×단계를 의미함
출처: 1) 코로나19 확진자 현황: 공공데이터포털(https://www.data.go.kr/tcs/dss/
　　　 selectApiDataDetailView.do?publicDataPk=15043378)의 자료를 직접 가공함(다운로
　　　 드 일시: 2021.10.29).
　　 2) 사회적 거리두기 단계: 국회의원 자료와 보건복지부 질병청의 보도자료 참고.
　　 3) 취업자 수: 경제활동인구조사(통계청) 월별자료를 직접 가공 및 작성함.

[그림 1-10]에서 보듯이, '20년 1·2차 추경은 코로나19 1차 확산세
가 둔화된 3월과 4월에 각각 확정됐다. 1차 확산이 둔화되기는 했지만
코로나19 '확산의 잠재적 공포'로 인한 사회·경제·심리적 위축은 다
른 어떤 때보다도 심각했다. 예를 들어, 여행·관광업, 음식·숙박업, 대
면 서비스업은 물론이고, 전체 산업과 경제에 큰 타격을 주었다. 특히
부분적 봉쇄(lock-down)와 사회적 거리두기로 인해 소비가 급격하게
위축됨으로써 생산과 노동시장이 급격하게 얼어붙었다.[8]

8　소비자심리지수(CSI)는 2020년 1월 104.2에서 동년 2월 96.9로 메르스(-7.3p) 이후 가

이에 1차 추경의 주요 목적 중 하나는 코로나19 유행 상황의 조속한 종결을 위한 감염병 대응체계 강화 및 직접적 피해보전이었다. 그리고 다른 하나는 코로나19로 인한 국민생활 및 일부 지역·업종 등 간접적 피해 최소화였는데, 세부적으로는 '중소기업·소상공인 회복 지원', '민생·고용안정 지원', '지역경제 회복 지원'으로 구성된다.[9]

2차 추경은 1차 추경이 확정된 지 채 한 달이 지나지 않은 4월로서, 사실 국내적으로는 감염병 확산이 상당히 진정된 상태였다. 하지만 3월 11일 세계보건기구(WTO)가 팬데믹(pandemic, 세계적 대유행)을 선언하고, 이탈리아, 스페인 등 유럽과 미국, 일본 등 전 세계에서 코로나19가 본격적으로 확산되었다. 이러한 상황에서 각국 정부는 코로나19의 확산을 막기 위해 국경을 봉쇄하거나 이동 제한, 일시적인 업무중지 조치를 시행함으로써 국가 간 인적·물적 이동 제한, 상품·서비스 생산활동 위축과 그에 따른 충격이 나타나기 시작했다. 이와 더불어 국내적으로도 사회적 거리두기 정책이 적극 시행되면서 서비스 업종을 중심으로 내수가 위축되고 있었다. 내수 위축은 세계경제의 팬데믹 충격과 함께 국내경제에 적지 않은 충격을 줄 것으로 예상되었다.

[그림 1-10]에서 보듯이, 코로나19가 진정된 4월에도 국내 취업자 수는 3월에 비해 더 감소했는데, 코로나19의 영향이 초기에는 일부 서비스 업종을 중심으로 나타났지만 장기화될 경우 기업투자 위축 및 수요 축소 등으로 산업 전반에 확대될 위험이 적지 않은 상태였다. 이에

장 크게 감소했으며, 기업경기실사지수(BSI: Business Survey Index) 역시 2020년 1월 76.0에서 동년 2월 65.0으로 감소함으로써 유럽 재정위기 이후 가장 크게 감소하였다. 국회예산정책처(2020a) 참고.

9 주요 내용들은 〈표 1-2〉 참고.

정부는 4월을 전후로 코로나19로 인해 어려움을 겪는 가구를 지원하고 얼어붙은 내수를 진작시키는 방안을 본격적으로 논의하기 시작했고, 이 과정에서 정치권의 '재난기본소득' 논의로까지 확대되었다.[10] 결국 긴급재난지원금 지원 범위를 소득하위 70%로 한정했던 정부안은 국회 심의과정에서 코로나19로 인한 광범위한 국민 피해와 어려움 등을 감안하여 전 국민으로 확대되었고, 예산안은 애초 7.6조 원에서 최종적으로는 12.2조 원으로 증액되었다. 이때, 증액재원 4.6조 원은 추가 세출구조조정(1.2조 원)과 국채발행(3.4조 원)을 통해 마련되었으며, 5월 13일부터 본격적으로 지급이 시작되었다.[11]

다음 3차 추경이 이루어진 시점은 7월인데, 사실 4~7월 동안 국내에 발생한 코로나19 확진자는 일 평균 30~40명대 수준으로 코로나19 확산의 위험이 크게 완화된 상황이었다. 하지만 코로나19가 완전히 소멸되지도 못한 상태로 한국을 포함한 각국 정부는 코로나19 유행의 장기화에 따른 경제위기를 예방 또는 조기 극복하기 위해 재정지출을 확대하고 있었다.

국제통화기금(IMF)은 세계경제(△3.0%)는 물론 한국(△1.2%)도 마이너스 성장을 기록할 것으로 전망했다. 한국은행 역시 '20년 성장률이 △0.2% 마이너스 성장할 것으로 예측하는 등 실업률, 소비자지수, 투

---

10 당시 2차 추경과 관련하여 발생했던 '재난기본소득' 논의의 전개과정에 대해서는 여유진 외(2021) 참조.

11 지급액은 1인가구 40만 원, 2인가구 60만 원, 3인가구 80만 원, 4인 이상 가구 100만 원이며, 기초생활보장 생계급여, 기초연금, 장애인연금 수급가구는 현금으로 지급하되, 그외 국민은 신용카드, 체크카드, 상품권, 선불카드 등으로 지급했다. 현금 외의 지급 방식으로 지급된 재난지원금은 8월 31일까지 사용 기한이 제한되었다.

〈표 1-2〉 코로나19 이후 정부의 추경 규모: 2020~2021

연도	구 분	재난지원 프로그램	규모	목적	주요 내용
2020	제1차 추경예산 (3월 17일)	-	11.7조 원 (지출+10.9, 세입경정 △0.8조 원)	코로나19 파급영향 최소화와 조기 극복	1.7 소상공인지원(융자) 1.0 저소득층 한시 생활지원 1.0 예비비(의료기관 손실보상 등) 0.5 일자리 안정자금 지원 0.4 고용창출장려금 0.4 감염병 대응 지원
	제2차 추경예산 (4월 30일)	1차	14.3조 원 (국비+12.2, 지방비+2.1조 원)	코로나19 극복을 위한 긴급재난지원금	12.2 긴급재난지원금
	제3차 추경예산 (7월 3일)	-	35.1조 원 (지출+23.7, 세입경정 △11.4조 원)	경제위기 조기 극복과 포스트 코로나 시대 대비	11.4 세입경정을 통한 경기 대응 10.4 경기보강 패키지 10.0 고용·사회안전망 확충 5.0 위기기업 등 금융지원
	제4차 추경예산 (9월 22일)	2차	7.8조 원	맞춤형 긴급재난지원 패키지	3.8 소상공인·중소기업 긴급피해 　　　지원 2.2 긴급돌봄 지원 패키지 등 1.4 긴급 고용안정 패키지 0.4 저소득층 긴급 생계지원 패키지
	'21년 예비비 등 (12월 29일)	3차	9.3조 원 (예비비 4.8, 기금변경 등 4.5조 원)	3차 확산 대응 맞춤형 피해지원	5.6 소상공인·고용취약계층 긴급 　　　피해지원 1.6 근로자·실직자 긴급고용안정지원 0.3 취약계층 사회안전망보강 1.0 소상공인·중소기업 회복지원
2021	제1차 추경예산 (3월 25일)	4차	19.4조 원 (추경 14.9, 기정예산활용 4.5조 원)	맞춤형 피해지원 대책	7.3 소상공인 긴급 피해지원 1.1 고용취약계층 등 긴급 피해지원 2.5 긴급 고용대책 4.2 방역 대책
	제2차 추경예산 (7월 24일)	5차	34.9조 원	코로나19 극복을 위한 상생과 피해회복 지원	5.3 소상공인 피해지원 11.0 코로나 상생 국민지원금 0.3 저소득층 소비플러스자금 0.7 상생소비지원금(캐시백) 4.9 백신 방역 보강 2.5 고용 및 민생안정 지원 12.6 지역경제 활성화

주: 각 자료를 이용하여 일부 내용을 수정·업데이트함.
출처: 한국재정정보원(2021), "제2회 추가경정예산", 재정통계BRIEF, No.15.
　　　국회예산정책처(2021), 「2020 회계연도 결산 총괄분석 Ⅱ」.
　　　기획재정부(2021), "제24차 비상경제 중앙대책본부 회의" 개최", 보도자료(2020.12.29).
　　　기획재정부(2021), "코로나 극복을 위한 정부의 재정지원사업 업그레이드" 보도참고자료(2021.4.1).[12]

자지표 등 경제지표는 크게 개선되지 않은 상황이었다. 이러한 경제 여건에 대응하여 주요국은 재정지출을 확대했는데, 한국 정부 역시 이러한 흐름에 동참하여 포스트코로나 시대에 대비한다는 목적으로 재정지출을 확대한 것으로 이해할 수 있다.

한편 3차 추경안은 역대 추경 중 최대 규모인 35.1조 원으로 편성됐다. 다만 이 중 11.4조 원은 세입경정(세수 감소분 보전 및 세제감면 뒷받침) 예산으로 정부의 직접지출은 아니었다. 이외에 추경 내용을 보면, 먼저 내수·수출·지역경제 활성화와 한국판 뉴딜 등 경기보강 패키지(10.4조 원)로 주로 공급 측 지원 예산이 편성되었다. 여기서 눈에 띄는 항목은 한국판 뉴딜 사업이다. 이 사업은 DNA 산업 생태계 강화 및 비대면 산업 육성을 포함한 디지털 뉴딜사업 2.63조 원과 녹색산업 육성을 포함한 그린 뉴딜사업 1.22조 원, 그리고 이를 뒷받침하는 고용안전망 강화 1.0조 원으로 구성되어 있다.

다음으로는 고용·사회 안전망 확충을 위해 예산 10.0조 원을 배정했다. 9조 1천억 원은 고용유지지원금, 일자리 창출, 구직 급여 등 주로 노동시장 안정을 위한 예산으로 소요되었으며,[13] 저소득층·취약계층 사회안전망 강화를 위한 예산으로 약 9천억 원이 편성됐다. 그리고 기업·산업계 전반에 유동성을 선제적으로 공급하는 것으로서 소상공인, 중소·중견기업에 대한 긴급 자금지원(1.9조 원)과 주력산업·기업 등

---

12 이외에도 기획재정부 각종 보도자료들을 참고함(참고문헌 참고).

13 고용유지지원금 확대(유급휴업·휴직수당의 90% 지원 기간을 6월에서 9월까지 3개월 연장, 87만 명), 특수고용직·자영업자 등 고용보험 사각지대에 긴급고용안정지원금 등 생활안정 긴급지원(114만 명), 직접 일자리(55만 개+α), 구직급여 확대(+49만 명) 등을 통해 총 321만 명을 대상으로 한다.

에 대한 긴급 유동성 지원(3.1조 원)으로 구성된 금융안정 패키지 후속 조치에 총 5.0조 원의 예산이 편성됐다.

4차 추경은 코로나19 2차 대유행에 대응하기 위한 성격이 강했다. 사실 우리나라는 3/4분기에는 반등을 예상하였으나 코로나19 재확산에 따라 내수가 침체하는 하방리스크가 확대되었다. 예를 들어, 전기 대비 소매판매 변동률이 2020년 4~6월 3달간 양(+)의 값을 보이다 7월부터 다시 △6.0%로서 음(-)의 값으로 전환되었다.

이에 정부는 지난 재난지원금(2차 추경)과는 달리 코로나19로 인한 피해 계층을 대상으로 직접적·실질적 지원을 목적으로 소위 '4대 패키지 프로그램'을 마련하였다. 매출이 감소한 소상공인·자영업자에 대한 '긴급피해지원', 실직 위험이 높은 계층에 대한 '긴급 고용안정', 실직·휴폐업 등에 따라 소득이 감소한 가구에 대해 '긴급 생계지원', 그리고 휴원·휴교에 따라 육아 부담이 증가한 가구에 '긴급 돌봄' 지원을 3개월(10~12월) 한시적으로 지급하기 위한 7.8조 원 규모의 추경 안을 편성하였다.

4차 추경의 경우 '2차 재난지원금'으로 불리웠는데, 이를 통해 코로나19 피해 소상공인과 가구에게 지원이 이루어졌다. '1차 재난지원금'('20년 2차 추경)과 비교할 때 대상과 규모 면에서 매우 적은 수준이었다. 총 7.8조의 추경 예산 중 가구와 소상공인을 대상으로 한 재난 지원금 성격의 순수 지원금은 소상공인 새희망자금(3.3조 원), 폐업점포 재도전장려금(0.1조 원), 긴급고용안정지원금(0.6조 원), 법인택시기사 등 지원(0.1조 원), 청년 특별취업지원 프로그램(0.1조 원), 긴급생계지원(0.35조 원) 및 아동특별돌봄 지원(1.3조 원)을 합해 5.65조 원으로 1차 예산의 절반 수준에도 미치지 못한다.

또한 지원금 중 상당 부분은 기존에도 실시하고 있었던 제도의 대상을 확대하는 수준이었기 때문에 그 성격 면에서도 다르다. 따라서 '보편 대 선별'이라는 측면에서 보면, 1차 재난지원금이 '보편'을 따른 것이라면, 2차 재난지원금은 '재난으로 인한 피해 계층'에 집중적으로 지원금을 지급한 '선별'의 사례가 이후 3차와 4차 재난지원금 역시 2차 재난지원금의 지원 방향을 따랐다고 평가된다(여유진 외, 2021).

다음으로 '20년 12월 29일 맞춤형 피해지원 긴급대책은 11월부터 확산되기 시작했던 3차 대유행에 대한 대응을 목적으로 한다. 11월부터 점차 증가하기 시작했던 확진자 수는 12월 들어 1,000명 내외 수준으로 증가·지속되었다. 이에 연말연시 사적모임 제한 등 강화된 사회적 거리두기 조치[14]로 인해 소상공인 매출 감소 등으로 경기 개선 추이에 장애가 될 것이라는 우려가 커졌다. 예를 들어, [그림 1-10]에서 보듯이 10월, 11월 늘어나기 시작했던 취업자 수는 12월 들어 지난 4월 수준으로 급감했다.[15]

이에 정부는 2021년도 예산에서 확보한 3조 원 수준의 예비비에 더해, 기금 여유자금 및 기정예산 활용 등을 통해 앞선 4차 추경보다도 규모가 큰 총 9조 3천억 원의 맞춤형 피해지원방안(수혜자는 580만 명 예상)을 마련하였다. 구체적인 내용은 크게 세 가지로 구성된다.

첫째, 코로나19 3차 확산에 따른 방역 강화 등으로 피해가 집중되어 영업과 생계에 어려움을 겪게 된 소상공인('버팀목 자금')과 고용취약

14 12.8일 이후 수도권 2.5단계 및 비수도권 2단계 → 12.22일 수도권 2.5+α단계 격상.
15 이후 '21년 1월에도 취업자 수는 감소해 코로나19가 시작된 '20년 3월 이후 가장 최저치인 2,350만 명 수준에 이르렀다. 물론, 당시 취업자 수 감소는 겨울이라는 계절적 요인 역시 작용한 결과라고 해석할 수 있다.

계층에게 현금지원('소득안정자금')과 더불어 간접적 지원을 포함한다.

둘째, 코로나19 장기화로 지원이 필요하지만 긴급피해지원 등의 대상이 아닌 계층에 대한 별도의 맞춤형 지원패키지를 마련하였다. 예를 들어, 국민취업지원제도와 취업성공패키지 등을 통해 실직자와 청년들을 위한 일자리 창출 및 코로나19 대응 특별훈련수당(30만 원) 신설, 폐업(혹은 폐업위기)에 처한 소상공인 지원, 고용유지지원금 상향과 연장(집합제한·금지업종의 경우 휴업수당 지원 비율을 기존 2/3에서 90%로 3개월로 한시적 상향, 여행업 등 특별지원업종의 무급휴직수당 지원 기간을 기존 180에서 270일로 한시 연장), 및 특수형태근로종사자와 프리랜서 등 고용취약계층에 대한 생활안정자금 융자, 업무 부담이 가중된 보건·의료, 돌봄, 택배·배달 등 필수노동자에게 근무 여건 개선 지원 및 생계위기가구와 휴교·휴원 등으로 돌봄 부담이 가중된 학부모를 지원하기 위한 사회안전망 보강 프로그램들이 포함되었다.

셋째, 3차 확산에 따른 방역 강화를 위해 감염병 전담병원 등 방역대응 인프라(검사·진단·격리·치료 등) 긴급 확충(0.4조 원) 등에 총 0.8조 원 규모의 예산이 편성되었다.

2021년의 1차 추경은 3월에 이루어졌는데, 당시 한국 경제는 대외수요 회복으로 수출이 증가세를 보였으나, '20년 11월 이후 코로나19 3차 유행에 따른 사회적 거리두기 강화와 경제활동 제약으로 소비와 고용 부진이 심화된 상황을 배경으로 한다. 특히 대면서비스업을 중심으로 소상공인, 자영업자 등 취약계층의 소득 및 고용 여건의 어려움이 장기간 지속됨으로써 상당한 경제적 피해가 누적되고 있었다.

이러한 경제·사회적 여건의 악화는 가계의 소비여력을 제한하는 것은 물론이고, 소비심리마저 위축시킴으로써 고용시장 회복을 더디게

하는 원인으로 작용한다. 예를 들어, '21년 1월에는 사회적 거리두기 강화에 따른 대면서비스업 부진, 재정지원일자리 사업 종료 및 재개 시차에 따른 일시적 요인, 전년 동월의 양호한 고용 증가폭(56.8만 명)에 따른 기저효과 등이 복합적으로 작용하면서 고용 감소폭이 확대되었다. 이는 1998년 외환위기 기간 중 월 평균 100만 명을 상회하는 고용 감소를 기록한 이후 가장 크게 감소한 것이다(국회예산정책처, 2021a, p.20 재인용).

더욱이 코로나19 팬데믹의 충격으로 인해 2020년 침체했던 세계경제가 선진국 내 백신 공급에도 불구하고 여전히 봉쇄 혹은 이동금치 조치가 계속됨으로써 2019년 수준으로 경제가 회복되는 것은 2022년이 되어야 가능하다는 국제기구들의 전망 역시 코로나19에 대응하기 위한 각국 정부들의 정책적 노력을 재촉하는 상황이었다. 이에 정부는 경제 회복세 강화 및 안정적인 성장세 유지를 목적으로 ① 피해계층 지원금 8.4조 원, ② 고용충격 대응 2.5조 원 그리고 ③ 백신 등 방역소요 4.2조 원 등 3가지 분야로 구성된 총 14.9조 원의 추경을 편성하였다.

마지막으로 '21년 2차 추경은 코로나19 4차 대유행이 본격화한 7월 24일에 국회에서 확정되었다. 그러나 정부가 추경안을 편성·제출한 것은 7월 1일로서 4차 대유행이 본격화하기 바로 직전이라는 점에서 코로나19 재확산이 직접적인 계기는 아니었다. 7월 8일 일일 신규 확진자가 1,275명을 기록하는 등 이후 네 자릿수 확진자가 연일 발생하면서 4차 대유행이 본격화되었고, 이에 국회심의 과정에서 애초 정부안 규모 33조 원에서 1.9조 증가한 총 34.9조 원의 추경이 편성·확정되었다. 또한 코로나상생 국민지원금의 지급 범위를 둘러싼 논란이 '20년 2차 추경 때와 유사하게 있었지만 최종적으로는 선별 방식을 유지하는 한에서 지급 범위를 소득하위 80%에서 88%로 확장하는 것으로 결정되었다.

'21년 2차 추경의 직접적인 배경은 다음과 같다. 3차 대유행 이후 일일 확진자 수는 대략 300~400명대로 적은 수준은 아니었지만, 국내와 선진국을 중심으로 대외적으로 백신 보급 및 접종이 확대되면서 주요국의 경제회복세가 강화되고 있었다. 특히 그동안 위축되어 좀처럼 회복되지 않던 민간소비와 고용 부진이 점차 완화되면서 경기회복세에 대한 기대감이 높아진 상황이었다.

하지만 세계경제의 빠른 회복세에 따라 수요가 증가하고 있으나 공급이 이에 미치지 못하면서 국제원자재 가격이 상승하는 등 전 세계적으로 물가상승 압력이 높아지는 한편, 반도체·자동차 등 일부 산업에서는 부품 공급망의 훼손이 비용 측면에서 물가상승 압력을 강화시켰다.

〈표 1-3〉 2020년 추경의 주요 편성 내용

구 분		2020년 1차 추경	2차 추경
지원 인원		1,100만 명 + a	전 국민
소상공인	직접지원		
소상공인	금융 및 회복 지원	• 금융지원(3.1조 원) * 소상공인 자금 12조 원 공급 등 • 고용유지지원 등(0.6조 원, 65만 명) • 재기지원·온누리상품권 등(0.4조 원, 20만 명)	
고용취약계층	특고·프리랜서		• 전국민 재난지원금(14.3조 원) * 국비12.2조 원, 2,274만 가구 * 1인 40/2인 60/3인 80/4인 이상 가구 100만 원
고용취약계층	법인택시 전세버스 기사		
고용취약계층	필수노동자		
농어민			
생계위기가구		• 저소득층 소비쿠폰(1.0조 원, 169만 가구) • 긴급복지, 건보료경감 등(0.8조 원, 575만 명)	
돌봄부담가구		• 특별돌봄쿠폰(1.1조 원, 263만 명) • 양육부담 경감(0.05조 원, 15만 명)	
고용지원		• 청년추가고용장려금 등(0.6조 원, 17만 명)	
방역지원		• 의료기관 손실보상 등(2.1조 원)	
기타		• 지역경제 회복지원(1.2조 원) • 세입경정(0.8조 원)	

구 분		3차 추경	4차 추경
지원 인원		930만 명 + α	1,330만 명
소상공인	직접지원	• 긴급고용안정지원금(0.4조 원, 94만 명)(예비비 등 포함 1.4조 원) * 자영업자, 1인당 150만 원	• 새희망자금(3.3조 원, 250만 명) * 집합금지 200 / 제한 150 / 일반(매출감소) 100만 원
	금융 및 회복 지원	• 금융지원(0.6조 원, 101만 명) * 소상공인 자금 10조 원 공급 등 • 소비쿠폰·온누리상품권 등 (2.4조 원)	• 금융지원(0.5조 원, 66만 명) * 융자·보증 2.8조 원 확대 • 폐업점포 재도전장려금(0.1조 원, 20만 명)
고용취약계층	특고· 프리랜서	• 긴급고용안정지원금(0.2조 원, 51만 명) * 1인당 150만 원(예비비 등 포함 0.7조 원)	긴급고용안정지원금(0.6조 원, 61만 명) * 기존(47만 명) 50만 원 * 신규(14만 명) 150만 원
	법인택시· 전세버스 기사		• 법인택시 기사(0.08조 원, 8만 명) * 1인당 100만 원
	필수노동자		
농어민		• 농수산물 할인쿠폰 등(0.4조 원, 중복)	
생계위기가구		• 긴급복지(0.05조 원, 3.0만 가구) • 주거안정지원, 소액금융 등 (0.8조 원, 11만 명)	• 위기가구 긴급생계지원(0.4조 원, 55만 가구(88만 명)) * 4인가구 월 100만 원
돌봄부담가구			• 아동특별돌봄(1.1조 원, 532만 명) * 1인당 20만 원 • 비대면학습지원, 돌봄휴가 등 (0.3조 원, 138만 명)
고용지원		• 고용유지, 일자리창출 등(8.5조 원, 207만 명)	• 고용유지, 청년구직지원 등 (0.8조 원, 50만 명)
방역지원		• 인플루엔자 예방접종 등 K방역(1.0조 원, 456만 명)	• 백신구매, 인플루엔자 예방접종 등(0.2조 원, 105만 명)
기타		• 한국판 뉴딜 4.8조 원 (1.7조 원, 중복) • 주력산업 금융지원 등(6.6조 원) • 세입경정 11.4조 원	• 이동통신요금지원(0.4조 원, 목적예비비 0.05조 원)

주: 각 자료를 이용하여 일부 내용을 수정·업데이트함.
출처: 기획재정부(2021), "코로나 극복을 위한 정부의 재정지원사업 업그레이드" 보도참고자료(2021.4.1).

〈표 1-4〉 2021년 추경의 주요 편성 내용

구 분		2021년 예비비 등
지원 인원		580만 명
소상공인	직접지원	• 버팀목자금(4.1조 원, 284만 명) * 집합금지 300 / 제한 200 / 일반(매출감소) 100만 원
소상공인	금융 및 회복 지원	• 임차료융자(1.0조 원) * 집합금지 10만 명, 집합제한 30만 명 • 재기지원·긴급유동성공급(1.0조 원, 26만 명)

고용취약계층	특고·
	프리랜서
		• 긴급고용안정지원금(0.4조 원, 68만 명)
		  * 기존(57만 명) 50만 원
		  * 신규(11만 명) 100만 원

고용취약계층	법인택시· 전세버스 기사	• 법인택시기사(0.04조 원, 7.8만 명) * 1인당 50만 원
고용취약계층	필수노동자	• 방문돌봄종사자(0.05조 원, 9만 명) * 1인당 50만 원
농어민		
생계위기가구		• 저소득층 긴급복지(0.1조 원, 6만 가구)
돌봄부담가구		• 가족친화제도, 아이돌봄 등(0.2조 원, 51만 명)
고용지원		• 고용유지, 직업훈련 지원 등(1.6조 원, 102만 명)
방역지원		• 공공의료 강화, 손실보상 등(0.8조 원)
기타		

2021년 1차 추경	2차 추경
820만 명	

• 버팀목 플러스+(6.7조 원, 385만 명)
  * 집합금지 400~500 / 제한 300/일반 100~300만 원
  ※ 버팀목자금 추가지원(56만 명) 0.6조 원
	• 희망회복자금(4.22조 원, 178만 명)
	  * 집합금지 300~2,000 / 영업제한 200~900 / 경영위기 100~400만 원

• 전기요금 감면(0.2조 원)
  * 집합금지·제한 115만 명
• 저리융자·브릿지보증 등 1.3조 원
  * 감액 △0.8조 원 별도
• 경쟁력 회복 0.5조 원
	• 손실보상 제도적지원(0.6조 원)
	• 긴급자금(6조 원)
	• 폐업 소상공인지원(0.3조 원)

• 긴급고용안정지원금(0.5조 원, 80만 명)
  * 기존(70만 명) 50만 원
  * 신규(10만 명) 100만 원	

• 법인택시기사(0.06조 원, 8만 명)
  * 1인당 70만 원
• 전세버스기사(0.02조 원, 3.5만 명)
  * 1인당 70만 원
	• 법인택시(8만 명), 전세버스(3.5만 명) 및 비공영제 노선버스 기사(5.7만 명) (0.12조 원)
	  * 1인당 80만 원

• 마스크 지원(0.04조 원, 103만 명) • 방문돌봄 종사자(0.03조 원, 6만 명) * 1인당 50만 원	
• 농어민 바우처(0.2조 원, 50만 명) * 1인당 30만 원	• 농축수산물 소비쿠폰(0.1조 원) • 집중호우피해양식업지원(43억 원)

• 한계근로빈곤층 한시생계지원(0.4조 원, 80만 가구)
  * 50만 원/인
• 노점상(0.02조 원, 4만 명)
  * 50만 원/인
• 장학금(0.03조 원, 1만 명)
  * 250만 원/인
• 긴급복지·생활안정(0.2조 원, 8만 가구)
	• 소비플러스 자금(0.3조 원, 296만 명)
	  * 10만 원/인
	• 상생소비지원금(0.7조 원, 일반국민)
	  * 최대 30만 원/인
	• 저소득취약계층지원(0.3조 원, 생계급여확대 4.9만 가구, 긴급복지 6만 가구, 자활근로 7.8만 명, 노인일자리 2만 개, 장애인취업지원 0.4만 명)

• 가족돌봄휴가·아이돌봄 등(0.15조 원, 19만 명) • 장애인 원격수업·긴급돌봄(0.02조 원, 2만 명)	• 결식아동지원(0.03조 원, 8.6만 명)
• 고용유지, 청년·여성 일자리기회확대 등(2.3조 원, 60만 명) • 고용연계융자(1.8조 원, 13.7만 명)	• 특별고용촉진장려금 등(0.6조 원, 16.4만 명) • 고용유지·직업훈련(0.6조 원, 24.1만 명) • 청년희망사다리패키지(1.8조 원) • 문화예술관광업활력제고(0.3조 원)
• 백신구매·접종(2.7조 원) • 방역대응·손실보상 등(1.5조 원)	• 백신구매·접종·피해보상(2.0조 원) • 방역대응 및 손실보상(2.7조 원) • 백신개발 등(0.2조 원)
• 중소기업 긴급 금융지원(1.1조 원)	• 지역상권지원(상품권)(0.4조 원) • 지방재정보강(12.2조 원)

주: 1) 각 자료를 이용하여 일부 내용을 수정·업데이트함.
   2) 코로나상생국민지원금(11조 원) *1인당 25만 원은 제외됨.
출처: 기획재정부(2021), "코로나 극복을 위한 정부의 재정지원사업 업그레이드" 보도참고자료
   (2021.4.1).
   기획재정부 보도자료(2021.7.1), "2021년도 제2회 추가경정예산안".
   기획재정부 보도자료(2021.7.24), "2021년도 제2회 추가경정예산 국회 확정".

또한 세계경제가 밀접하게 연계되어 있는 상황에서 여전히 코로나 19가 확산되고 있는 신흥개도국들의 경제·사회적 어려움은 결국 세계경제 회복을 제약하는 요인이 될 것이라는 우려가 존재했다.

이러한 대내외 경제 여건 하에서 우리 경제의 안정적인 성장세를 유지·강화하는 한편 코로나19 이전의 성장 경로로 빠르게 복귀하기 위해서는 민간 경제 주체들의 경제활동이 더욱 활성화될 필요가 있었다. 즉 정부는 방역조치 장기화로 집합금지·제한업종 소상공인의 피해가 누적되고 일자리 분야 및 취약계층 어려움도 계속됨으로써 민생경제 여건이 여전히 코로나19 이전 수준으로 회복되지 못한 상황에서 향후 경기회복으로 인해 예상되는 추가 세수를 코로나19 피해 지원 및 민생경제 여건 개선을 목적으로 추경을 편성했다.

다만, 앞 절에서 살펴본 바와 같이 3/4분기 GDP 성장률을 보면 전기 대비 0.3%에 그침으로써 지난 1·2분기 나타났던 경기회복세는 크게 주춤했다. 델타변이 확산으로 인한 사회적 거리두기 강화 조치 등으로 감소한 민간소비와 글로벌 공급망 병목 현상이 주요 원인으로 지목되는 상황이다. 따라서 '21년 2차 추경은 경기회복세 강화가 목적이었지만 델타변이 확산으로 인한 경기하락을 예방하기 위한 정책으로서 향후에는 평가될 필요가 있을 것이다.

〈표 1-3〉과 〈표 1-4〉는 지금까지 살펴본 코로나19 확산에 대응하기 위한 다양한 프로그램들을 그 수혜 대상을 중심으로 요약·정리한 것이다. 주요 수혜 계층을 보면, 거리두기 강화조치 등으로 경제적 피해가 가장 클 것으로 예상되는 소상공인, 특고·프리랜서 등의 고용취약계층, 긴급하게 복지 수요가 늘어난 생계위기·돌봄부담가구 및 청년·농어민으로 구성된다.

제4장 취약계층에 대한 주요 지원 정책

이 절에서는 소상공인, 고용취약계층 및 복지취약계층에 대한 정책 사업들을 중심으로 살펴본다. [그림 1-11]과 〈표 1-5〉에서 보듯이, 이들을 대상으로 하는 재난지원 프로그램의 현금성 지원 내역은 총 50.1조 원에 이른다. 이때 재난지원금 소상공인 희망회복자금(3.25조 원) 및 코로나 상생 국민지원금(8.1조 원) 등이 포함된 '21년 2차 추경의 규모가 가장 크고, 다음으로는 '20년 2차 추경을 통한 전국민 긴급재난지원금 12.2조 원이다. 주요 프로그램들은 긴급고용안정지원금과 소상

[그림 1-11] 코로나19 대응을 위한 현금성 지원 규모

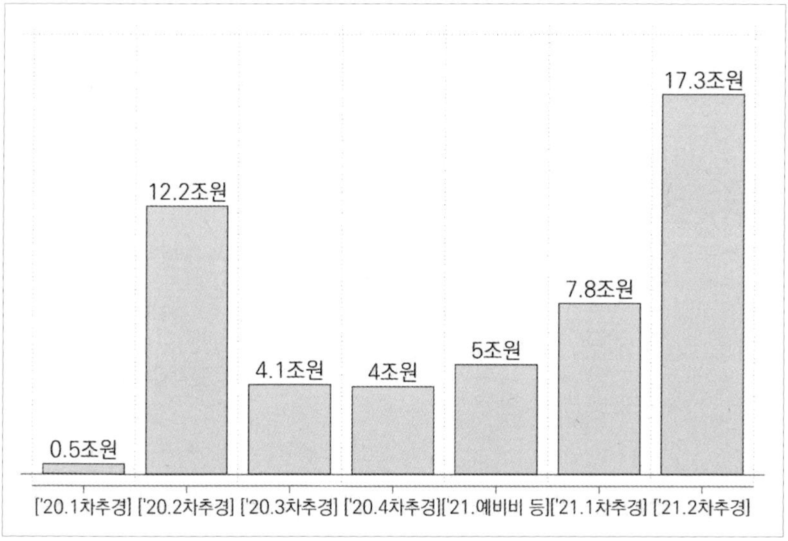

공인에 대한 사업들이라고 할 수 있는데, 다음에서는 해당 프로그램들에 대해 좀 더 구체적으로 살펴본다.

〈표 1-5〉 코로나19 대응을 위한 현금성 지원 세부 내역

예산	피해지원금 내역	지원 대상	총 규모 (조 원)	비중 (%)
2020년 제1차 추경예산	• 피해점포재기지원(0.3)	소상공인	0.5	1.0
	• 사회보험사각지대 해소(0.06), 취업성공패키지(0.05) • 지역고용대응특별지원(0.1)	고용 취약계층		
2020년 제2차 추경예산	• 긴급재난지원금(12.2조 원) * 총 14.3조 원=국비 12.2조 원+지방비 2.1조 원	일반 국민	12.2	24.0
2020년 제3차 추경예산	• 긴급고용안정지원금(0.5), 구직급여(3.4), 장기실업자생활안정자금(0.004), 내일배움카드(0.2)	고용 취약계층	4.1	8.1
2020년 제4차 추경예산	• 소상공인 새희망자금(3.3)	소상공인	4.0	7.9
	• 긴급고용안정지원금 및 지역고용대응 등 특별지원(0.7)	고용 취약계층		
2021년 목적예비비 등	• 소상공인 버팀목 자금(4.5)	소상공인	5.0	9.8
	• 고용 취약계층 소득안정자금(0.5)	고용 취약계층		
2021년 제1차 추경예산	• 소상공인 버팀목 자금 플러스(6.7)	소상공인	7.8	15.3
	• 고용취약계층 등 긴급 피해지원(1.1)	고용 취약계층		
2021년 제2차 추경안	• 소상공인 손실의 제도적 지원(1.03) • 소상공인희망회복자금(4.22)	소상공인	17.3	34.0
	• 코로나 상생 국민지원금(11) • 저소득층 소비플러스 자금(0.3) • 상생소비지원금(0.7)	일반 국민		
계			50.1	100

주: 현금지원 및 캐시백 포함, 바우처 및 쿠폰 등은 제외.
출처: 국회예산정책처(2021b), 「2021년도 제2회 추가경정예산안 분석」.

1. 고용취약계층에 대한 지원
: 긴급고용안정 지원금을 중심으로

코로나19 위기에 따라 정부가 시행한 다양한 노동시장 정책들은 '20년 4월 22일 제5차 비상경제회의에서 〈일자리 위기극복을 위한 고용 및 기업 안정 대책〉의 일환으로 발표된 '고용안정 특별대책'에 뿌리를 두고 있다(〈표 1-6〉 참고). 이 정책의 내용은 크게 세 가지로 구성된다.

첫째, 현재 재직 중인 근로자의 고용을 유지하기 위해 개인과 기업을 대상으로 한 정책이다. 즉 기업을 대상으로 기존 고용유지지원금(기업에 지급)의 대상을 대폭 확대하는 한편, 코로나19로 직접적인 피해가 심각한 여행·관광·항공·교통 관련 업종을 특별고용지원 업종으로 새롭게 지정해 고용유지지원을 받을 수 있도록 했다. 또한 신규 사업으로 고용유지자금 융자 및 노사합의 고용유지지원금 사업을 도입함으로써 기존 일자리를 유지하도록 하였다. 그리고 개인을 대상으로는 이전까지는 고용보험 적용을 받지 못하던 특수고용·프리랜서·영세 자영업자에게 한시적이지만 '긴급고용안전지원금'(개인에 지급)을 지급함으로써 고용안전망을 대폭 강화하고자 했다.

둘째, 실업자 중 고용보험 기가입자에 대하여는 생계안정 및 취업훈련 수요 확대에 대응하여, 기존 사업들인 구직급여 사업, 내일배움카드사업 및 직업훈련생계비대부 융자사업을 애초 계획보다 확대·시행하기로 하였다.

셋째, 고용안전망에 진입이 어려운 고용취약계층을 대상으로 비대면·디지털 중심으로 하는 공공일자리·청년일자리를 창출·확대하는 동시에, 고용취약계층을 고용하는 기업들에게 특별고용촉진장려금 등과 같은 신규 사업을 도입·시행하였다.

〈표 1-6〉 2020년 제3차 추경안 고용안전망 강화 사업 세부 분야별 주요 사업

(단위: 조 원)

지원 대상		지원 목적	사업 내용		규모
			기존 사업 확대	신규 사업 도입	
재직자		고용유지 강화	고용유지지원금	고용유지자금 융자	1.0
				노사합의 고용유지지원금	
실업자[1]	고용보험 기가입자	생계안정	구직급여	–	3.6
			직업훈련 생계비대부(융자)[2]		
		취업훈련 강화	내일배움카드		
	고용보험 미가입 취약계층	청년층 경력개발	취약계층 공공일자리	비대면· 디지털 일자리 (데이터· 콘텐츠 구축)	청년일자리 창출지원사업	4.1
		고용취약계층 생계안정 및 취업촉진		비대면· 디지털 일자리 (비대면 행정서비스)	특별고용 촉진장려금	
		고용보험 사각지대 근로자 생계안정			코로나19 긴급 고용 안정지원금	

주: 1) 특수고용직·자영업자 등 비임금근로자의 경우 실업과 취업의 구분이 명확하지 않으나, 소득·매출 등이 크게 감소한 특수고용직·자영업자 등의 경우 실업 상태와 유사하다고 보아 실업자로 분류.
2) 직업훈련생계비대부(융자) 사업은 지원 대상을 실업자 및 비정규직노동자에서 무급휴직자, 특수고용직·자영업자로 확대.
1. 생활안정자금(융자) 사업은 재직자 및 특수고용직 종사자에 대하여 융자 지원.
출처: 대한민국정부, 「2020년도 제3회 추가경정예산안」 등을 바탕으로 재작성.
출처: 국회예산정책처(2020c).

이후 코로나19 위기에 대응하기 위한 노동시장 정책은 사업별로 수급 자격 및 지급액 등 세부 사항의 변경은 있었지만, 앞에서 말한 '고

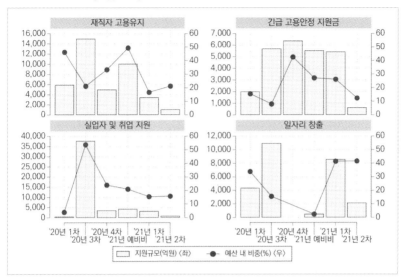

[그림 1-12] 고용정책 범주별 추경 예산 규모와 비중

용안정 특별대책'을 기본적으로 따르고 있다고 평가할 수 있다. 이에 '20년 3월 이후 최근까지 편성·지출된 범주별 예산 규모와 구성을 보면 [그림 1-12]와 〈표 1-7〉과 같다.[16]

지금까지 고용시장 정책에 지출된 총예산은 14.4조 원이며 가장 큰 규모의 예산이 편성된 것은 전체 예산의 절반에 가까운 약 7조 원의 '20년 3차 추경이며, 가장 적은 규모의 예산이 편성된 것은 '21년 2차 추경으로서 약 5천억 원에 지나지 않는다. '20년 3차 추경의 경우 앞서 말한 '고용안정 특별대책'에 따른 후속 조치로서 대규모의 예산이 편성된 것으로 이해할 수 있다. 반면 '21년 2차 추경의 예산 규모가 다른 때에 비해 크게 줄어든 것은 여전히 코로나19 확산 위험이 존재하

16 각 범주별 주요 사업과 예산 규모에 대해서는 〈표 1-8〉과 〈표 1-9〉 참고.

기는 하지만 그동안의 경제회복세를 감안한 결과라고 이해할 수 있을 것이다.

〈표 1-7〉 고용정책 범주별 추경 예산 규모와 비중

(단위: 억 원, %)

구 분	2020년 1차	2020년 3차	2020년 4차	2021년 예비비 등	2021년 1차	2021년 2차	계
재직자 고용·유지	5,925 (46.3)	14,970 (21.3)	4,998 (33.4)	10,049 (49.4)	3,482 (16.8)	1,103 (21.3)	40,527 (28.1)
긴급 고용 안정 지원금	2,000 (15.6)	5,700 (8.1)	6,370 (42.6)	5,532 (27.2)	5,432 (26.2)	640 (12.4)	25,674 (17.8)
실업자 및 취업 지원	508 (4.0)	37,712 (53.8)	3,588 (24.0)	4,268 (21.0)	3,198 (15.5)	816 (15.8)	50,090 (34.8)
일자리 창출	4,351 (34.0)	10,952 (15.6)		510 (2.5)	8,586 (41.5)	2,161 (41.7)	26,560 (18.4)
기타		784 (1.1)				459 (8.9)	1,243 (0.9)
계	12,784	70,118	14,956	20,359	20,698	5,179	144,094

가장 큰 규모의 예산이 편성된 '20년 3차 추경에서 그 비중이 가장 큰 분야와 사업은 실업자 및 취업지원 분야(동 추경 내 비중 53.8%)의 구직급여 확대 사업(약 3.4조 원)이었다. 그 결과 실업자 및 취업지원 분야에 투여된 예산은 전체 예산 14.14조 원 중에서 약 34.8%(약 5조 원)를 차지한다.

다음으로는 재직자고용유지 분야가 28.1%(약 4조 원)를 차지하였는데, 가장 많은 예산이 편성된 경우는 '20년 3차(약 1.5조 원)와 맞춤형피해지원(약 1조 원) 때였으며, '21년 2차를 제외하고 대략 3~5천억 원의 예산이 지속적으로 편성·지출되었다.

<표 1-8> 고용노동부 소관 추경 사업들: 2020년

(단위: 억 원, %)

구 분	2020년 1차	2020년 3차	2020년 4차
재직자 고용유지	〈4,964〉 일자리안정자금 〈596〉 두루누리사업 지원 인원 확대 〈365〉 고용안정장려금(워라밸일자리)	〈13,668〉 고용유지지원금 〈952〉 고용유지지원금융자 〈350〉 고용안정 협약 지원금(고용유지지원금 內)	〈4,845〉 고용유지지원금 〈153〉 유연근무제 간접노무비 (고용안정장려금 內)
소계	5,925(46.3)	14,970(21.3)	4,998(33.4)
긴급 고용 안정지원금	〈2,000〉 지역고용대응 등 특별지원(신규)	〈5,700〉 긴급 고용안정지원금	〈5,560〉 긴급 고용안정지원금 〈810〉 일반택시기사긴급고용안정지원(지역고용대응특별지원 內)
소계	2,000(15.6)	5,700(8.1)	6,370(42.6)
실업자 및 취업지원	〈508〉 취업성공패키지 지원	〈33,938〉 구직급여 〈1,567〉 내일배움카드(고보) 〈1,000〉 생활안정자금(융자) 〈963〉 직업훈련생계비 대부 〈128〉 고용센터인력지원 〈81〉 코로나19 대응 한시 인프라 지원(직업안정기관운영 內) 〈35〉 장기실업자 생활안정자금	〈2,000〉 구직급여 〈1,025〉 청년특별구직지원금 (청년구직활동지원금 內) 〈563〉 가족돌봄비용 긴급지원
소계	508(4.0)	37,712(53.8)	3,588(24.0)
일자리 창출	〈4,351〉 고용창출장려금 (청년추가고용장려금)	〈7,963〉 청년일자리창출지원 〈2,473〉 특별고용촉진장려금(고용창출장려금 內) 〈302〉 안전보건 빅데이터 구축 (업종별재해예방 內) 〈112〉 사회적경제지역생태계 구축 지원(사회적기업진흥원운영 內) 〈53〉 원격훈련 활성화(내일배움카드〈일반〉 內) 〈34〉 4차 산업혁명 선도인력양성(내일배움카드〈일반〉 內) 〈15〉 스마트 직업훈련 플랫폼 확충(직업훈련매체개발 內)	
소계	4,351(34.0)	10,952(15.6)	
기타		〈712〉 화재·폭발 등 위험 상황 순찰점검지원 〈41〉 사고성재해예방 〈31〉 고위험업종안전보건지킴이	
소계		784(1.1)	
총액	12,784	70,118	14,956

출처: 고용노동부 보도자료들.[17]

〈표 1-9〉 고용노동부 소관 추경 사업들: 2021년

(단위: 억 원, %)

구 분	2021년 예비비 등	2021년 1차	2021년 2차
재직자 고용유지	〈7,000〉 고용유지지원금 조기집행 〈2,000〉 집합제한금지업종 고용유지지원금(휴업수당 상향) 〈785〉 유연근무제 간접노무비 등 〈220〉 노사합의고용유지지원금(1년 연장) 〈44〉 특별고용지원업종 무급휴직지원금 연장	〈2,033〉 고용유지지원금 〈500〉 생활안정자금융자 〈417〉 고용유지자금융자 〈238〉 워라밸일자리장려금 〈194〉 유연근무제 간접노무비 등 〈100〉 육아휴직 등 부여지원금	〈1,103〉 고용유지지원금
소계	10,049(49.4)	3,482(16.8)	1,103(21.3)
고용안정 지원금	〈3,782〉 긴급고용안정지원금 〈571〉 특고-프리랜서 생계지원 〈460〉 방문·돌봄 서비스 종사자 생계지원금 〈400〉 법인택시 기사 소득안정자금 〈319〉 돌봄종사자 처우개선	〈4,563〉 긴급고용안정 지원금 〈560〉 법인택시긴급고용안정지원금 〈309〉 방문돌봄종사자 한시지원	〈640〉 일반택시 기사 한시지원
소계	5,532(27.2)	5,432(26.2)	640(12.4)
실업자 및 취업지원	〈2,159〉 국민취업제도 〈1,118〉 코로나대응 특별훈련수당 〈524〉 취업성공패키지 〈467〉 아이돌봄비용 지원	〈1,085〉 국민취업지원제도 〈844〉 국민취업지원제도 일경험 〈420〉 가족돌봄비용 긴급 지원 〈410〉 직업훈련생계비대부(융자) 〈300〉 여성·청년 특화형 지원(지역산업맞춤형일자리창출지원) 〈74〉 고용센터인력지원 〈65〉 청년도전지원사업	〈521〉 직업훈련생계비 대부(융자) 〈236〉 내일배움카드(고보) 〈44〉 장애인취업지원 〈10〉 건설일용근로자 기능 향상지원 〈5〉 장애인취업성공패키지
소계	4,268(21.0)	3,198(15.5)	816(15.8)
일자리 창출	〈316〉 디지털일자리 〈194〉 지역맞춤형 일자리사업	〈5,611〉 청년일자리창출지원 〈2,401〉 특별고용촉진장려금 〈474〉 K-Digital Training 〈100〉 K-Digital Credit	〈924〉 미래청년인재육성(청년일자리창출지원 內) 〈643〉 특별고용촉진장려금(고용창출장려금 內) 〈360〉 K-Digital Training(내일배움카드(일반) 內) 〈146〉 청년내일채움공제(일반, 고보) 〈88〉 사업주 직업훈련지원금
소계	510(2.5)	8,586(41.5)	2,161(41.7)
기타			〈282〉 유해위험요인시설개선 〈125〉 사고성재해집중관리(위탁) 〈52〉 안전보건지킴이
소계			459(8.9)
총액	20,359	20,698	5,179

출처: 고용노동부 보도자료들.[18]

일자리 창출과 긴급고용안정지원금 분야는 전체 예산 14.4조 원 중에서 각각 18.4%(약 2.7조 원), 17.8%(약 2.6조 원)로 유사한 비중을 차지하였다. 일자리 창출 분야의 경우 가장 많은 예산이 편성된 것은 '20년 3차였지만, 각 추경 내에서 차지하는 비중이 가장 높은 경우는 '21년 1차로서 약 2조 원 예산 중에서 41.5%(8,586억 원)를 차지했다.

마지막으로 긴급고용안정지원금의 경우에는 다른 분야에 비해 편성된 예산 규모의 편차가 크지 않은 편이다. 즉 '20년 1차 추경에서는 2천억 원이었지만, 이후 추경에서는 5~6천억 원 수준의 예산이 지속적으로 편성되었다. 다만 '21년 2차 추경에서는 이전 수준의 1/10 정도에 지나지 않는 640억 원의 예산만 편성되었다.

다음에서는 긴급고용안정지원금 사업에 대해 좀 더 구체적으로 살펴본다. 긴급고용안정지원금은 코로나19로 인한 피해에도 불구하고 고용보험의 사각지대에 놓여 필요한 보호를 받지 못한 특수형태근로종사자(이하 '특고')·프리랜서의 생계 안정을 지원하는 사업으로 2020~21년에 총 4차례에 걸쳐 집행되었다.

〈표 1-10〉에서 보듯이, 긴급고용안정지원금 사업이 처음 도입되었을 때(2020년 3차 추경)는 특고·프리랜서 외에도 영세 자영업자와 무급휴직자도 포함되었다. 하지만 이후부터는 영세 자영업자는 중기부(소상공인에 대한 지원프로그램, 새희망자금 등), 무급휴직자는 고용보험기금으로 지원하는 것으로 변경되었다. 즉 1차 지급 당시에는 특고·프리랜서 외에도 영세 자영업자와 무급휴직자가 포함되었으나 이후부터 영세

---

17   자세한 내용은 참고문헌 참고.
18   자세한 내용은 참고문헌 참고.

자영업자는 소상공인 버팀목자금플러스(중소벤처기업부)로, 무급휴직자
는 고용유지지원금(고용노동부)이나 긴급복지(보건복지부) 사업으로 지원
하게 되면서 특고·프리랜서에게만 긴급고용안정지원금을 지급하였다
(국회예산정책처, 2021c).

　2020년 3차 추경을 통해 초기에는 1인당 150만 원을 지급하였으
며, 이후 기수혜자는 50만 원을 추가 지급하고, 신규 신청자는 2차에
서는 150만 원, 3·4차는 100만 원을 지급하였다. 이처럼 기존 수혜자
와 신규 신청자를 차등 지급한 것은 소득 감소가 확인되어 지원금을
받은 기수혜자의 경우 대다수가 저소득자임을 고려하여, 고용보험 가
입 여부 등 최소한의 확인 작업만 거쳐 신속하게 지급하기 위한 것으
로 이해할 수 있다. 한편 1~4차 긴급고용안정지원금 신규 지원자 자
격 및 소득감소 요건은 〈표 1-11〉과 같다.

〈표 1-10〉 코로나19 긴급고용안정지원금 지원 현황

구분	2020년 제3차 추경	2020년 제4차 추경	2021년 예비비	2021년 제1차 추경
지원시기	2020년 5월	2020년 9월	2021년 1월	2021년 3월
지원 대상	2020.3~5. 소득감소 영세자영업자, 무급휴직자, 특고·프리랜서 114만 명	2020.8~10. 소득감소 특고·프리랜서 70만 명	2020.12~2021.1. 소득감소 특고·프리랜서 70만 명	2021.2~3. 소득감소 특고·프리랜서 80만 명
예산 현액	2조 792억 원	5,560억 원	3,992억 원	4,563억 원
지원금	150만 원	• 기수혜자 50만 원 • 신규 신청자 150만 원	• 기수혜자 50만 원 • 신규 신청자 100만 원	• 기수혜자 50만 원 • 신규 신청자 100만 원
실지원 인원	총 149.7만 명 • (특고·프리랜서) 50.6만 명	총 61.3만 명 • (기존) 47.2만 명 • (신규) 14.1만 명	총 68.2만 명 • (기존) 57.1만 명 • (신규) 11.1만 명	총 71.5만 명 • (기존) 67.2만 명 • (신규) 4.3만 명

출처: 국회예산정책처(2021), 『2020 회계연도 결산 총괄분석 Ⅱ』(실지원 인원 2021년 6월말
기준).

<표 1-11> 긴급고용안정지원금 신규 지원자 자격 및 소득감소 요건

구 분	자격 요건	소득감소 요건
1차	① 특고·프리랜서로 '19.12~'20.1월에 월 5일 이상 노무 제공 또는 월 25만 원 이상 소득이 있는 자 중 ② '19년 연소득(연수입) 7천만 원 이하 또는 가구소득 기준 중위소득 150% 이하	'20.3.~4. 평균 소득·매출이 비교 대상 기간*의 소득·매출 대비 25~50% 이상 감소 (* '19년 월평균, '19.3., '19.4., '19.12., '20.1. 중 택1)
2차	① 특고·프리랜서로 '19.12~'20.1월에 총 10일 이상 노무 제공 또는 50만 원 이상 소득이 있는 자 중 ② '19년 연소득(연수입) 5천만 원 이하	'20.8. 또는 '20.9. 소득이 비교 대상 기간*의 소득 대비 25% 이상 감소 (* '19년 월평균, '19.8., '19.9., '20.6., '20.7. 중 택1)
3차	① 특고·프리랜서로 '20.10~'20.11월에 활동하여 해당 기간에 50만 원 이상 소득이 있는 자 중 ② '19년 연소득(연수입) 5천만 원 이하	'20.12. 또는 '21.1. 소득이 비교 대상 기간*의 소득 대비 25% 이상 감소 (* '19년 월평균, '19.12., '20.1., '20.10., '20.11. 중 택1)
4차	① 특고·프리랜서로 '20.10~'20.11월에 활동하여 해당 기간에 50만 원 이상 소득이 있는 자 중 ② '19년 연소득(연수입) 5천만 원 이하	'21.2. 또는 '21.3. 소득이 비교 대상 기간*의 소득 대비 25% 이상 감소 (* '19년 월평균, '20.2., '20.3., '20.10., '20.11. 중 택1)

출처: 국회예산정책처(2021), 『2020 회계연도 결산 총괄분석 Ⅱ』.

<표 1-12> 법인택시·전세버스·비고용제노선버스 기사에 대한 고용안정 지원 사업

(단위: 만 명, 만 원)

재난지원금 차수		2020년 제4차 추경	2021년 예비비	2021년 제1차 추경	2021년 제2차 추경
법인택시 기사	지원대상	8	7.8	8	8
	지원단가	100	50	70	80
전세버스 기사	지원대상	-	-	3.5	3.5
	지원단가	-	-	70	80
마을·시외·고속버스 기사	지원대상	-	-	-	5.7
	지원단가	-	-	-	80

출처: 국회예산정책처(2021), 『2020 회계연도 결산 총괄분석 Ⅱ』.

또한 법인택시 기사는 개인택시 기사가 소상공인 재난지원금 사업의 지원 대상에 포함됨에 따라, 유사 업종 간 형평성을 고려하여 별도로 고용안정지원금 지원 대상에 추가·포함하였다. 지원 대상 규모와 단가는 〈표 1-9〉와 같다. 아울러 전세버스 기사와 비공영제 노선버스 기사 대상 고용안정지원금 사업 역시 각각 2021년 제1차 추경과 제2차 추경부터 신규로 지원 대상에 포함되었다.[19]

〈표 1-10〉에서 보듯이, 영세 자영자가 포함된 1차 실지원 인원 약 150만 명 중에서 특고·프리랜서는 약 50.6만 명이었으며, 이후 기존과 신규 포함한 실지원 인원은 약 60~70만 명으로 애초 목표로 했던 인원에는 미치지 못했다. 다만 2021년 1월 지원금의 경우에는 목표 인원 70만 명에 실지원 인원이 약 68만 명으로 가장 근접했다. 하지만 이창근(2021)에 따르면 1~3차에 걸친 긴급고용안정지원금 전체 수급자(2021년 3월 15일 기준) 중 영세 자영업자를 제외한 임금노동자 수급자(특고·프리랜서·무급휴직자 등)는 81.8만 명으로 고용보험 밖 사각지대 임금노동자(556.2만 명) 대비 14.7%에 지나지 않을 정도로 지원 규모는 매우 작음을 알 수 있다.

또한 지난 1년여 동안 재직자 고용유지, 실직·소득감소 지원 등 주요 고용·실업 대책에 집행한 지원금은 총 4.7조 원으로 기업지원 실적(91.2조 원)의 5.2%에 불과하며, 2020년 GDP(1,924조 4,529억 원)와 비교하면 0.2%에 불과하다. 이에 필자는 코로나19 위기에 대응하기 위한 정부의 고용·실업대책은 일회적·임시방편적 조치가 대부분인 상황에서, 그 지원 규모와 범위 역시 사각지대에 속한 취약고용계층의 생계 안정을 도모하기에는 큰 한계가 있음을 지적한다. 따라서 비정규직·

---

19 국회예산정책처(2021)에서는 사각지대 문제를 해소한다는 점에서는 긍정적이지만, 각 사업마다 선별지원 대상과 지원단가가 원칙없이 결정됨으로써 유사 업종 간 지원의 형평성 논란은 물론 재정의 효율성 측면에서도 개선될 필요가 있음을 지적하고 있다.

임시일용직·여성노동자 등 위기에 취약한 노동자의 고용유지제도 활용률을 높이기 위한 구조적인 제도 개선[20]과 고용보험 사각지대 노동자의 위기 시 생계지원을 위한 긴급실업수당 제도 도입을 제안한 바, 향후 지속적인 관심과 논의가 필요하다.

2. 자영자에 대한 정부 지원

정부는 2020년 제4차 추경에 따른 재난지원 프로그램 관련 사업부터 특정 직종이나 업종 중 소득 또는 매출이 감소했거나 정부의 방역 조치로 영업의 제한이 발생한 경우에 대하여 선별적 재난지원금을 지급했다. 이러한 맥락에서 집합금지 및 영업제한 조치 등으로 피해를 입은 소상공인에 대해서도 재난지원금을 5차례에 걸쳐 지원했다. 앞서 살펴본 바와 같이, 정부는 2020년 신규 편성한 '코로나19 긴급 고용안정지원금 사업'에 특고·프리랜서 외에도 영세 자영업자 혹은 소상공인이 포함되어 있었다.

그러나 신청자 대비 처리 인력의 부족으로 업무의 효율적 운영이 저해된 것은 물론, 긴급한 필요에 적절히 대응하지 못하는 문제점을 낳았다. 이에 '20년 4차 추경부터는 특고·프리랜서에 대해서는 고용노동부가 기존의 긴급 고용안정지원금 사업을 통해 지원하고, 영세 자

---

20 이러한 구조 개선의 사례로 이창근(2021)은 원청 고용유지 조치에 간접고용노동자 포함 의무화, 고용유지지원금 노동자 직접신청 제도 도입, 간접고용 사업체 포함 특별고용지원업종 지정, 기간산업안정기금 사용 기업 고용유지 대상에 간접고용노동자 포함, '5인 미만 사업장 등 소상공인 대상 미국식 급여보호프로그램' 도입을 제안하고 있다.

영업자 등에 대해서는 중소기업벤처부를 통해 지원하였다.

〈표 1-13〉에서 보듯이, 코로나19 확산 이후 소상공인에 대한 재난 지원금 사업은 ① 2020년 제4차 추경 새희망자금 사업 3.3조 원, ② 2021년 예비비 등을 활용한 버팀목자금 사업 4.5조 원, ③ 2021년 제 1차 추경 버팀목자금플러스 사업 6.7조 원, ④ 2021년 제2차 추경 희 망회복자금 사업 4.2조 원으로 총 18.7조 원이 코로나19 확산으로 피 해를 받은 소상공인 지원 목적으로 편성·시행되었다.

〈표 1-13〉 코로나19 피해 대응 소상공인 대상 재난지원금 지원 현황

구 분	긴급 고용 안정 지원금	소상공인 새희망자금	소상공인 버팀목자금	소상공인버팀 목자금플러스	소상공인 희망회복자금
지원대상	자영업자 94만 명	소상공인 294만 명 (실수령 251만 명)	소상공인 280만 명	소상공인· 소기업 385만 명	소상공인· 소기업 178만 명
지원시기	2020년 7월	2020년 9월	2021년 1월	2021년 3월	2021년 9월
지원예산	2020년 3차 추경 0.4조 원 (예비비 포함 1.4조 원)	2020년 4차 추경 3.3조 원 (실집행 2.76조 원)	2021년 예비비 등 4.5조 원*	2021년 1차 추경 6.7조 원	2021년 2차 추경 4.22조 원**
지원유형		3개	3개	7개	24개

주: 1) *는 2021년 예비비 4.0조 원 및 소상공인 새희망자금 집행잔액 이월예산 0.5조 원 포함.
　　 2) **는 2021년 제2회 추경예산 및 소상공인 버팀목자금 플러스 집행잔액 1.1조 원 포함.
출처: 국회예산정책처(2021), 『2021년도 제2회 추가경정예산안 분석』, p.364.
　　 국회예산정책처(2021), 『2020 회계연도 결산 총괄분석 Ⅱ』(실지원 인원 2021년 6월말 기준).
　　 기획재정부 보도자료(2021.4.1)(3차 추경 내용).
　　 기획재정부 보도자료(2021.9.25).

소상공인에 대한 재난지원금은 크게 집합금지·영업제한으로 피해 를 입은 업종, 그리고 정부의 직접적인 집합금지·영업제한 대상은 아 니었으나 코로나19 확산으로 실질적인 경영 어려움이 초래된 일반업 종으로 구분된다. 일반업종은 이후 2021년 제1차 추경 소상공인 버팀목자금플러스 사업에서 일반업종 중 업종 평균 매출액 감소율이 20% 이상인 업종을 별도로 경영위기업종으로 분류하여 차등 지급하였다.[21] 그러나 2021년 제2차 추경안 소상공인 희망회복자금 사업에서는 매출감소 일반업종을 제외한 경영위기업종[22]에 대해서만 지원하였다.

〈표 1-14〉 집합금지 및 영업제한 업종에 대한 지원 내용

구 분	새희망 자금	버팀목 자금	제4차 버팀목자금플러스	제5차 희망회복자금				
집합 금지	200만 원	300만 원	(지속: 6주 이상) 500만 원 (완화: 6주 미만) 400만 원	매출액*	4억 원 이상	4억 ~ 2억 원	2억 ~ 8천만원	8천만원 미만
				장기	2,000	1,400	900	400
				단기	1,400	900	400	300
영업 제한	150만 원	200만 원	300만 원 (매출감소 사업체만 대상)	매출액*	4억 원 이상	4억 ~ 2억 원	2억 ~ 8천만원	8천만원 미만
				장기	900	400	300	250
				단기	400	300	250	200
				- 매출감소 사업체만 대상				

주: 1) 회망회복자금의 집합금지 업종의 장기는 6주 이상, 단기는 6주 미만.
　　2) 회망회복자금의 영업제한 업종의 장기는 13주 이상, 단기는 13주 미만.
　　3) * '19년 또는 '20년 매출액 중 큰 금액으로 적용.

21　(경영위기) 부가세 신고 매출액이 '19년 대비 '20년에 20% 이상 감소한 업종에 속하면서, 해당 사업장의 매출감소율에 따라 3개의 구간으로 세분화된다. (매출감소) '20년 매출이 전년 대비 20% 미만 감소한 연매출 10억 원 이하 사업체가 대상이다.

22　(경영위기) '19년 대비 '20년 매출액이 10% 이상 감소한 업종(277개)에 속하면서 개별 사업체의 매출도 감소한 경우.

〈표 1-15〉 일반업종에 대한 지원 내용

구 분	새희망자금	버팀목자금	버팀목자금플러스		희망회복자금
세부 유형	일반 업종	일반 업종	경영위기	매출감소	경영위기
지원 단가	100 만 원	100 만 원	매출감소율 (60% 이상) 300만 원 (40~60%) 250만 원 (20~40%) 200만 원	100만 원	아래 표 참조
매출액 요건	연매출액 4억 원 이하 (소상공인 요건 충족)	매출감소 (소기업 요건 충족)	매출감소 연매출액 10억 원 이하	매출감소 (소기업 요건 충족)
지원 대상	243.4 만 개	175.2 만 개	26.4만 개	243.7 만 개	16.5만 개

희망회복자금 지원단가 (경영위기) – 매출액 규모

매출액 감소율	4억 원 이상	4억 ~ 2억 원	2억 ~ 8천만원	8천만원 미만
60%이상	400	300	250	200
40~60%	300	250	200	150
20~40%	250	200	150	100
10~20%	100	80	60	40

출처: 각 사업별 시행공고 및 FAQ 참조.

〈표 1-14〉와 〈표 1-15〉에서 보듯이, 매 사업마다 세부적인 지원 유형과 지원단가가 계속 변경되었다. 새희망자금은 3개 지원 유형에 100만 원~200만 원, 버팀목자금은 3개 지원 유형에 100만 원~300만 원, 버팀목자금플러스는 7개 지원 유형에 200만 원~500만 원, 그리고 희망회복자금은 32개 지원 유형에 40만 원~2,000만 원을 지급했다.

이러한 변경은 보다 효과적인 지원이 될 수 있도록 제도 개선을 지속적으로 수행한 결과로 이해할 수도 있다. 반면 매 사업마다 소상공인이 받은 피해 정도를 적절하게 파악하지 못함으로써 피해지원의 효과성과 형평성 문제가 제기되었음을 반증하는 것일 수 있다는 점에서

향후 제도 개선 시 유의할 필요가 있다.[23]

한편 〈표 1-16〉에서 보는 바와 같이, 전기요금 할인 및 출·융자 등의 간접지원 사업들을 통해서도 소상공인들에 대한 지원이 이루어졌다. 2020년 제1차 추경예산부터 '21년 2차 추경까지 간접지원사업의 현황을 보면, 중기부가 7개, 산업부가 1개, 금융위가 1개 등 모두 9개 사업에서 총 3조 4,231억 6,900만 원이 편성되었다. 주요 사업을 보면, '소상공인지원(융자)사업'(중기부)이 2조 1,700억 원으로 가장 규모가 크고, 그 다음 '중소기업은행 출자(소상공인 및 혁신성장 지원)'(금융위)(4,125억 원), '소상공인 전기요금 한시지원'(산업부)(2,932억 1,700만 원) 순이다.

〈표 1-16〉 2020~2021년 소상공인 간접지원 사업 현황

(단위: 백만 원)

부처명	세부사업명	2020			2021		합계
		제1차 추경	제3차 추경	제4차 추경	제1차 추경	제2차 추경안	
산업부	소상공인 전기요금 한시지원	73,012	–	–	220,205	–	293,217
금융위	중소기업은행 출자 (소상공인 및 혁신성장지원)	412,500	–	–	–	–	412,500
중기부	소상공인 지원(융자)	1,720,000	50,000	–	200,000	200,000	2,170,000
중기부	소상공인 성장지원	264,125	10,090	–	–	–	274,215
중기부	소상공인 재기지원	16,400	9,000	101,900	–	60,259	187,559

---

23 국회예산정책처(2021b)에서는 희망회복자금의 차등지원 기준과 관련해서도 코로나19로 인한 매출액 감소나 고정비용의 지출 규모 등에 대응하여 지원단가가 결정되지는 못하였으며, 같은 업종이라도 연매출액 규모나 방역조치 기간 등에 따라 지원단가 차이가 발생하게 되는 것에 대한 합리적인 기준이 제시되지 못하여 여전히 차등 지원에 한계가 있음을 지적하고 있다.

중기부	소상공인 스마트상점 기술보급	-	8,400	-	-	-	8,400
중기부	신용보증기금 출연	-	-	-	-	21,878	21,878
중기부	지역신용보증지원 (소상공인 브릿지보증)	-	-	-	-	8,000	8,000
중기부	시장경영혁신지원	-	-	-	-	47,400	47,400
	합계	2,486,037	77,490	101,900	420,205	337,537	3,423,169

주: 2020년 제1차 추경예산부터 2021년 제2차 추경안까지 소상공인 지원을 위한 사업 중 현
　　금성지원사업을 제외한 사업을 표시한 것임.
자료: 각 회차별 추가경정예산 및 기금운용계획 변경.
출처: 국회예산정책처(2021b).

　　영세 자영업자 혹은 '소상공인'에 대한 직·간접적인 지원 프로그램
들을 통해 지원된 금액은 총 29.7조 원(예비비 포함)이며, '20년에 16.85
조 원, '21년에 12.85조 원으로 구성된다.

　　지금까지 살펴본 소상공인에 대한 이러한 지원은 넓은 의미에서는
재난으로 인한 피해를 보상해주는 지원이라 볼 수 있지만, 재난으로
인한 피해 규모를 정확히 산출하여 그 피해분을 보상해주는 방식은 아
니어서 엄밀한 의미에서의 '보상'과는 다르다 할 수 있다. 즉 코로나19
로 인해 피해를 입은 대상자에게는 매출 또는 소득 감소 규모와 상관
없이 사전에 정부가 정한 정액이 지급되었다는 점에서 '보상'적 성격
보다는 '지원'의 성격을 갖게 됨으로써 사회안전망과 유사한 역할을
수행하게 되는 것이다.

　　그러나 2021년 7월 7일 「소상공인 보호 및 지원에 관한 법률」 개정
으로 코로나19 등 감염병으로 인해 정부가 영업장소 사용 및 운영시
간에 제한을 두어 소상공인에게 손실이 발생한 경우 정부가 손실보상
금을 지급하는 보상적 지원이 최근 시행되었다('21.10.26).[24] 이러한 방
식의 지원은 1·2차 재난지원금과 관련한 보편 대 선별 방식 논의와 더

불어, 향후 위기 혹은 재난에 따른 어려움을 완화하기 위한 새로운 방안이 될 수도 있을 것이다. 예를 들어, 손실보상 방식은 보편지원보다 재정 부담이 낮고, 소득을 기준으로 하는 선별지원과 달리 소득역전 문제도 완화될 수 있다. 다만 보편지원에 비해 선별 시간과 비용 등이 더 많이 소요될 것으로 예상되며, 아직까지는 시행된 지 얼마 되지 않은 시점이기에 새로운 제도에 대한 평가는 아직 시기상조이다.

〈표 1-17〉 소상공인에 대한 직·간접적 지원 현황

연도	회차	사업	내용	금액 (조 원)	소계
2020	1차 추경	소상공인-중소기업 회복	• 경영자금 지원(저금리자금공급, 특례보증, P-CBO 확대 등)	3.1	4.05
			• 경영부담 경감(인건비부담경감, 자발적 임대료 인하, 전기료 감면 등)	0.58	
			• 피해점포-전통시장 회복지원	0.37	
	3차 추경	긴급 고용 안정지원금	• 긴급 고용안정지원금(영세자영업자에 대한 부분만)	0.4 (예비비 포함 1.4조 원)	2.3 (예비비 포함 3.3)
		위기기업·일자리를 지키는 금융 지원	• 소상공인, 중소·중견기업 긴급 자금 지원	1.9	
	4차 추경	소상공인 경영안정·재기지원	• 소상공인 새희망자금	3.3	3.4
			• 폐업점포 재도전 장려금 등	0.1	
	'21년 예비비 등	소상공인 버팀목 자금 (3차 재난지원금 / '21년 1월~)	• 소상공인 버팀목 자금(임차료 경감 지원 등)	4.1	5.1
		피해 소상공인 임차료 등 지원	• 임차료 간접지원 등(임차료 융자, 착한 임대인 세제지원)	1	
			• 소상공인 재기·판로·매출회복 지원	0.5	
			• 소상공인·중소기업 긴급 유동성 공급 등	0.5	

24 소상공인 손실보상 제도에 대한 개요와 지원 기준 등에 대해서는 해당 홈페이지 (https://xn--ob0bj71amzcca52h0a49u37n.kr/)의 공고 및 서식 자료 참조.

2 0 2 1	1차	소상공인 버팀목 자금플러스 (4차 재난지원금 / '21년 3월~)	• 소상공인 버팀목플러스 자금	6.7	7.3
			• 소상공인 전기요금 감면	0.2	
			• 소상공인 금융지원	0.2	
			• 피해업종 지원(농어업, 문화·관광·체육업 등)	0.2	
	2차	소상공인 희망회복자금· 소상공인 손실보상 (2021-2차 추경)	• 소상공인 손실보상 법제화	1.03	5.55
			• 소상공인 희망회복자금	4.22	
			• 폐업 소상공인 금융·현금·컨설팅 원스톱 지원	0.3	
계				28.7 (예비비 포함 29.7)	

출처: 국회예산정책처(2021b, 2021c), 기획재정부 보도자료(2021.7.24), 보도자료(2021.4.1).

〈표 1-18〉을 통해 2021년 5월 31일 기준으로 3차례의 소상공인 대상 현금성 재난지원금의 지급 현황을 살펴보면, 지원유형별로 집합금지 업종에는 총 1조 3,379억 원(중복 포함 41.6만 명), 영업제한 업종에는 총 3조 9,890억 원(중복 포함 176.8만 명), 일반업종에는 총 6조 3,193억 원(중복 포함 618.8만 명)이 지급되었다.

〈표 1-18〉 코로나19 피해 대응 소상공인 대상 재난지원금 사업 지급 현황

(단위: 만 명, 억 원)

구 분		지급 인원				지급 실적			
		새희망	버팀목	플러스	합계	새희망	버팀목	플러스	합계
집합금지		12.4	15	14.2	41.6	2,479	4,510	6,390	13,379
영업제한		25.7	90.6	60.5	176.8	3,860	18,132	17,898	39,890
일반업종	경영위기	212.9	195.2	14.9	618.8	21,293	19,517	3,110	63,193
	매출감소			195.8				19,273	
합계		251.1	300.8	285.4	837.3	27,632	42,159	46,671	116,462

주: 2021.5.31.기준.
자료: 중소벤처기업부.
출처: 국회예산정책처(2021b).

〈표 1-19〉의 업종별 지급 현황을 보면, 숙박 및 음식점업에 총 3조 8,899억 원으로 가장 많았고, 다음은 도매 및 소매업 총 2조 2,766억 원, 협회 및 단체, 수리 및 기타 개인 서비스업 총 9,704억 원, 교육서 비스업 8,045억 원 순이다.

〈표 1-19〉 코로나19 피해 대응 소상공인 대상 재난지원금 사업 업종별 지급 현황

(단위: 억 원)

업종 (표준산업분류의 대분류 기준)	새희망자금 (사업 완료)	버팀목자금 (5.17 기준)	버팀목자금+ (5.14 기준)	합계
숙박 및 음식점업	7,802(28.2)	15,286(36.3)	15,811(34.4)	38,899(33.6)
도매 및 소매업	6,941(25.1)	7,633(18.1)	8,192(17.8)	22,766(19.7)
협회 및 단체, 수리 및 기타 개인 서비스업	2,414(8.7)	3,747(8.9)	3,543(7.7)	9,704(8.4)
운수 및 창고업	1,952(7.1)	3,710(8.8)	3,451(7.5)	9,113(7.9)
교육서비스업	1,362(4.9)	3,118(7.4)	3,565(7.8)	8,045(7.0)
예술, 스포츠 및 여가 관련 서비스업	1,492(5.4)	2,132(5.1)	3,070(6.7)	6,694(5.8)
제조업	1,928(7.0)	1,906(4.5)	2,725(5.9)	6,559(5.7)
건설업	942(3.4)	1,728(4.1)	2,331(5.1)	5,001(4.3)
사업시설 관리, 사업 지원 및 임대 서비스업	630(2.3)	641(1.5)	1,018(2.2)	2,289(2.0)
전문, 과학 및 기술 서비스업	694(2.5)	711(1.7)	831(1.8)	2,236(1.9)
부동산업	817(3.0)	820(1.9)	440(1.0)	2,077(1.8)
정보통신업	330(1.2)	345(0.8)	456(1.0)	1,131(1.0)
전기, 가스, 증기 및 공기 조절 공급업	149(0.5)	158(0.4)	236(0.5)	543(0.5)
농업, 임업 및 어업	146(0.5)	154(0.4)	200(0.4)	500(0.4)
수도, 하수 및 폐기물 처리, 원료 재생업	17(0.1)	17(0.0)	27(0.1)	61(0.1)
보건업 및 사회복지 서비스업	13(0.0)	15(0.0)	25(0.1)	53(0.0)
기타(광업, 기타 미분류업종 등)	3(0.0)	19(0.0)	15(0.0)	37(0.0)
합계	27,632	42,138	45,937	115,707

자료: 중소벤처기업부.
출처: 국회예산정책처(2021b).

하지만 〈표 1-20〉의 소상공인 재난지원금 사업의 집행결과를 보면 사전 준비 및 수요 파악 미흡 등으로 인한 비효율성이 적지 않음을 볼 수 있다. 세 차례의 사업마다 당초 예산액과 집행액 간 상당한 차이가 발생하였으며, 남은 집행 잔액을 다음 차수 재난지원금 사업 재원으로 이월하는 행태가 반복되었다. 예를 들어, 새희망자금 사업의 경우 실제 지원 인원은 251.1만 명(85.4%)이었고, 예산액 3.28조 원 대비 집행액은 2.76조 원(84.1%)으로 애초 예상한 인원과 집행액 중 약 15%가 다음 차수 사업으로 이월되었다.

버팀목 자금의 경우 지원 인원 301.1만 명(95.3%), 집행액 4.22조 원(94.3%)으로 앞서 사업에 비해 집행률이 약 10%p 증가했지만, 약 0.2조 원의 잔액이 여전히 발생하였다. 버팀목자금플러스 사업의 경우에는 실제 지원 인원은 290.0만 명(75.3%), 집행액은 4.75조 원(70.6%)으로 약 1.8조 원의 집행잔액이 발생함으로써 예측의 정확성은 물론, 코로나19로 적지 않은 피해를 입은 소상공인에게 적절한 지원이 이루어졌는가에 대한 검토가 향후 필요하다(국회예산정책처, 2021b).

〈표 1-20〉 소상공인 재난지원금 사업의 집행 결과

(단위: 만 명, 조 원, %)

구 분	편성(A)		집행(B)		집행률(B/A)	
	인원수	예산액	인원수	집행액	인원기준	금액기준
새희망자금	293.9	3.28	251.1	2.76	85.4	84.1
버팀목자금	316.0 (280.0)	4.471) (4.10)	301.1	4.22	95.3 (107.5)	94.3 (103.0)
버팀목자금플러스	385.2	6.74	290.0	4.75	75.3	70.6

주: 1) 새희망자금 집행잔액 0.5조 원, 2021.1.6. 예비비 3.6조 원, 2021.3.16. 예비비 0.4조 원 포함됨.
  2 버팀목자금 사업과 버팀목자금플러스 사업은 2021년 6월 30일 기준임.
자료: 중소벤처기업부.
출처: 국회예산정책처(2021b).

3. 복지취약계층에 대한 지원

[그림 1-13]과 〈표 1-21〉은 코로나19 위기에 따라 복지취약계층의 생계안정을 지원하기 위한 사업과 방역 강화 사업으로 구성된 보건복지사업 예산 총액과 내용이다. 보건복지사업은 총 10.9조 원으로 복지지원 약 5.55조 원, 방역 강화 5.11조 원으로 구성된다. 복지지원 사업으로 가장 큰 규모의 예산이 편성된 것은 '20년 1차 추경으로 약 2.7조 원인데, 이는 복지지원 전체 예산 중 절반에 가까운 예산이 코로나19 확산 초기에 배정되었음을 의미한다. 다음으로는 '20년 4차 추경으로 2차 대유행 시기로서 약 1.7조 원의 예산이 편성·지출되었다. 그리고 2021년 들어 편성된 1·2차 추경에서는 각각 5천억 원의 예산이 편성되었다.

[그림 1-13] 코로나19 대응을 위한 보건복지 예산 규모

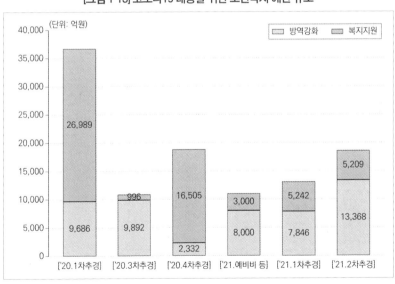

〈표 1-21〉에서 복지지원 사업들을 보면 기존 복지사업과 신규 사업들로 구성되어 있는데, 코로나19 확산에 따라 기존 사업을 확대·시행하는 사업으로는 긴급복지사업이 대표적이다.[25] 이 사업은 '20년 1차 추경 2천억 원, 3차 527억 원, 4차 3,509억 원, 맞춤형 피해지원 1,000억 원, '21년 1차 4,044억 원 및 '21년 2차 915억 원으로 총 1.2조 원에 이른다.

〈표 1-21〉 보건복지부 소관 추경 사업들

(단위: 억 원)

구분	2020년 1차	2020년 3차	2020년 4차
복지지원	〈10,539〉 아동양육 한시 지원 사업 〈10,242〉 저소득층 한시 생활지원 〈2,656〉 건강보험가입자 지원(일반회계) 〈2,000〉 긴급복지 〈1,281〉 노인일자리 및 사회활동 지원 〈271〉 가정양육수당 지원사업	〈527〉 긴급복지 〈413〉 보육교직원인건비 및 운영지원 〈21〉 장애인거주시설 운영지원 〈18〉 어린이집 확충 〈17〉 양로시설 운영지원	〈12,709〉 아동양육 한시지원(아동 특별돌봄·비대면 학습 지원) 〈3,509〉 긴급복지(위기가구 긴급 생계지원) 〈240〉 자활사업(내일키움 일자리) 〈24〉 아동정책조정 및 인권증진 〈22〉 아동학대피해자 보호 및 지원 〈1〉 사례관리 전달체계 개선 사업
소계	26,989(73.6)	996(9.1)	16,505(87.6)
방역강화	9,686(26.4)	9,892(90.9)	2,332(12.4)
계	36,675	10,888	18,837

25 정부는 재난지원금 지급 시 일부 기존 사회안전망 관련 사업의 적용 대상을 확대하여 취약계층에 대한 재난지원을 실시하거나, 새로운 사업들을 신규 도입하여 한시적으로 운영하는 유형으로 크게 구분할 수 있다. 기존 사업을 완화·확대한 대표적인 사업으로는 긴급복지 사업 외에 고용노동부의 고용유지지원금이다. 고용유지지원금은 경영 사정이 어려운 기업이 고용조정 대신에 휴업이나 휴직 등의 조치를 취하는 경우 고용유지기간에 대하여 사업주에게 휴업·휴직수당을 지원해주는 제도이다.

구 분		2021년 예비비 등	2021년 1차	2021년 2차
복지 지원		〈2,000〉 돌봄부담 완화 〈1,000〉 긴급복지 확대	〈4,044〉 긴급복지(한시 생계지원) 〈377〉 노인요양시설 확충(노인요양시설 등 방역 지원) 〈276〉 자활사업(자활근로) 〈242〉 지역아동센터 지원(돌봄인력 한시 지원) 〈147〉 장애인 활동지원(장애인 긴급·특별돌봄 지원) 〈108〉 보육교직원 인건비 및 운영지원(어린이집 연장 보육교사지원) 〈24〉 다함께 돌봄 사업(돌봄인력 한시 지원) 〈24〉 장애인거주시설 운영지원(집단감염대응 한시 지원)	〈2,960〉 저소득층 한시 생활지원(저소득층 소비플러스 자금) 〈915〉 긴급복지 〈476〉 생계급여 〈403〉 자활사업(자활근로) 〈300〉 코로나19 결식아동급식비 한시지원 〈155〉 노인일자리 및 사회활동지원
소계		3,000(27.3)	5,242(40.1)	5,209(28.0)
방역 강화		8,000(72.7)	7,846(59.9)	13,368(72.0)
계		11,000	13,088	18,577

출처: 보건복지부 보도자료들을 정리한 내용임.[26]

  기본적으로 긴급복지 사업은 기준중위소득 75% 이하이면서 특정 재산기준 이하 가구 중 위기 사유가 발생하여 생계유지가 곤란한 저소득층에 대하여 생계·의료 등을 지원하는 사업으로 코로나19와 같은 재난에 대응할 수 있는 제도라 할 수 있다. 이에 코로나19로 인한 사회적 재난 상황이 발생하기 시작한 2020년 3월부터 재난지원의 일환으로 대상 선정 기준과 지원 제한 기간 등을 완화·확대하였다(〈표 1-22〉와 〈표 1-23〉 참고).

---

26 참고문헌의 보도자료 참고.

<표 1-22> 코로나19 대응을 위한 긴급복지 사업의 한시적 대상 확대

구분	기존	1차 완화 (2020.3.23~7.30)	2차 완화[1] (2020.7.31~2021.9.30)
위기 사유	주소득자의 사망·가출 등의 소득 상실, 실직, 휴·폐업, 중한 질병·부상, 이혼, 단전, 출소 등	코로나19에 따른 생계곤란을 개별 지자체 조례에 따른 지방자치단체장이 인정하는 경우 지원 대상에 포함 (2020.4.6~) 코로나19로 인한 무급휴직자, 자영업자, 특수 형태근로자, 프리랜서 등의 소득상실 또는 소득 급감을 위기사유로 인정	
소득 기준		기준 중위소득 75% 이하	
재산 기준[2]	대도시 1.88억 원 이하 중소도시 1.18억 원 이하 농어촌 1.01억 원 이하	대도시 2.57억 원 이하, 중소도시 1.60억 원 이하, 농어촌 1.36억 원 이하 • 실거주 주거재산의 경우 차감기준 신설: 대도시 6.9천만 원, 중소도시 4.2천만 원, 농어촌 3.5천만 원	대도시 3.5억 원 이하, 중소도시 2.0억 원 이하, 농어촌 1.7억 원 이하 • 실거주 주거재산의 경우 차감기준 확대: 대도시 1.62억 원, 중소도시 8.2천만 원, 농어촌 6.9천만 원
금융 재산 기준	생활준비금 공제 비율[3]: 65%	생활준비금 공제 비율[3]: 100%	생활준비금 공제 비율[3]: 150%
지원 제한	동일한 사유로 2년 내 동 사업 지원을 받은 경우	동일한 사유로 3개월 내 동 사업 지원을 받은 경우(긴급고용안정지원금, 새희망자금 등의 재난지원금과 생계급여와 중복지원 불가)	

출처: 국회예산정책처(2021c) 총괄분석 Ⅱ.

<표 1-23> 긴급복지 한시 완화 적용 기간

사업명	적용 기간
긴급복지 한시 완화	(당초) 2020.3.23~2020.7.30. (1차 연장) 2020.7.31~2020.12.31. (2차 연장) 2021.1.1~2021.3.31. (3차 연장) 2021.4.1~2021.6.30. (4차 연장) 2021.7.1~2021.9.30.(추진중)

출처: 국회예산정책처(2021c) 총괄분석 Ⅱ.

하지만 코로나19 확산이 미치는 영향은 일부에 국한되기보다는 사회 전반에 걸쳐 나타났고 피해 규모도 상당히 컸기에 기존 제도만으로 대응하기에는 역부족이었다. 이에 정부는 코로나19 대응을 목적으로 새로운 복지사업들을 도입했다.[27] 사회 전체적으로 '보편 대 선별' 논쟁을 일으킨 전국민재난지원금('20.2차 추경)과 코로나 상생 국민지원금('21.2차 추경)이 대표적이다. 이외에도 복지 분야에서는 아동양육 한시 지원('20.1차, 1조 원; '20.4차, 1.3조 원)과 저소득층 한시 생활지원('20.1차, 1조 원; '21.2차, 0.3조 원) 및 돌봄 관련 지원사업(돌봄부담 완화 및 돌봄인력 지원)이 신규 도입되어 시행되었다.

여유진 외(2021)에서는 이러한 한시적 제도들의 도입·시행은 기존 복지제도가 잘 작동하지 못하는 국가들에서 주로 활용되고 있음을 지적하고 있다. 즉 "유럽 복지국가의 경우 고용유지지원금, 상병급여, 휴직급여, 실업급여, 사회부조, 적극적 노동시장 정책 등을 활용하거나 한시적으로 기준을 완화하는 방식을 중심으로 대처했다. …… 예를 들면, 스웨덴, 프랑스 등은 상병급여와 실업급여 완화 전략, 영국과 독일은 사회부조 기준 완화 전략 등을 활용하였다"(여유진·김성아, 2020; 여유진 외, 2021, pp.37~38에서 재인용).[28]

사실, 기존 사업의 수급 자격과 적용 기간 등에 대한 원칙없이 반복하여 연장 혹은 완화하는 것에 따른 문제가 존재한다.[29] 따라서 향후

---

27 국회예산정책처(2021c)에 따르면, 2020년에 신규 편성되어 한시적으로 운영되는 재난지원 사업은 총 16개이며, 예산현액은 21조 3,283억 원, 집행액은 21조 1,087억 원이다. 이 중에서 14개 사업은 2021년에도 유사한 설계로 재편성·운영되고 있다.

28 여유진 외(2021)에서는 이외에도 수출 중심의 경제, 높은 자영자 비중과 넓은 고용 사각지대 등이 한시적이지만 보편적인 대응이 이루어진 배경으로 설명하고 있다.

29 국회예산정책처(2021c)에서는 원칙없는 반복된 연장은 국민 불안을 가중시키는 한편, 대응이 필요한 상황이 종료됨에도 원래의 제도로 돌아가지 못하는 문제가 있음을 지적하고 있다. 또한 한시적 사업의 경우 정부 재정사업들에 대한 기존 성과관리 체계에 포함되지 않음으로써 비효율적인 예산 집행의 문제점이 있다는 지적은 향후 관련 제도 개선 방안 논의에서 유의할 필요가 있을 것이다.

에는 코로나19 확산과 같이 사회 전역에서 나타나는 위기 시에도 유연하게 적용될 수 있는 복지제도 마련을 위한 논의가 활성화될 필요가 있다.

| 제2부 |

코로나19 위기가
노동시장에 미친 영향

코로나19 확산에 따른 고용 변화에 대한 연구들은 아직까지 많은 편은 아니다. 이는 코로나19 확산 이후의 노동시장 변화를 파악할 수 있는 2020년 패널자료가 제공되지 않은 것이 가장 큰 이유이다.

먼저, 경제활동인구조사 자료를 활용하여 2020년 3분기까지의 노동시장 영향을 분석한 성재민(2020)에 따르면, 코로나19 위기의 충격이 가장 빠른 산업은 음식·숙박업(2~3월)이며, 이후 도소매업, 숙박음식점업, 교육서비스업, 협회 단체 수리 기타 개인 서비스업 등에서 고용이 크게 감소하였다. 감염병 확산 초기 취업자 감소는 비경활인구의 증가로 나타났지만, 10월에는 실업자 역시 증가하였다. 상대적으로 위기의 충격이 큰 집단은 남성보다 여성, 사업체 규모로는 10인 미만, 학력별로는 고졸 취업자, 종사상지위로는 임시직 노동자 집단이다.

자체 설문조사를 활용한 김유빈(2020)에 따르면, 2020년 2월 대비 2020년 6~7월 기준 근로자 100명 중 5명이 일자리를 잃었고, 여성의 근로시간 감소가 남성보다 크게 나타났으며, 일자리 규모가 작을수록 유급휴직보다는 무급휴직의 사용 비율이 높다. 비임금근로자(고용원이 없는 자영업자, 고용원이 있는 자영업자 및 무급가족종사자)의 경우 전체의 3.5%가 폐업하였고 38.5%는 휴업하였으며, 해고 등 고용조정을 시행한 기업의 비율은 3.6%인 것으로 나타났다.

자체 설문조사와 경활인구조사(~'20.9월)를 동시에 활용한 여유진 외(2021, 7장)에서는 초기에는 일시휴직자 수의 증가와 근로시간 단축 현상이 두드러졌으며, 2차 대유행 이후에는 취업자 수와 고용률이 감소했다. 특히 2020년 상반기에는 여성의 근로시간 감소와 일시휴직자 증가, 하반기에는 실업률이 증가하는 등 여성이 받은 충격이 상대적으로 컸다. 연령대별로는 20대는 경제활동참가율, 실업률 및 고용률 지표에서 충격이 가장 컸고, 30~40대는 일시휴직자 수의 증가, 50대는 근로시간 감소라는 형태로 위기의 충격이 나타났다.

이 연구에서 실시한 설문조사 자료를 활용하여, 광역자치단체별 코로나19 발병률과 도소매, 숙박음식점업의 종사자 비율의 편차를 이용하여 회귀분석 결과를 보면, 코로나19는 개인의 노동시장 악화 확률을 높이며, 이러한 영향은 일용직, 특수고용근로자, 고용주, 자영업자 및 여성에게서 크게 나타난다.

마지막으로 기존 연구 중 코로나19 확산 이후 가장 긴 기간(~'20.12월)을 분석한 함선유 외(2021)는 코로나19 위기가 청년 노동시장에 미친 영향을 다음과 같이 분석하였다.

청년층은 중장년층에 비하여 더 큰 고용률 감소를 겪었는데, 코로나19의 직접적 영향을 받은 대면서비스 관련 일자리 감소에 따른 실직자 증가와 신규 입직자 감소가 주요한 원인이었다. 그리고 대유행 시기에 상대적으로 크고, 대유행 시기 중에서는 1차에 비해 3차 충격이 더욱 컸다. 청년층은 노동시장 밖으로 나오더라도 비경제활동인구로 전환되기보다는 구직활동을 이어가거나 다시 노동시장에 참여하면서 지속적인 고용 감소로 이어지지는 않았다.

한편 코로나19가 장기화하면서 하반기 신규 채용이 정상적으로 이뤄지지 않음에 따라 괜찮은 일자리를 찾는 졸업 후 2~4년 경과한 남성 청년들의 고용이 감소되었다. 이들 집단은 미취업자 비율이 높아졌음에도 적극적 구직자의 비율은 높아지지 않고 대부분 비경제활동 상태에서 취업 준비를 지속하고 있다.

제1장 사용 자료와 방법론

이 연구에서는 통계청의 「경제활동인구조사」(월별 자료)를 활용하여 코로나19 발생 이후 최근('20년 3월~'21년 9월)까지 코로나19 확산으로 인한 노동시장의 변화를 검토한다. 경제활동인구조사는 국민의 경제활동, 즉 국민의 취업, 실업 등과 같은 경제적 특성을 조사하여 거시경제 분석과 인력자원의 개발 정책 수립에 필요한 기초자료인 노동공급, 고용구조, 가용노동시간 및 인력자원 활용 정도를 제공하고 정부의 고용정책 입안 및 평가에 활용되는 국가 공식 통계자료이다. 조사 항목은 총 57개 항목(2021년 기준)으로 성별, 생년월일, 경제활동상태, 취업시간, 산업, 직업, 종사상의 지위, 구직방법, 구직기간 등 취업 및 실업 등 경제활동에 대해 매월 조사·제공된다.

특히 이 자료는 실직자와 비경제활동인구에 대해 전직 유무 및 이직 시기는 물론, 2015년부터 전직의 특성들(이직 사유, 산업, 종사자 규모, 직종, 종사상지위)에 대한 변수들을 조사·제공하고, 잠재경제활동인구(잠재취업가능자와 잠재구직자)[1]를 식별 가능함으로써 코로나19 확산이 노동

---

1 잠재취업가능자는 비경제활동인구 중에서 지난 4주간 구직활동을 했었지만 조사 대상기간에 취업가능성이 없었던 자, 잠재구직자는 비경제활동인구 중에서 지난 4주간 구직활동을 하지 않았으나 조사 대상기간에 취업을 원하고, 취업가능성이 있는 자를 의미한다. 두 지표와 함께 이하의 시간관련추가취업가능자(조사 대상기간에 실제취업시간이 36시간 미만인 사람 중에서 추가취업을 원하고, 추가취업가능성이 있는 자)는 실업자 외에 '일하고 싶은 욕구가 충족되지 못한 노동력'으로서 국제노동기

시장에 미친 영향을 좀 더 세부적으로 파악·분석하는데 유용하다. 또한 취업자의 경우 조사 당시 직장의 취업시간(주업과 부업, 평소, 실제) 및 근속기간 정보를 제공하며, 시간관련추가취업가능자[2]를 구분할 수 있다는 점에서 코로나19가 노동시간에 미친 영향 역시 분석 가능하다는 점에서 매우 유용하다.[3]

마지막으로 이 자료를 활용하는 중요한 이유 중의 하나는 경제활동인구조사는 1981년부터 원자료가 제공됨으로써 노동시장의 장기적 변화를 추적할 수 있다는 점이다. 이에 이 연구에서는 1998년 외환위기와 2008년 금융위기 당시 노동시장의 변화와 코로나19 확산에 따른 변화를 비교·검토한다.

이 연구에서 코로나19 확산에 따른 노동시장의 변화는 다음과 같이 살펴본다. 먼저, 코로나19 확산이 노동시장에 미친 전반적인 영향에 대해 이중차이분석(DID)을 활용하여 코로나19 확산 시기별 노동시장 상황과 그로 인한 인구특성집단별 영향을 비교·분석한다.[4] 이중차이 분석은 특정 정책에 영향을 받는 처치집단(treatment group)과 영향을 받지 않는 비교집단(control group)을 설정하고, 두 집단 간에 정책 시행

구(ILO)가 2013년 10월에 고용보조지표(Labour underutilization indicators)로 확정한 바 있다.

2 조사 대상주간에 실제 취업시간이 36시간 미만이면서, 추가 취업을 희망하고, 추가 취업이 가능한 자.

3 경제활동인구조사의 8월 근로형태별 부가조사의 경우, 세부적인 비정규 고용 형태는 물론, 월임금 수준과 사회보험 가입 여부 등 본조사에 비해 풍부한 정보가 제공되지만, 최근까지도 '21년 8월 부가조사 자료가 제공되지 않음으로써 향후 연구과제로 남겨둔다.

4 이 방법은 코로나19 확산이 가구의 소득과 지출에 미친 영향에 대한 분석에서도 활용한다.

전·후의 결과(소득 혹은 취업 여부 등)를 비교하여 특정 정책의 순효과를 추정하는 대표적인 방법이다.[5]

코로나19 확산에 따른 영향은 특정 가구 혹은 계층에 국한된 것이 아닌 전역적이라는 점에서 기존의 국내·외 연구들에서는 코로나19 확산 이전 연도(예를 들어, 2019년)를 비교집단으로, 그리고 코로나19 확산 이후(2020년) 연도를 처치집단으로 가정하고, 처치(코로나19) 시점 이전을 각 연도의 특정 월(1월 혹은 2월)로 하고, 이후 시점을 각 연도의 3월 이후 시점으로 설정하여 코로나19 확산에 따른 고용 혹은 소득의 순변화를 추정한다(Blend et al. 2020; Cho and Winters, 2020; Fairelie et al, 2020; 이승호, 2020; 홍민기, 2020; 문혜진 외, 2020; 함선유 외, 2021).

다시 말하면, 코로나19가 확산한 2020년을 처치연도로 하고, 확산 이전인 2019년을 통제연도로 가정한다. 그리고 처치·통제연도 내에서 코로나19 확산 이전 월을 처치 이전 시점, 이후 월을 이후 시점으로 가정하는 것이다.

한편 이러한 가정은 2019년의 노동시장과 가구경제활동(소득·지출) 추이가 2020년에 코로나19가 없었을 경우에 관측되었을 가상적인(counterfactual) 추이가 동일, 즉 2019년과 2020년의 추이가 평행(parallel trend)하다는 강한 가정에 근거하고 있음을 유의해야 한다.

[그림 2-1]을 통해 구체적으로 설명하면, 이중차이분석을 통해 추정하고자 하는 순효과는 $\overline{bd}$이다. 왜냐하면 '20년 1·2월의 고용률은 전년 동월 대비 높았음에도 3월 고용률은 코로나19 확산으로 인해 전년 동월 대비 낮았기 때문이다. 코로나19가 없었다면, 즉 2019년의 추

---

5 이외에도 정책평가 관련 방법론에 대해서는 최강식(2000) 참고.

[그림 2-1] DID 분석의 의미

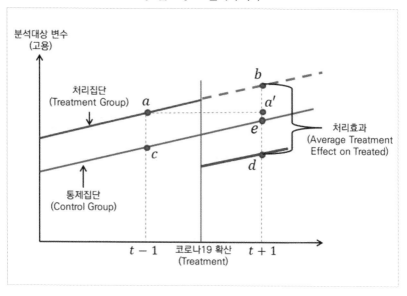

세가 2020년에도 동일하다면 '20년 3월 고용률은 점 b 정도 수준이었을 것으로 예상할 수 있다. 그러나 코로나19 확산으로 전년 동월 수준에 비해서도 낮은 d로 나타난 것이기 때문이다. 따라서 '20년 3월 코로나19 확산이 고용에 미친 영향을 전년 동월('19년 3월) 대비 고용률의 차이($\overline{ed}$)로 간주하는 경우에는 코로나19의 영향을 과소평가할 가능성이 있다. 혹은 '20년 2월 고용률과의 차이($\overline{a'e}$)로 측정한다 해도 코로나19의 영향을 과소평가하게 된다.

이를 위한 기본 분석모형은 다음과 같다.

$$Y_{i,t,m} = \alpha + \beta_1 A_{t,m} + \beta_2 T_{t,m} + \beta_3 (A_{t,m} \times T_{t,m}) + \gamma X_{i,t,m} + \varepsilon_{i,t,m}$$

우선, i는 분석 대상 개인(혹은 가구), t는 연도, m은 월을 의미하며,

Y_i는 i의 취업 여부 변수(취업=1, 미취업=0)로서 종속변수이다. 그리고 T는 처리집단 변수(코로나19 확산 연도=1, 이전=0), A는 처리시점 변수(3월 이후=1, 이전=0)로서, 두 변수의 교차항의 회귀계수인 β_3가 코로나19 확산의 순효과를 의미한다. 그리고 $X_{i,t,m}$는 개인(혹은 가구)의 특성들(성, 연령, 학력 등)로 구성된 통제변수들인데, 이들 변수들에 대한 월별 추정 계수를 통해 각 계층에 대해 코로나19가 미친 영향을 비교할 수 있다.

함선유 외(2021)에서는 이중차이분석을 위한 통제연도를 2019년 단일 연도로 설정하는 동시에, 최근 3개년(2017~2019년)을 통제연도로 가정한 분석도 수행했다. 특정 연도의 추이는 해당 연도 고유의 요인에 영향을 많이 받는다. 따라서 통제연도의 추이를 단일 연도로 하기보다는 3개년 평균 추이로 가정하는 경우 좀 더 안정적일 수 있다. 이에 이 연구에서도 통제연도로 최근 3개년(2017~2019년)을 가정한다.

기존 연구들은 코로나19 확산에 따른 영향을 2020년에 한정하고 있는데, 이 연구에서는 2021년 9월까지 분석하고자 한다. 따라서 2020년 3~12월에 대한 분석은 기존 연구들과 차이가 없다. 그러나 2021년 1~9월까지의 분석은 약간의 설명을 추가할 필요가 있다. 구체적으로 말하면 2021년에 대한 분석은 처리연도를 2020년과 2021년으로 설정하고, 처리 이전 월을 2020년 2월로 하며, 이후 월을 2021년 1~9월로 설정한다.

통제연도의 경우에는 2018년과 2019년으로 하고, 처리 이전 월을 2018년 2월로 하고, 이후 월을 2019년 1~9월로 설정한다. 나아가 2020년에 대한 분석처럼 통제연도의 추이를 3개년도 평균 추이로 가정하기 위해 2017~2019년 자료와 2016년 2월 자료를 활용한다. 이때 2017년과 2018년 2월 자료는 처리 이전 월인 동시에 처리 이후 월

이라는 점을 고려해 해당 월 자료를 복제하여 처리 이전 월 자료로 분석에 포함한다.

제2장 코로나19 위기가
고용에 미친 영향 분석

[그림 2-2]를 통해 2019~2021년 기간 동안의 고용률 추이를 보면, 코로나19가 확산되기 이전인 1·2월은 전년도 동월에 비해 0.8%p, 0.6%p 각각 더 높았다. 만일 코로나19 확산이 없었다면 이후 고용률은 전년 동월에 비해 더 높았을 가능성이 있었다.[6] 하지만 코로나19 확산으로 3·4월 고용률은 전년 동월에 비해 오히려 0.9%p, 1.4%p 더 낮아졌고, 이후 5~11월 기간 동안 고용률은 약간씩 변동이 있기는 하지만 전년 동월 대비해서 약 -1%p 내외 수준을 유지했다.

이때 고용률 추이 자체만 보면 2차 유행기인 7~9월 기간에도 이러한 격차가 크게 다르지 않은 것처럼 나타난다. 하지만 그렇다고 해서 2차 유행으로 인한 충격이 크지 않았음을 의미하는 것은 아님에 주의할 필요가 있다. 만일 코로나19가 확산되지 않았다면 전년 동월에 비해 더 높았을 가능성이 있었는데 코로나19 확산으로 그러한 요인들이 영향이 축소되거나 사라진 것일 수도 있기 때문이다.

역으로 앞서 살펴본 바와 같이 코로나19 1차 대유행 이후 1~3차에 걸친 추경을 편성·지출하는 등 정부 정책의 효과에 의해 고용률의 하

---

6 일반적으로 계절적 요인에 의해 4계절 중 겨울철 고용률은 다른 계절에 비해 상대적으로 낮은 경향이 있기 때문이다.

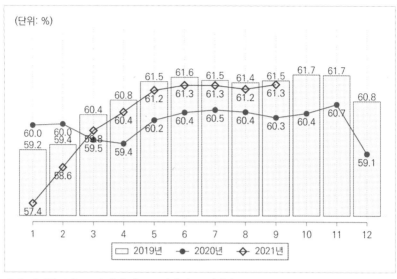

[그림 2-2] 고용률 추이: 2019~2021

출처: 경제활동인구조사 월별 자료를 직접 가공·작성함.

락이 제한된 것일 수도 있다. 또한 2차 대유행이 1차 혹은 뒤이은 3차 대유행에 비해 일일 평균 확진자 수가 많지 않았기 때문일 수도 있다.

하지만 3차 대유행이 본격화된 '20년 12월과 '21년 1월 고용률은 급격하게 축소되었는데, 전년 동월 대비 1.7%p, 1.8%p로 코로나19 확산 이후 그 격차가 가장 컸다. 겨울철 고용률이 다른 계절에 비해 낮은 경향이 있는데, 코로나19 3차 유행으로 사회적 거리두기가 강화됨으로써 고용률 하락이 다른 시기에 비해 더 크게 나타난 것으로 이해할 수 있다.

'21년 2~5월 기간 동안에는 전월 대비 약 1.2%p씩 증가하는 등 고용률이 빠르게 회복되었고, 그 결과 5월 이후 최근까지 2019년 고용률 수준에 비해 약 0.2%p 정도로만 낮은 수준까지 이르렀다. 여기에는 계절적 요인도 일부 영향을 미쳤겠지만, 선진국을 중심으로 코로나19 백신 보급 및 접종이 확대된 것이 주요 요인이었다고 평가할 수 있을 것이다.

정리하면, 월별 통계의 계절적 요인 등을 고려해 코로나19가 확산되기 시작한 '20년 3월~'21년 9월까지의 고용률을 2019년 동월 대비해서 보면, 노동시장의 전반적인 여건은 2019년 수준을 회복한 것으로 볼 수 있다. 즉 '20년 3월 이후 월별 고용률에서 2019년 동월 고용률을 차분한 〈표 2-1〉의 '일차차분' 결과를 보면, 이를 구체적으로 확인할 수 있다.

하지만 이러한 결과는 코로나19가 확산되지 않았다면 '20~'21년에 이를 수 있었던 고용률 수준을 고려하지 않았다는 점에서 코로나19의 영향을 과소평가할 가능성이 있다. 즉 '20년 3~12월 기간에 대해선 '20년 2월(60.04%)과 '19년 2월의 고용률(59.36%)의 차이(0.68%p),[7] 그리고 '21년 1~9월 기간에 대해선 '20년 2월(60.04%)과 '18년 2월의 고용률(59.15%)의 차이(0.88%p), 즉 이차차분값을 고려할 필요가 있다. 따라서 코로나19 확산이 미친 영향은 〈표 2-1〉의 이중차이값에서 볼 수 있는 것처럼 '20년에는 2%p에 가깝게 고용률을 하락시켰으며, 그 정점은 '21년 1월로 -2.7%p 하락했다. 이후 그 충격이 빠르게 완화되고 있지만 '21년 9월 기준으로 보면 여전히 코로나19로 인한 고용률의 하락은 1%p에 이른다.

---

7 실제 계산에서는 소수점 둘째 자리에서 반올림함.

〈표 2-1〉 단순 이중차이 결과

구 분	고용률			일차 차분(A)		이차 차분(B)		이중차이(A-B)	
월	2019	2020	2021	2020	2021	2020	2021	2020	2021
1	59.2	60.0	57.4		-1.8				-2.7
2	59.4	60.0	58.6		-0.8				-1.6
3	60.4	59.5	59.8	-0.8	-0.5			-1.5	-1.4
4	60.8	59.4	60.4	-1.4	-0.4			-2.1	-1.3
5	61.5	60.2	61.2	-1.3	-0.3		0.9	-2.0	-1.2
6	61.6	60.4	61.3	-1.2	-0.3	0.7		-1.9	-1.2
7	61.5	60.5	61.3	-1.0	-0.2			-1.7	-1.1
8	61.4	60.4	61.2	-1.0	-0.2			-1.7	-1.1
9	61.5	60.3	61.3	-1.2	-0.1			-1.9	-1.0
10	61.7	60.4		-1.3				-2.0	
11	61.7	60.7		-1.0			0.7	-1.6	
12	60.8	59.1		-1.7				-2.4	

주: 소수점 둘째 자리에서 반올림함.
출처: 경제활동인구조사 월별 자료를 직접 가공·작성함.

하지만 〈표 2-1〉의 결과 역시 노동시장의 사회·경제적 여건이 동일하다는 가정 하에서 코로나19 확산의 영향을 측정하고 있다는 점에서 과소 혹은 과대 평가할 가능성이 존재한다. 예를 들어, 코로나19 전후 기간 노동자의 인구통계학적·사회·경제적 특성이 다른 것은 물론이고, 코로나19 확산과 사회적 거리두기 등으로 인해 산업·직종 등 다양한 측면에서 노동시장 구조가 변화되었을 가능성이 높기 때문이다.

이러한 맥락에서 [그림 2-3]의 결과는 주목할 필요가 있다. [그림 2-3]은 앞서 말한 바와 같이, 만일 코로나19가 확산되지 않았다면 관측되었을 가상적인(counterfactual) 추이와 노동자 개인의 특성들을 고려해 코로나19 확산이 노동시장에 미친 영향을 분석한 결과이

[그림 2-3] 코로나19 확산이 고용에 미친 영향

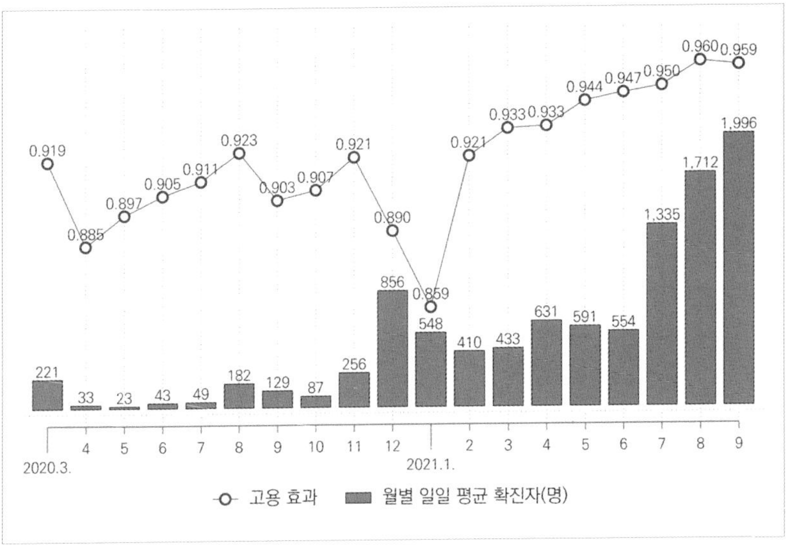

출처: 경제활동인구조사 월별 자료를 직접 가공·작성함.

다.[8] 즉 분석모형 (1)을 통해 추정한 계수들을 활용하여 산출한 odds-ratio들 중 T(=처리집단 변수)와 A(=처리시점 변수)의 교차항의 odds-ratio이다.[9] 이에 그 결과를 보면, 코로나19가 처음 확산된 '20년 3월의 경우 개인들의 고용확률이 평균적으로 약 8% 감소한 것으로 추정된다.[10] 그리고 다음 4월 고용확률은 약 12% 감소했고, 이후 코로나19

---

8 분석결과들에 대한 자세한 내용은 〈부표〉 참고.

9 Odds Ratio는 다른 변수가 통제된 상황 하에서 특정 변수가 변화할 때의 한계효과를 의미한다(이성우 외, 2005 참고). odds-ration에 대한 해석은 1값을 기준으로 1보다 크며 비교 대상의 사건이 발생할 확률이 특정 기준에 비해 더 크다는 것이고, 그역 역시 성립한다.

10 '20년 3월의 odds-ratio가 0.919라는 것은 코로나19가 확산되지 않았을 경우 고용확률을 기준으로 코로나19가 발생한 경우의 고용확률의 비율을 의미하는 것으로서,

가 소강 국면에 들어서면서 8월 하락폭(8%)이 축소되었지만, 2차 유행으로 2%p 더 하락했다. 그리고 3차 대유행 시 코로나19의 영향이 가장 크게 나타났는데, '21년 1월 고용확률은 약 14% 감소했다. 이후 선진국을 중심으로 한 백신 보급 및 접종으로 개인들의 평균적인 고용확률은 2월에 급상승한 이후 최근까지 완만한 상승 추이가 나타남으로써 최근에는 코로나19로 인한 개인들의 평균적인 고용확률 감소폭은 약 4% 정도 수준에 이르고 있다.

코로나19 확산이 노동시장 전반에 영향을 미치기는 했지만, 그렇다고 개인들이 받은 충격이 모두 동일한 것은 아니다. [그림 2-4](좌)에서 성별에 따른 고용률 격차를 보면 '20년 3월 여성의 취업 가능성은 남성에 비해 약 83.5% 수준이다. 일반적으로 남성에 비해 여성의 취업확률이 낮다는 점에서 코로나19의 영향이 어느 정도인지는 명확하지는 않다. 다만 [그림 2-5]에서 보듯이 '20년 3~12월 기간 동안 여성의 취업자 감소폭은 전년 동월 대비 2% 내외 수준인데 반해, 남성은 1% 내외 수준이다. 따라서 [그림 2-4]의 남성 대비 여성의 고용확률의 전반적 수준은 위기 이전에 비해 낮은 편이라 할 수 있다.

코로나19 확산과정에서 나타난 여성의 고용확률 추이를 보면 '20년 3·4월 하락한 이후 조금씩 상승했지만, 2차 대유행(7~8월) 이후 3차 대유행('21.1월)까지 빠르게 감소하여 최저치(83.2%)에 도달하였다. 그리고 이후 최근까지 상승하여 '21년 9월 남성 대비 고용가능성이

코로나19 확산으로 인해 약 8%의 고용확률 감소를 의미한다. 이상의 결과들, 즉 개인들의 평균적인 고용확률의 변화를 경제 전체의 고용률 변화로 해석할 수는 없다는 점에서 해석상 주의가 필요하다.

[그림 2-4] 성별·거주지별 고용효과 추정 결과

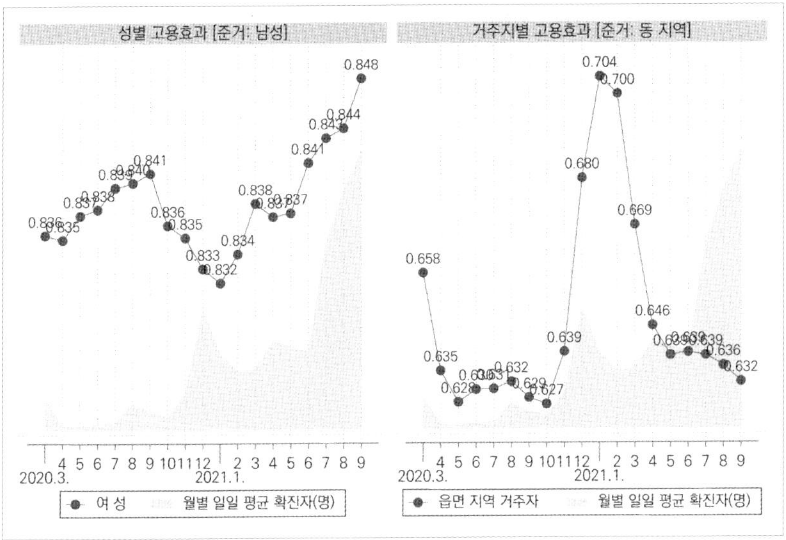

출처: 경제활동인구조사 월별 자료를 직접 가공·작성함.

약 84.8% 수준에 이르고 있다.

이러한 성별 고용확률의 추이는 성별 취업자 수 추이를 통해서도 유추할 수 있다. [그림 2-5]에서 보면, 코로나19로 인한 '20년 취업자 감소폭은 남성에 비해 여성의 경우 상대적으로 더 컸는데, 특히 3차 대유행 시점인 '21년 1월은 전년 동월 대비 약 5%까지 줄어들었다. 다만, 이후 경기회복과 기저효과 등으로 인해 여성의 취업자 증가폭 역시 남성에 비해 빠르게 증가했다. 이러한 성별 취업자 변화 패턴은 다른 위기 시에도 유사하게 관측된다. 다만, 외환위기의 경우 다른 위기에 비해 충격이 더 크게 나타나 위기 2년차에도 위기 이전 수준을 회복하지 못한 점이 다를 뿐이다. 그러나 위기 이전 수준을 회복하지는 못했지만, 위기 시 여성 취업자 감소폭과 이후 증가폭이 남성에 비

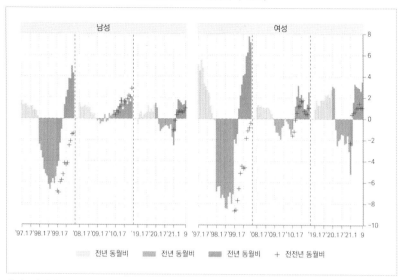

[그림 2-5] 성별 취업자 수 변화

남성 　여성

전년 동월비　전년 동월비　전년 동월비　+ 전전년 동월비

출처: 경제활동인구조사 월별 자료를 직접 가공·작성함.

해 크다는 점에서 여성이 남성에 비해 위기에 민감하고 변동성이 확대 됨으로써 불안정하다고 평가할 수 있다.

거주지역별 고용가능성을 비교해보면, 1·2차 유행 시에는 도시지 역에 비해 비도시지역 거주자의 고용확률이 상대적으로 낮은 것을 볼 수 있다. 이는 코로나19 확산에 따라 경기가 악화되면서 청년층을 중 심으로 일자리를 찾아 수도권으로 인구 유입이 증가한 것과 무관하지 않다.[11] 3차 대유행 시점에서는 그 격차가 크게 줄어들었다고 할 수 있 는데, 이는 비도시지역의 고용 상황이 개선된 결과라기보다는 해당 시

---

11 한국고용정보원 보도자료(2020.7.6.), "코로나19 이후 수도권 순유입 인구 2배 이상 증가".

기 코로나19의 영향이 전국적으로 강하게 나타남으로써 도시지역 거주자의 고용 상황이 상대적으로 더 크게 악화한 결과로 이해할 수 있다. 한편 비도시지역 거주자의 고용가능성은 이후 다시 하락하여 '20년 수준과 유사한 수준에 머물고 있다.

40대를 기준으로 코로나19 확산의 영향을 연령대별로 비교해보면, '20년에는 40대가 상대적으로 충격이 더 컸다고 이해할 수 있다. [그림 2-6]의 결과를 40대를 기준으로 각 연령대별 고용가능성을 비교한 것 (odds-ratio)으로서 그 수치가 상승한다는 것은 준거 계층인 40대와의 격차가 줄어든다는 것을 의미한다. 따라서 각 연령대별 추이를 보면 '20년에는 상승하거나 일정 수준이 유지되고 있다는 점에서 40대가 받은 충격이 상대적으로 컸다고 평가할 수 있다. 다음으로는 40대와의 격차가 일정 수준을 유지하고 있는 30대가 받은 충격이 상대적으로 큰 것으로 보인다.

[그림 2-7]을 보더라도 40대와 30대의 취업자 수 감소폭이 상대적으로 가장 크다. 한편 15~29세 연령대 취업자도 감소하였지만 40대에 비해 상대적으로 적음으로써 고용확률의 차이가 일부 줄어든 것으로 나타난 것임에 유의할 필요가 있다.

중고령자(50대 이상)의 고용확률과 취업자 수는 다른 연령대와는 달리 코로나19 확산에도 불구하고 3차 대유행 시기를 제외하고 상대적으로 증가한 것으로 나타난다.[12] 이러한 추이를 보고 중고령층이 코로

---

12 코로나19 3차 대유행 시기의 감소는 코로나19의 영향도 있겠지만, 해당 시기는 일반적으로 중고령층의 경활참여 자체가 줄어드는 계절적 요인이 동시에 작용한 결과로 이해된다.

[그림 2-6] 연령대별 고용효과 추정 결과

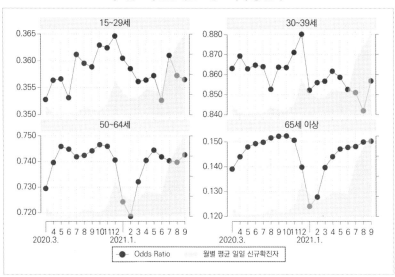

출처: 경제활동인구조사 월별 자료를 직접 가공·작성함.

[그림 2-7] 연령별 취업자 수 변화

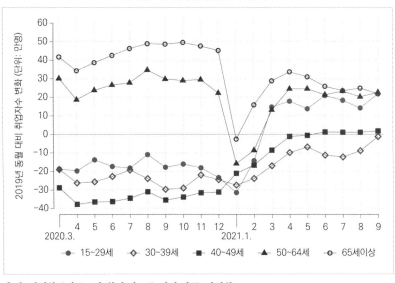

출처: 경제활동인구조사 월별 자료를 직접 가공·작성함.

나19의 충격을 받지 않았다고 평가하는 것은 유의할 필요가 있다. 예를 들어, 우리나라 중고령층의 경활참여 성향은 다른 국가들과 비교할 때 최상위 그룹에 속할 정도로 높다. 따라서 이들은 경제위기로 기존 일자리가 사라지더라도 다른 새로운 일자리를 빨리 찾을 가능성이 높다. 또한 만일 코로나19가 없었더라면 이들 계층의 취업자 증가는 더욱 크게 나타났을 가능성도 배제할 수 없기 때문이다.[13]

다음으로 '21년 2월 이후 추이를 보면 40대에 비해 30대의 고용확률은 줄어들고 있고, 15~29세의 고용확률은 매우 완만한 상승 추이로 나타난다. '21년 연령대별 취업자 수 변화를 보면([그림 2-7] 참고), 청년층(15~29세)은 빠르게 증가하여 2019년 수준을 상회하고 있고, 40대는 이전 수준을 회복한데 반해, 30대는 여전히 그 수준을 하회하고 있기 때문이다. 정리하면, 코로나19 확산으로 인한 충격을 연령계층별로 상대적으로 보면, '20년에는 40대, 그리고 '21년에는 30대가 상대적으로 컸다고 평가할 수 있다.

다음으로 학력별로 코로나19의 상대적 충격을 비교해보면, 일반적으로 예상하는 바와 같이 학력이 낮을수록 더욱 크게 나타난다고 평가할 수 있다. (초)대졸과 대비한 중졸 이하의 고용확률은 코로나19 확산 이후 완만하게 감소했으며, 3차 대유행 당시 큰 폭으로 하락한 이후 다시 상승하기는 했지만 경제 회복 과정에서 상대적인 고용확률의 회복은 매우 제한적인 것으로 보인다. 한편 고졸의 상대적 고용확률의 추이는 지난 2년여 동안 60~61% 구간 사이에서 변동하고 있다는 점

---

13 이러한 맥락에서 향후에는 중고령 노동시장에 대한 더욱 세부적인 분석이 이루어질 필요가 있다.

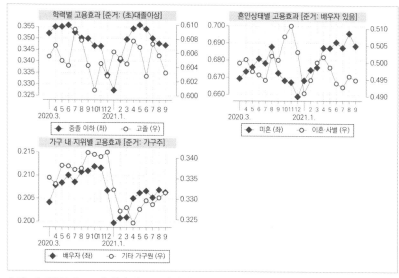

[그림 2-8] 학력·혼인 상태·가구 내 지위별 고용효과 추정 결과

출처: 경제활동인구조사 월별 자료를 직접 가공·작성함.

에서 특별한 패턴을 찾기 힘들다.

가구 내 지위상으로 코로나19의 영향을 비교해보면, 코로나19 확산 초기에는 가구주의 고용확률이 상대적으로 축소되었지만, 3차 대유행 이후 회복과정에서는 가구주의 고용확률이 상대적으로 빠르게 개선된 것으로 보인다. 위기 시 가구주의 실직은 다른 가구 구성원의 경제활동을 촉진하는 요인일 수 있음을 고려하면, 코로나19 위기 시에도 이러한 경향이 나타나고 있음을 볼 수 있다.

마지막으로 혼인상태별 상대적 고용확률의 변화를 보면, 코로나19 확산 초기에는 미혼에 미치는 영향이 상대적으로 적었지만 2차 대유행에서 3차 대유행 기간 사이에는 고용확률이 상대적으로 3%p 정도 하락했다. 그리고 2021년 들어서는 미혼의 상대적 고용확률이 지속적으로 상승하고 있다. 반면 이혼·사별 등으로 배우자가 없는 자의 고용 확률은 2차 대유행과 3차 대유행 기간 사이에 상대적으로 높아졌고, 2021년 초에는 상승했지만 이후에는 다시 하락하는 등 변동성이 상대적으로 크다고 할 수 있다.

제3장 코로나19 위기와 일자리 변화

앞에서는 코로나19 위기로 인한 노동시장의 변화로 그 충격을 받는 계층 파악을 목적으로 했다면, 이 절에서는 위기로 인한 일자리의 변화를 살펴본다. 이때, 코로나19 위기를 중심으로 하는 한편, 지난 외환위기와 금융위기 당시의 변화도 함께 살펴본다. 즉 경제위기에 따른 노동시장 변화의 특징을 비교·검토하고자 한다.

먼저, 노동시장 전반의 상황에 대해 살펴보면([그림 2-9] 참고), 위기의 충격에 따라 그 규모는 다르지만, 위기는 취업자를 축소시키고 실업자와 비경활인구를 증가시킨다. 다만, 위기 회복 속도는 위기마다 다를 수 있는데, 코로나19와 외환위기의 경우 위기가 발생한 이후 약 1년 3~4개월부터 취업자 수가 다시 반등하기 시작했다는 점은 유사하다. 하지만 외환위기는 2년이 지난 시점에도 위기 이전 수준을 회복하지 못했으나 코로나19는 1년이 지난 시점부터 취업자 수가 위기 이전에 비해 증가하였다.

코로나19 확산으로 인해 노동시장에서 나간 자들은 적어도 구직활동을 하는 실업자가 아닌 비경활인구로 대부분 전환되었다. [그림 2-9]에서 보듯이 코로나19 확산에 따른 실업자 규모의 변화는 사실상 크지 않은 반면, '20.3.~'21.2. 기간 동안 비경활인구는 전년 동월 대비 약 50~90만 명 지속적으로 증가했고, '21년 3월부터 줄어들기는 했지만 위기 이전과 비교하면 여전히 50만 명 더 많은 수준을 유지

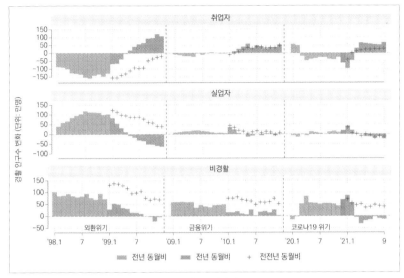

[그림 2-9] 취업자·실업자·비경제활동인구의 변화

출처: 경제활동인구조사 월별 자료를 직접 가공·작성함.

하고 있다.

　노동시장에는 코로나19 위기 외의 다른 요인들 역시 영향을 미치는데, 대표적으로 중요한 요인은 인구고령화이다. [그림 2-10]에서 보듯이 외환위기 당시 65세 이상 취업자 수는 100만 명에 미치지 못하는 규모였지만 10년 후인 2008년 금융위기 당시에는 약 150만 명으로 증가했고, 최근에는 260만 명 수준으로 빠르게 늘어나고 있다. 이는 최근 베이비부머 세대가 은퇴하고 고령 노동시장에 진입하는 등 인구학적 요인이 작용한 결과로 이해할 수 있다.

　또한 여기에는 각 세대가 갖고 있는 고유의 특성은 물론 당시 노동시장 환경 요인들이 작용한 결과라고 이해할 수 있다. [그림 2-10]에서 보듯이 외환위기 당시 고령 노동자는 전년도에 비해 줄어들었지만

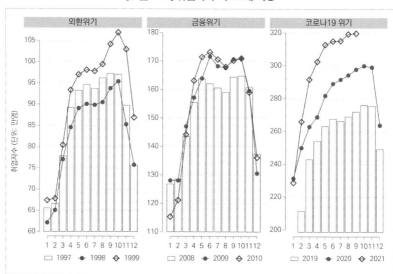

[그림 2-10] 취업자 추이: 65세 이상

출처: 경제활동인구조사 월별 자료를 직접 가공·작성함.

그 다음 해는 위기 이전 수준을 빠르게 회복했다. 금융위기의 경우에는 위기가 고령자 노동시장에 미치는 영향은 나타나지 않은 것으로도 이해할 수 있을 정도로 별다른 변화가 없다.

하지만 코로나19 위기 시 고령자 노동시장은 앞서 살펴본 15~64세 노동시장과는 전혀 다르다는 것을 볼 수 있다([그림 1-8] 참고). 위기로 인해 취업자 수가 감소하기보다는 오히려 위기 이전보다 더 늘어났으며, 2021년에는 그 규모가 더욱 확대되었다. 앞에서 바로 살펴본 바와 같이 취업자 수가 코로나19 위기 이전인 2019년 수준을 상회하게 된 가장 큰 요인은 65세 고령자의 활발한 경제활동에서 비롯된 것이라 해도 과언이 아니다.

1. 노동시장 내 일자리의 변화

코로나19 확산으로 인한 충격이 여러 산업 부분 중에서도 대면 중심의 서비스업에서 가장 크다는 것은 의문의 여지가 없다. 이 연구에서는 대분류 산업들을 '대면중심서비스업', '제조업중심', 그리고 '유통 및 서비스업'으로 재분류하여 살펴본다. [그림 2-11]에서 보듯이 코로나19 확산은 대면중심서비스업 외의 산업에 미치는 영향은 매우 작았음을 확인할 수 있다. 코로나19 확산으로 인해 대면중심서비스업 부문의 취업자 수는 전년에 비해 3~4% 감소했다. 특히 코로나19가 확산·재확산되었던 3~4월, 8~9월 및 '21년 1~2월, 특히 3차 대유행 때는 전년 동월 대비 6% 가까이 취업자 수가 감소되었다. 다만 '21년 3월부터는 백신 보급 및 접종 확대에 따라 취업자 수가 회복되기 시작했지만, '19년 동월을 기준으로 한다면('+' 표식) 여전히 2% 정도 적은 수준으로서 위기 이전 취업자 규모에 미치지 못한다.

여기서 한 가지 흥미로운 점은 이러한 취업자 변화 패턴은 위기가 다른 산업 부문에서 발생해 경제 전반의 위축에 따라 2차적으로 대면중심서비스업에 영향을 미쳤다고 할 수 있는 다른 두 위기에서도 유사하게 나타난다. 즉 외환위기와 금융위기로 인해 대면중심서비스업의 고용도 크게 축소되었는데, 위기가 1년여 지난 상황에서도 고용은 위기 이전 수준을 크게 밑돌고 있는 것은 물론, 그 폭이 코로나19 위기에 비해서도 더 크다. 즉 위기는 특정 산업 부문에 집중되어 발생하더라도 그 속성상 경제 전반을 위축시켜 수요를 감소시킨다. 이러한 수요의 감소는 그것이 직접적이든 간접적이든 해당 산업 부문의 고용을 축소시키는 동시에 회복 속도 역시 늦다고 할 수 있다.

[그림 2-11] 산업별 취업자 수 추이

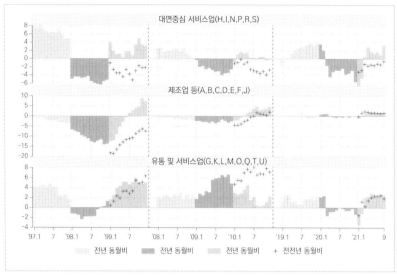

출처: 경제활동인구조사 월별 자료를 직접 가공·작성함.

    코로나19 확산에 따른 영향을 사업장 규모별로 보면[14] 10명 미만 영세 사업장에 집중되었음을 쉽게 확인할 수 있다. 외식·숙박·여행 관련 업종들을 중심으로 하는 대면중심서비스업 특성상 사업장 규모가 소규모라는 점에서 앞서 살펴본 산업별 패턴과 매우 유사하다. 한편 100명 이상 사업장을 제외한 중소 규모 사업장들에서 '20년 연말과 '21년 연초에 고용 규모가 크게 축소하고 있음을 볼 수 있다. 즉 코로나19가 확산된 지 2년여 기간 동안 고용충격이 상대적으로 가장 컸던 시기는 3차 대유행 시기였음을 다시 한번 확인할 수 있다.

---

14 외환위기 시점의 자료는 사업장 규모에 대한 정보가 제공되지 않아 코로나19 위기에 대해서만 살펴본다.

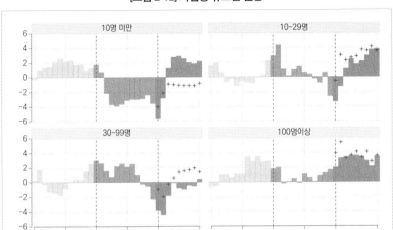

[그림 2-12] 사업장 규모별 현황

출처: 경제활동인구조사 월별 자료를 직접 가공·작성함.

　코로나19 확산의 영향으로 인해 취업자 수 변화를 종사상지위별로 보면, 고용주와 임시·일용직들의 규모가 크게 줄어들었음을 볼 수 있다. 고용주와 일용직의 경우 '20년은 물론 '21년에도 취업자 수 규모는 지속적으로 줄어들었으며, 그 결과 위기 이전 고용 수준에 비해 15~20% 정도 고용 규모가 축소되었다. 특히 고용주의 경우는 위기 이전에도 고용 규모가 감소되는 추이였음을 고려하면 코로나19의 충격이 상당했음을 확인할 수 있다.

　자영자 규모는 코로나19가 확산되는 과정에도 꾸준히 증가했는데, 이는 코로나19 확산으로 일자리를 잃은 근로자들의 재취업 등에 의한 변화로 볼 수 있다. 예를 들어, 고용주는 종업원을 둔 자영자인데, 코로나19가 확산됨에 따라 사업을 접는 자들도 있지만, 상당수는 비용

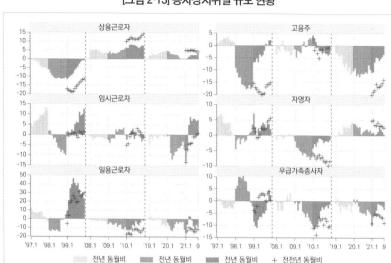

[그림 2-13] 종사상지위별 규모 현황

출처: 경제활동인구조사 월별 자료를 직접 가공·작성함.

절감 등을 위해 임시·일용직인 종업원을 해고하면서 자영자로 전환된 결과로 이해할 수 있다. 무급가족종사자의 감소 역시 이러한 맥락에서 이해할 수 있다. 또한 경제위기 시 이러한 패턴, 즉 고용주의 감소-자영자의 증가 패턴은 다른 위기와도 유사하다. 다만 외환위기 시에는 위기 당시는 무급가족종사자가 증가한 이후, 회복과정에서는 다시 줄어들었다. 이는 당시 실직자들이 새로운 일자리가 없어 가족 혹은 친척 등이 운영하는 사업장에서 일을 돕다가 경제가 회복되면서 다시 노동시장으로 나간 것으로 이해할 수 있다.

다음으로 종사상지위별 취업자 규모 변화에서 주목할 만한 것은 코로나19 위기와 금융위기의 경우에는 오히려 상용직 임금근로자의 규모는 줄어들지 않고 증가하고 있다는 점이다. 금융위기의 경우 위기로 인한 침체 기간이 길지 않고, 충격도 상대적으로 작았다는 점에서 논외로 하더라도 코로나19 위기 시 상용직의 변화는 주목할 필요가 있다.[15] 임금근로자 중 상용직은 임시·일용직에 비해 해고가 어렵고, 또한 근로시간 단축 및 유·무급 휴직 등을 활용하여 위기에 대응할 수 있다고는 하지만, 이는 상용직 임금근로자 규모가 어느 정도 유지될 수 있음을 의미할 뿐이다. 따라서 코로나19 위기에도 이전의 증가 추이가 둔화되는 정도로만 영향을 받았다는 것은 향후 노동시장의 변화를 분석하는데 있어서도 중요할 것이다.

사실 노동시장 내 상용직 증가 현상은 최근의 일이라기보다는 외환위기 이후 상당히 오랫동안 지속된 현상이다. 성재민(2011)은 그 원인으로 저학력 세대의 퇴직과 고학력 세대의 신규 진입 증가도 영향을 미쳤겠지만, 더욱 중요한 요인으로 상용 비정규직 규모의 증가에 주목하였다. 나아가 저자는 사업서비스와 단순노무직 등에서 증가한 상용 비정규직을 예로 들면서 상용직이 모두 같은 상용직이 아님을 강조하였다.

하지만 이 연구에서 활용하는 자료만으로는 코로나19 위기에도 불구하고 증가한 상용직 증가 현상을 설명하기는 쉽지 않은 것이 사실이다. 이에 하나의 설명으로서 살펴보고자 하는 것은 코로나19 확산에 따른 근로시간의 변화인데, 이때 임금근로자의 노동시간은 위기 이전부터 줄어들고 있다는 점은 유의할 필요가 있다. 특히 2018년 주 최대

---

15 이러한 현상을 분석하기 위해서는 개인들의 이력을 추적할 수 있는 자료가 필수적이다. 그러나 아직까지 코로나19 위기 이후 노동시장을 분석할 수 있는 패널자료가 제공되지 않음으로써 향후 과제로 남겨둘 수밖에 없다. 다만, 이하 본문에서는 제한된 자료이지만 몇 가지 가능한 설명을 제시한다.

[그림 2-14] 근로시간대별 취업자 규모 추이

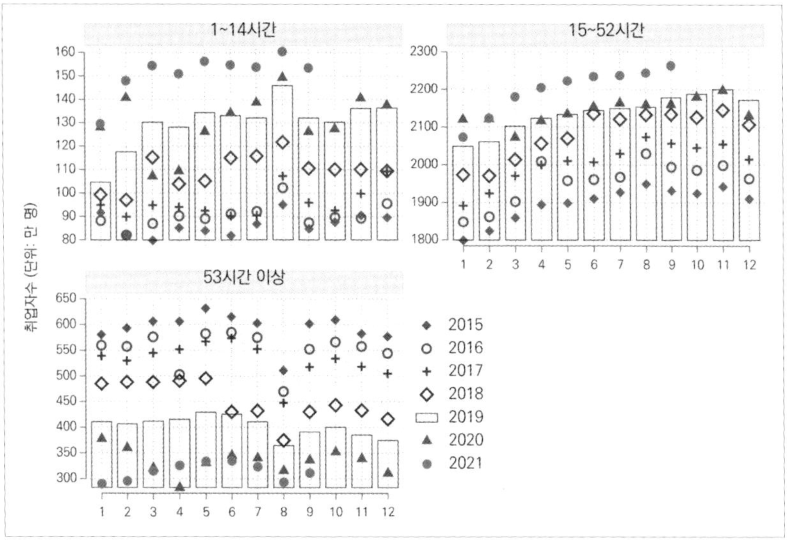

출처: 경제활동인구조사 월별 자료를 직접 가공·작성함.

52시간으로 단축하는 「근로기준법」 개정을 통해 단계적으로 시행되는 상황이다.

이러한 점을 고려하여 [그림 2-14]를 보면, 53시간 이상 일하는 근로자 규모는 기존 추이에 비해 큰 폭인 경우도 일부 월에서는 나타나지만 대체로 유사한 폭으로 줄어들고 있다. 하지만 15~52시간 이하 근로자 규모는 2020년에는 별다른 변화가 없었으나 2021년 들어 약 90~100만 명 규모로 증가하고 있다. 또한 1~14시간 일하는 근로자 규모는 2020년의 경우에는 전년도에 비해 증감을 반복했지만 '21년 들어서는 30~40만 명 규모로 빠르게 증가하였다.

이러한 근로시간의 단축 현상을 종사상지위별로 보면([그림 2-15] 참고), 14시간 이하의 초단시간 근로자는 주로 상용근로자와 자영자, 그

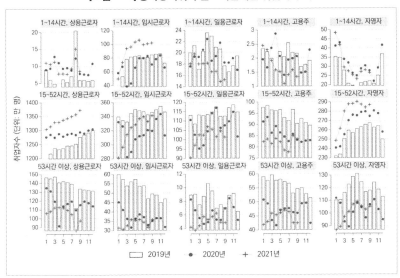

[그림 2-15] 종사상지위와 근로시간대별 취업자 추이

출처: 경제활동인구조사 월별 자료를 직접 가공·작성함.

리고 '21년의 경우에는 임시근로에서 증가했다. 또한 15~52시간 근로자의 규모 증가 역시 상용근로자와 자영자에서 증가했다.

이때, 15~52시간 근로자의 규모 증가는 코로나19 확산에 따른 사회적 거리두기 강화 등으로 영업·조업 시간 단축 등에 의한 것으로 상용직 근로자와 자영자 내부에서 조정이 이루어졌을 가능성이 높다. 또한 이러한 맥락에서 14시간 이하 자영자 규모의 증가도 상당 부분 설명될 수 있을 것으로 판단한다. 하지만 14시간 이하 상용직 규모의 증가는 내부적으로 설명되기는 어려울 것으로 보인다. 결국 14시간 이하 상용직 규모의 증가는 코로나19 위기로 인해 취업자 규모가 줄어든 집단, 이전 종사상지위가 고용주, 임시·일용직인 근로자가 단시간 노동으로 취업했을 가능성이 가장 높다고 할 수 있다. 위기 시 상용직으로 전직할 가능성이 가장 높은 집단은 상대적으로 이전의 고용주일 가능성이 높다. 즉 이들은 위기로 인해 점점 어려워지는 기존 사업을 정리하고 초단시간 근로라는 상용 비정규직으로 전환했을 가능성이 높다.[16]

2. 일시휴직자의 규모와 특성 변화

다음으로 취업자 중에는 코로나19 확산으로 일시적으로 휴직한 자(이하, 일시휴직자)가 존재하는데 이를 고려하지 않는 경우 코로나19의 영향을 과소평가할 수 있다. [그림 2-16]에서 보듯이, 지난 다른 위기와는 달리 코로나19 위기 시에는 일시휴직자가 급증했기 때문이다. 예를 들어, 위기 이전인 '19년 3·4월 일시휴직자 규모는 40만 명에 미치지 않았지만, 3월에는 약 160만 명, 4월에는 약 150만 명으로 전년 동월에 비해 4배 가까이 급증했다. 이후 그 규모가 감소하는 추이였지만 코로나19가 2차, 3차 재확산될 때마다 증감을 반복했고, '21년 3월 이후에는 그 추이가 비교적 안정되기는 했으나 위기 이전에 비하면 약 10만 명 정도 많은 수준을 유지하고 있다.

반면 과거 외환위기와 금융위기 시에는 일시휴직자 규모가 증가하기는 했지만 코로나19 위기에 비하면 그 규모는 매우 작다고 평가할 수 있다. 위기의 성격과 정도가 다르다는 점에서 직접적으로 비교할

---

16 하지만 이러한 설명은 아직까지 충분하지 않은 것이 사실이다. 앞서 설명한 바와 같이 취업자 내부 특성의 변화를 설명하기 위해서는 노동패널 등과 같은 패널자료가 필수적이다.

[그림 2-16] 위기별 일시휴직자 규모

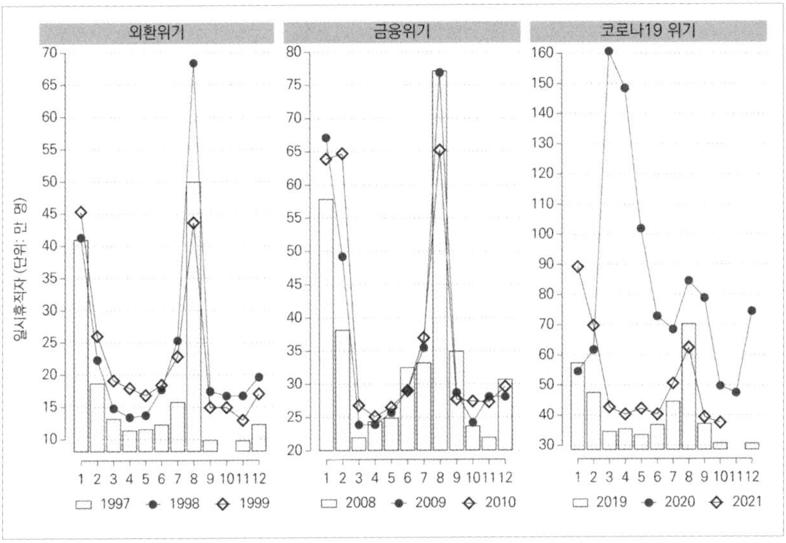

출처: 경제활동인구조사 월별 자료를 직접 가공·작성함.

수는 없지만, 유·무급 일시휴직 제도는 위기의 충격을 완화할 수 있다는 점에서 주목할 필요가 있다. 위기로 인해 경기가 일시적으로 침체하는 경우, 이 제도가 활성화되어 있지 않다면 결국 노동시장에는 실업자가 증가할 것이고 이들이 위기 이후 다시 노동시장에 진입하는데 소요되는 유·무형의 사회적 비용을 일시휴직제도를 통해 완화시킬 수 있기 때문이다.

이상에서 살펴본 바와 같이, 과거 위기 시 일시휴직자 규모는 상대적으로 매우 작다는 점에서 다음에서는 코로나19 위기를 중심으로 일시휴직 사유 및 일자리 특성 등을 살펴본다. 일시휴직 사유별 추이를 보면, 사업부진·조업중단이 압도적으로 많음을 쉽게 확인할 수 있다. 코로나19가 확산한 '20년 3·4월의 경우 위의 사유로 인한 일시휴직자

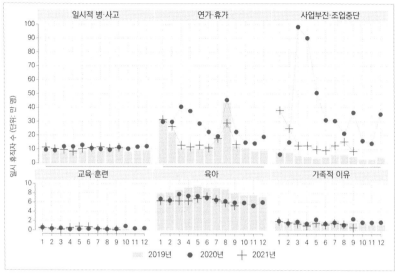

[그림 2-17] 일시휴직자, 휴직 사유

일시 휴직자 수 (단위: 만 명)

일시적 병·사고 / 연가·휴가 / 사업부진·조업중단

교육·훈련 / 육아 / 가족적 이유

1 2 3 4 5 6 7 8 9 10 11 12

2019년   ● 2020년   + 2021년

출처: 경제활동인구조사 월별 자료를 직접 가공·작성함.

는 각각 약 100만 명, 90만 명에 이른다. 이후 그 규모는 감소했지만 2차·3차 대유행 시점에는 다시 늘어나곤 했다. 다만 '21년 3월 이후에는 큰 변동은 없으나 여전히 10만 명 수준을 상회하고 있는데, 이는 위기 이전 10만 명 미만 수준이었던 규모에 비해 다소 크다고 할 수 있다. 다음으로 연·휴가로 인한 일시휴직자가 코로나19 확산 초기에 급증했다. '20년 3·4월 그 규모는 약 40만여 명에 이르는데, 전년 동월 10만 명 수준이었음을 고려하면 크게 증가한 것이다. 이는 정부나 기업이 코로나19 확산을 방지하는 한편, 위기에 대응하기 위한 방안 중 하나로 유·무급 휴가를 장려한 결과로 이해할 수 있다. 그러나 연·휴가로 인한 일시휴직자 규모는 7월 이후에는 위기 이전 수준보다 약간 많지만 대체로 유사한 수준과 추이를 보여주고 있다.

[그림 2-18] 일시휴직자의 일자리 특성: 산업, 직종 및 사업장 규모

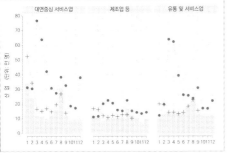

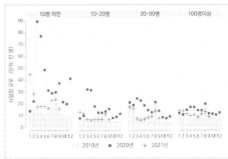

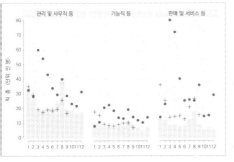

주: 1) 대면중심서비스업은 산업대분류 H,I,N,P,R,S, 제
　　조업중심은 A,B,C,D,E,F,J, 유통및서비스업은
　　G,K,L,M,O,Q,T,U임.
　　2) 관리 및 사무직 등은 직종분류 1,2,3, 기능직 등
　　은 6,7,8, 판매 및 서비스 등은 4,5,9를 의미함
출처: 경제활동인구조사 월별 자료를 직접 가공·작성함.

코로나19 확산으로 인한 일시휴직자 추이를 일자리 특성별로 보면
[그림 2-18]과 같다. 여기서 가장 큰 특징은 일자리 특성에 관계없이
코로나19가 처음 확산된 초기 '20년 3·4월에는 일시휴직자가 급증하
고 이후 점차 줄어들었다가 2·3차 재확산 시기에 다소 증가하기는 했
지만 1차 유행 시점에 비해서는 상당히 적은 수준이라고 할 수 있다.

하지만 3차 대유행 이후, 즉 '21년 3월 이후 추이는 일자리 특성에
따라 약간 다르게 나타난다. 코로나19 확산에 따른 직접적 영향을 받
지 않는 일자리들은 대체로 위기 이전 수준과 추이와 유사한 것으로
보인다. 반면 코로나19 확산의 영향을 직접적으로 받는 일자리는 위
기 이전 추이와는 유사하지만 그 규모는 위기 이전 수준을 상회한다.

[그림 2-19] 일시휴직자의 인적 특성: 연령, 학력 및 성

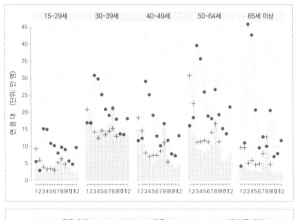

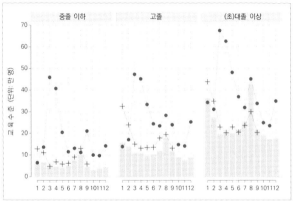

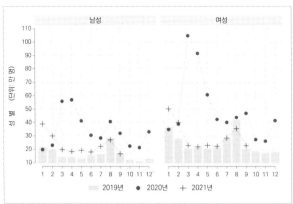

출처: 경제활동인구조사 월별 자료를 직접 가공·작성함.

이러한 일자리는 산업별로 보면 대면중심서비스업, 직종에서는 판매 및 서비스 등이며, 사업장 규모에서는 10명 미만의 소규모 사업장이 해당된다.

코로나19 확산으로 인해 늘어난 일시휴직자의 인적 특성들을 살펴보면, 남성에 비해 여성, 학력이 높을수록, 그리고 연령이 많을수록 그 절대적 규모가 크다([그림 2-19] 참고). 특히 성별로 보면 일시휴직자 규모가 가장 많았던 '20년 150~160만 명 중에서 여성이 약 90만~105만 명 수준이고 남성은 약 60만 명 수준으로 남성에 비해 여성이 두 배 정도 많았다. 교육 수준별로 보면 (초)대졸 이상이 60~70만 명, 고졸과 중졸 이하가 각각 40~50만 명 수준인데, 위기 이전 수준과 비교하면 교육 수준이 낮은 경우 상대적으로 더 크게 증가했다.

연령별로 보면 65세 이상 일시휴직자가 절대적·상대적 규모가 가장 크며, 다음으로는 50~64세 연령대라고 할 수 있다. 또한 50세 이상 연령계층의 경우 '21년 들어서도 일시휴직자 규모는 위기 이전에 비해 약간 더 많은 수준을 유지하고 있다. 위기 이전 일시휴직자 규모가 상대적으로 많았던 30대의 경우 코로나19 확산 초기에는 약 2배 많은 30만 명 수준에 이르기도 했지만, 최근 들어서는 위기 이전 수준을 약간 하회하는 수준으로 보인다. 청년층(15~29세)과 40대 일시휴직자 규모는 코로나19 확산 초기에는 위기 이전에 비해 약 3배 정도 늘어났는데, '21년 들어서는 위기 이전 수준을 약간 상회하는 정도로 나타나고 있다.

제4장 코로나19 위기와 비경제활동인구

1. 이직자 규모와 특성

「경활인구조사」에서는 2015년부터 비경활자와 실업자 중 이직한 경험이 있는 자(이하 '이직자')들을 대상으로 이직 기간이 1년 이내인 경우 이전 일자리의 특성들(산업, 직종, 종사상지위 및 사업장 규모)을 제공한다.[17] 이를 이용하여 코로나19 확산에 따라 이직한 자들의 특성을 살펴보고자 한다.

먼저, 이직 기간이 1년 미만과 이상인 자들의 규모와 비중의 2015년 이후 추이는 [그림 2-20]과 같다. 1년 미만 이직자는 2015년 이후 감소하다가 2018년 이후 약간 상승하는 추이로 2019년에는 280만 명 내외였지만, 코로나19 확산 이후 320만 명 내외 수준으로 증가했으며, 그 비중 또한 24%에서 26%대까지 높아졌다. 이후 '21년 들어 그 비중과 규모가 22%, 약 270만 명 수준까지 떨어졌다. 물론 이 중에서는 새로운 직장을 찾아 다시 노동시장에 진입한 자들도 있겠지만, 1년 이상 이직자들의 비중이 '21년 들어 급증하고 있다는 점에서 그러한 자들은 매우 적을 것으로 판단한다. 즉 '20년 1년 이상 이직자 규모

---

17 「경활인구조사」에서는 이직 여부와 이직 기간(1년 이상 여부)에 대해서는 1998년부터 조사하고 있다. 이직한 경험이 없는 자들은 생애근로경험이 없는 자로 정의한다.

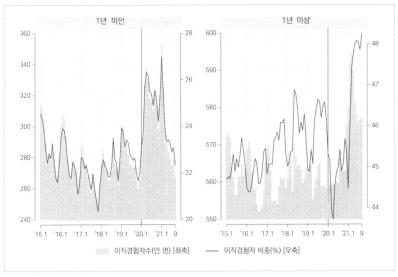

[그림 2-20] 이직 경험자 규모와 비중

주: 이직경험자 비중은 실업자와 비경활인구 대비 비중임.
출처: 경제활동인구조사 월별 자료를 직접 가공·작성함.

는 대략적으로 560만 명 수준이었지만 '21년 초에는 590만 명을 초과
했으며, 최근까지도 그 규모는 약 578만 명 수준에 이르고 있다. 다시
말하면 '21년 들어 1년 이상 이직자들이 증가한다는 것은 코로나19
확산으로 인해 이직한 자들로서, 이들 중 상당수는 여전히 노동시장에
재진입하지 못한 상태에 있음을 의미한다.

　[그림 2-21]에서는 1년 이내 이직자들의 이전 직장 일자리 특성들
을 비교하고 있는데, 이의 이해를 위해서는 추가적인 설명이 필요하
다. 예를 들어, '20년 8월 자료에서의 조사 당시 1년 이내 이직자들의
이직 시점은 개인마다 다양하다. 즉 '19년 9월에서 '20년 8월 조사 직
전으로 다양하다. 이에 이직 시점을 각 연도별로 분리함으로써 코로나
19 확산에 따른 이직자 규모의 추이를 살펴본다.[18] 그러나 이직 기간

이 1년 이상인 이직자의 경우는 여전히 이직 상태이기는 하지만, 그의 이직 시점에 대해서는 알 수 없다는 것이 경활자료의 한계이다. 그 결과 코로나19 확산 이후 시점으로 갈수록 2019년에 이직한 자들의 규모는 줄어드는 동시에, '20년 3월 이후 이직한 자들의 규모는 누적적으로 증가한다. 또한 '21년에 들어서는 '20년에 실직한 자들의 규모가 감소하는데, 이들 중 일부는 노동시장에 재진입할 수도 있지만 조사자료의 특징 상 1년 이상의 장기실업 상태에 처한 것인지는 확인할 수 없다는 한계가 있다.

따라서 이러한 자료의 한계를 고려하여 다음의 결과가 해석될 필요가 있는데, 전체적으로 보면 일반적인 예상과 크게 다르지 않다. 코로나19 확산 초기 이직자가 증가하고 이후 완만하게 하락한 후 3차 대유행 시점에 재차 증가한 후 백신 보급 및 접종이 확대되면서 감소한다. 좀 더 구체적으로 보면, 먼저 산업별로는 이전 직장이 대면중심서비스업인 경우가 다른 산업에 비해 가장 많았고, 다음으로는 유통 및 서비스업이다. 제조업의 경우에도 코로나19 확산으로 인해 이직자가 전년도에 비해 증가했지만 다른 두 산업군에 비하면 상당히 적다고 할 수 있다. 다음으로 직종별로 보면 판매 및 서비스업 등의 직종이 코로나19의 영향을 가장 많이 받은 것으로 나타난다. 다음으로는 관리·사무직종에서 이직자 규모가 증가했는데, 다른 직종과는 달리 이후 경제회복 과정에서도 크게 완화되지 않고 있다는 점은 향후 관심을 갖고 지켜볼 필요가 있을 것이다.

---

18 점선 혹은 실선 등은 이직 시점의 연도에 관계없이 특정 월의 조사자료에서 나타나는 전체 이직자 규모를 의미한다.

[그림 2-21] 이직자의 일자리 특성: 산업, 직종 및 종사상지위

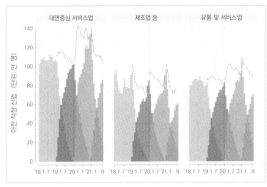

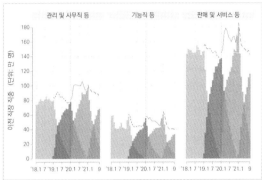

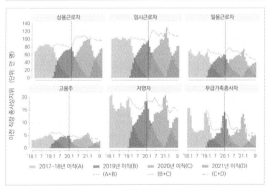

주: 1) 대면중심서비스업은 산업대분류 H,I,N,P,R,S, 제조업중심
　　은 A,B,C,D,E,F,J, 유통및서비스업은 G,K,L,M,O,Q,T,U임.
　　2) 관리 및 사무직 등은 직종분류 1,2,3, 기능직 등은 6,7,8,
　　판매 및 서비스 등은 4,5,9를 의미함.
출처: 경제활동인구조사 월별 자료를 직접 가공·작성함.

한편 이전 직장의 종사자 지위별 추이에 있어서 주목할 만한 특징은 고용주의 경우이다. 고용주인 경우 이직자 규모는 위기 이전에 비해 증가했다고 판단하기는 어려운 반면, 자영자의 이직 규모는 증가했다. 이것을 앞의 종사상지위별 취업자 추이와 연관지어 본다면, 1인 이상의 종업원을 고용하고 있었던 비임금근로자들은 코로나19 확산에 따라 종업원을 고용하지 않는 자영자로 전환함으로써 위기 기간 동안 인건비 절감 등을 통해 침체기를 대응하는 반면, 종업원이 없는 영세 자영자들은 위기 시 기존 사업을 지속하기 어렵다는 것을 알 수 있다.

또한 상용근로자의 이직 규모는 코로나19 확산으로 인해 증가한 이후 일반적인 예상과는 달리 완화 속도가 빠르지 않다는 점 역시 주목할 만하다. 앞에서 종사상지위별 취업자 현황에서도 보면 위기 이후 상용직 임금근로가 증가하고 있었고 —좀 더 세부적인 분석이 필요하겠지만— 초단시간(주당 14시간 이하)으로 근로하는 상용직의 증가와 무관하지 않을 것으로 추정했음을 상기할 필요가 있다. 이를 종합해서 보면 상용직 임금근로 역시 상당히 유연화되었거나, 혹은 불안정성이 높아졌다고 할 수 있다. 물론 임시·일용직 임금근로에 비해서는 여전히 고용의 불안정성이 높다고는 할 수 없겠지만, 경제위기로 다른 일자리에 비해 안정적일 것이라는 생각은 재고될 필요가 있을 것이다.[19]

마지막으로 살펴볼 이직자의 성별과 교육 수준 혹은 연령대에 따른 규모와 추이는 [그림 2-22]와 같다. 성별로 보면, 여성이 학력과 연령

---

19 경활인구조사 근로형태별 부가조사를 통해서 보면 종사상지위가 상용직이라 해도 고용 형태는 비정규인 경우가 다수 존재하고, 점차 증가하고 있다고 할 수 있다. 따라서 향후에는 경활조사 본조사에서 종사상지위 외에도 고용 형태에 대한 정보를 추가할 필요성이 있다고 사료된다.

[그림 2-22] 이직자의 인적 특성: 성·연령 및 교육 수준

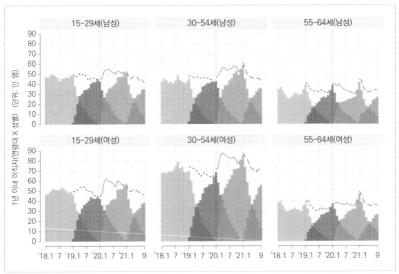

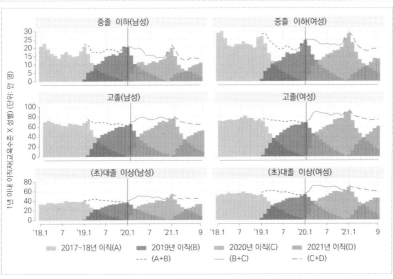

출처: 경제활동인구조사 월별 자료를 직접 가공·작성함.

대에 관계없이 남성에 비해 코로나19 위기에 따른 이직자 규모가 상대적으로 더 크다는 것을 알 수 있다. 여성 내에서는 30~54세 연령대가 다른 연령대에 비해 이직자 규모가 크지만, 코로나19로 인한 증가폭은 15~29세와 유사하다는 점에서 청년층에게 미친 영향이 상대적으로 더 크다고 할 수 있다. 사실 여성 노동시장에서 고질적이라고 할 수 있는 문제는 경력단절인데, 코로나19와 같은 위기는 이러한 문제점을 악화시킨다는 점에서 향후 대응책 마련이 필요하다.

2. 잠재경제활동인구 규모와 특성

일반적으로 실업률 통계는 적극적으로 구직활동을 하고 즉각적으로 취업이 가능한 자만을 측정함으로써 현실에서 느끼는 실업률과는 일정 정도 괴리가 존재한다. 현실에서는 취업을 원하지만 주변 여건상 취업이 어렵거나 혹은 아예 구직을 포기하는 노동력, 즉 잠재취업가능자와 잠재구직자가 존재하는데[20] 공식 통계에서는 이들을 비경제활동인구로 간주함으로써 실업률 통계에는 잡히지 않기 때문이다. 한편 취업자 중에서도 '시간관련추가취업가능자'[21] (이하 '추가취업가능자')도 일하고 싶은 욕구가 충족되지 못한 노동력으로서 현실의 고용 상황

---

20 잠재취업가능자(Unavailable jobseekers)는 비경제활동인구 중에서 지난 4주간 구직활동을 했었지만 조사 대상기간에 취업가능성이 없었던 사람, 잠재구직자(Available potential jobseekers)는 비경제활동인구 중에서 지난 4주간 구직활동을 하지 않았으나 조사 대상기간에 취업을 원하고, 취업가능성이 있는 사람을 의미한다.

21 시간관련추가취업가능자(Time-related underemployment)는 조사 대상기간에 실제 취업시간이 36시간 미만인 사람 중에서 추가취업을 원하고, 추가취업가능성이 있는 사람을 의미한다.

[그림 2-23] 추가취업가능자와 잠재경제활동인구 규모와 비중

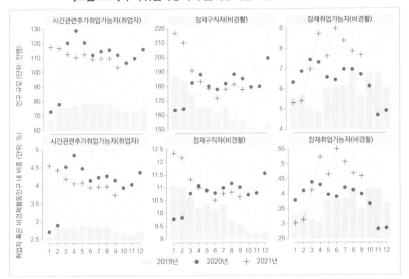

출처: 경제활동인구조사 월별 자료를 직접 가공·작성함.

을 검토하는 주요한 보조지표로 활용할 필요가 있다.

왜냐하면 잠재경제활동인구(잠재취업가능자와 잠재구직자)와 추가취업
가능자는 경기침체 시에 증가할 가능성이 높은데, 코로나19 위기에
도 그 규모가 크게 증가한 것을 [그림 2-24]를 통해 확인할 수 있다.
2019년 월별 추가취업가능자 규모를 보면 최대 80만 명에 미치지 않
았지만 코로나19 확산으로 최대 130만 명까지 증가했으며, '21년 들
어 조금씩 감소하고 있기는 하지만 여전히 100만 명을 상회하고 있다.
전체 취업자 중에서 이들이 차지하는 비중도 위기 이전에는 3%에도
미치지 못했지만 코로나19 확산 이후 그 비중은 4~5% 수준으로 지속
되고 있다.

잠재구직자 규모는 2019년에는 약 190만 명에서 150만 명 수준까

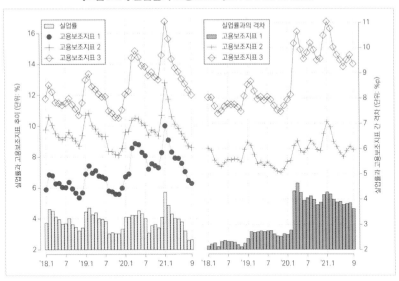

[그림 2-24] 실업률과 고용보조 지표 1·2·3: 2018~2021

주: 1) 고용보조지표1 = (시간관련추가취업가능자 + 실업자) / 경제활동인구 × 100
　　2) 고용보조지표2 = (실업자 + 잠재경제활동인구) / (경제활동인구 + 잠재경제활동인구)
　　　 × 100
　　3) 고용보조지표3 = (시간관련추가취업가능자 + 실업자 + 잠재경제활동인구) / (경제활동
　　　 인구 + 잠재경제활동인구) × 100
출처: 경제활동인구조사 월별 자료를 직접 가공·작성함.

지 지속적으로 감소하는 추이였는데, 코로나19 확산으로 '20년에는 180~190만 명 수준으로 증가했다. 그러나 3차 유행이 본격화한 12월과 '21년 1·2월에는 200만 명 → 220만 명 → 210만 명까지 급증하여 전체 비경활인구 중에서 차지하는 비중이 12%를 넘어서기도 했다. 이후 그 규모가 감소하기는 했지만 최근까지 180만 명 내외 수준이 지속되고 있다.

　잠재취업가능자 규모는 앞의 두 유형에 비해 절대적 규모가 상당히 적은 편인데, 코로나19 확산 초기 7만 명대까지 증가한 이후 '20년 하반기에는 전년에 비해 낮은 수준으로 감소했다. 이는 취업을 원하지만 코로나19 확산이 지속되면서 구직 활동 자체를 포기함으로써 잠재 구직자 상태로 전환된 것으로 이해할 수 있다. 한편 '21년 들어 경제가 일정 정도 회복되면서 잠재취업가능자 규모가 8만 명 내외로 증가하였다. 이들 중 상당수는 잠재구직자 상태에서 다시 구직 활동을 재개한 자들일 것으로 추론할 수 있다.

나아가 위에서 살펴본 잠재경활인구를 고려해, 공식 실업률 통계와 체감 실업률을 비교하면 [그림 2-25]와 같다. 위기 이전 시기 월별 실업률은 4%대, 보조지표들은 각각 7%대, 10%대 및 12%대 수준이다. 코로나19가 확산되기 시작한 '20년을 보면 공식 실업률과 보조지표 2는 별다른 변화가 없는 반면, 시간관련추가취업가능자가 실업자로 포함된 보조지표 2·3은 위기 이전에 비해 약 2%p 증가했다. 이는 보조지표 2의 경우 잠재경활인구가 분자와 분모에 모두 포함되기 때문인 반면, 보조지표 2·3은 분자에만 시간관련추가취업가능자가 포함되기 때문이다. 하지만 3차 대유행이 본격화한 시기에는 공식 실업률을 포함한 모든 실업률 통계가 급증하였고, 이후 감소되고 있음을 볼수 있다.

정리하면, 코로나19 확산이 노동시장에 미친 충격은 공식 실업률 통계에서는 충분히 나타나지 않음으로써 보조지표들을 활용할 필요가 있다. 예를 들어, 공식 실업률과 각 보조지표 간 격차를 보면, 코로나19가 확산되기 시작한 시점부터 크게 확대되고 있다는 점이 뚜렷하게 나타난다. 즉 공식 통계에는 잡히지 않지만, 일은 하고 싶지만 경제위기로 인해 구직 자체를 포기하거나 충분히 일할 수 없는 자들이 크게 증가했음을 확인할 수 있다.

〈부표 2-1〉 DID 추정결과: 단순모형, 2020년

독립 변수	2020				
	3월	4월	5월	6월	7월
covm	0.0426*** (0.0077)	0.0679*** (0.0077)	0.0898*** (0.0077)	0.0938*** (0.0077)	0.0920*** (0.0077)
covt	0.0314*** (0.0122)	0.0304** (0.0122)	0.0303** (0.0122)	0.0317*** (0.0122)	0.0286** (0.0122)
covt × covm	-0.0647*** (0.0155)	-0.0950*** (0.0155)	-0.0844*** (0.0155)	-0.0779*** (0.0155)	-0.0724*** (0.0155)
상수항	0.3758*** (0.0077)	0.3768*** (0.0077)	0.3769*** (0.0077)	0.3755*** (0.0077)	0.3787*** (0.0077)
N	484,025	483,184	483,161	484,078	485,006
R^2	0.0001	0.0002	0.0003	0.0003	0.0003

〈부표 2-2〉 DID 추정결과: 단순모형, 2021년

독립 변수	2021				
	1월	2월	3월	4월	5월
covm	0.0054 (0.0076)	0.0060 (0.0076)	0.0486*** (0.0077)	0.0739*** (0.0077)	0.0958*** (0.0077)
covt	0.0381*** (0.0109)	0.0381*** (0.0109)	0.0381*** (0.0109)	0.0381*** (0.0109)	0.0381*** (0.0109)
covt × covm	-0.1138*** (0.0154)	-0.0656*** (0.0154)	-0.0579*** (0.0155)	-0.0574*** (0.0155)	-0.0492*** (0.0156)
상수항	0.3691*** (0.0054)	0.3691*** (0.0054)	0.3691*** (0.0054)	0.3691*** (0.0054)	0.3691*** (0.0054)
N	485,661	485,809	483,635	482,754	482,405
R^2	0.0001	0.0000	0.0001	0.0002	0.0003

독립변수	2020				
	8월	9월	10월	11월	12월
covm	0.0788*** (0.0077)	0.0870*** (0.0077)	0.0903*** (0.0077)	0.0918*** (0.0077)	0.0484*** (0.0077)
covt	0.0310** (0.0122)	0.0305** (0.0122)	0.0323*** (0.0122)	0.0341*** (0.0122)	0.0328*** (0.0122)
covt × covm	-0.0622*** (0.0155)	-0.0781*** (0.0155)	-0.0756*** (0.0155)	-0.0646*** (0.0155)	-0.0893*** (0.0155)
상수항	0.3762*** (0.0077)	0.3767*** (0.0077)	0.3750*** (0.0077)	0.3731*** (0.0077)	0.3745*** (0.0077)
N	484,532	484,377	484,024	484,590	484,530
R^2	0.0002	0.0003	0.0003	0.0003	0.0001

주: covm: 처리시점 변수(3월 이후=1, 이전=0), covt: 처리집단 변수(코로나19 확산 연도=1, 이전=0).

독립변수	2021			
	6월	7월	8월	9월
covm	0.0998*** (0.0077)	0.0979*** (0.0077)	0.0848*** (0.0077)	0.0929*** (0.0077)
covt	0.0381*** (0.0109)	0.0381*** (0.0109)	0.0381*** (0.0109)	0.0381*** (0.0109)
covt × covm	-0.0461*** (0.0156)	-0.0444*** (0.0156)	-0.0364** (0.0156)	-0.0382** (0.0156)
상수항	0.3691*** (0.0054)	0.3691*** (0.0054)	0.3691*** (0.0054)	0.3691*** (0.0054)
N	483,237	483,953	483,476	483,132
R^2	0.0004	0.0004	0.0003	0.0003

주: covm: 처리시점 변수(3월 이후=1, 이전=0), covt: 처리집단 변수(코로나19 확산 연도=1, 이전=0).

독립 변수	2020				
	3월	4월	5월	6월	7월
covm	0.0541*** (0.0089)	0.0860*** (0.0089)	0.1150*** (0.0088)	0.1209*** (0.0088)	0.1197*** (0.0088)
covt	0.0349** (0.0141)	0.0324** (0.0141)	0.0312** (0.0141)	0.0326** (0.0140)	0.0281** (0.0140)
covt × covm	-0.0842*** (0.0180)	-0.1227*** (0.0180)	-0.1085*** (0.0180)	-0.0997*** (0.0180)	-0.0932*** (0.0179)
성별	-0.1795*** (0.0105)	-0.1800*** (0.0105)	-0.1777*** (0.0105)	-0.1771*** (0.0105)	-0.1751*** (0.0105)
미혼	-0.4015*** (0.0184)	-0.3955*** (0.0184)	-0.3916*** (0.0184)	-0.3844*** (0.0184)	-0.3883*** (0.0184)
이혼/ 사별	-0.6935*** (0.0146)	-0.6914*** (0.0146)	-0.6985*** (0.0146)	-0.7004*** (0.0146)	-0.7036*** (0.0145)
중졸 이하	-1.0437*** (0.0115)	-1.0356*** (0.0115)	-1.0355*** (0.0115)	-1.0336*** (0.0115)	-1.0423*** (0.0115)
고졸	-0.5016*** (0.0098)	-0.4991*** (0.0098)	-0.5026*** (0.0098)	-0.5038*** (0.0098)	-0.4953*** (0.0098)
15~ 29세	-1.0419*** (0.0177)	-1.0317*** (0.0177)	-1.0311*** (0.0178)	-1.0409*** (0.0178)	-1.0183*** (0.0177)
30대	-0.1472*** (0.0150)	-0.1401*** (0.0150)	-0.1475*** (0.0150)	-0.1453*** (0.0150)	-0.1462*** (0.0150)
55~ 64세	-0.3154*** (0.0128)	-0.3017*** (0.0128)	-0.2932*** (0.0128)	-0.2946*** (0.0128)	-0.2986*** (0.0128)
65세 이상	-1.9726*** (0.0149)	-1.9378*** (0.0148)	-1.9107*** (0.0148)	-1.9019*** (0.0148)	-1.8981*** (0.0148)
배우자	-1.5891*** (0.0144)	-1.5709*** (0.0144)	-1.5683*** (0.0143)	-1.5605*** (0.0143)	-1.5675*** (0.0143)
기타 가구원 1	-1.0930*** (0.0146)	-1.0976*** (0.0146)	-1.0842*** (0.0146)	-1.0846*** (0.0146)	-1.0872*** (0.0145)
읍지역 거주	-0.4185*** (0.0096)	-0.4542*** (0.0096)	-0.4660*** (0.0096)	-0.4613*** (0.0096)	-0.4610*** (0.0096)
상수항	1.8780*** (0.0167)	1.8614*** (0.0167)	1.8383*** (0.0167)	1.8349*** (0.0167)	1.8440*** (0.0167)
N	484,025	483,184	483,161	484,078	485,006
R^2	0.2003	0.1985	0.1966	0.1963	0.1958

독립 변수	2020				
	8월	9월	10월	11월	12월
covm	0.1024*** (0.0088)	0.1136*** (0.0088)	0.1187*** (0.0089)	0.1215*** (0.0089)	0.0679*** (0.0089)
covt	0.0314** (0.0140)	0.0309** (0.0140)	0.0328** (0.0140)	0.0358** (0.0140)	0.0352** (0.0142)
covt × covm	-0.0801*** (0.0180)	-0.1019*** (0.0180)	-0.0973*** (0.0180)	-0.0825*** (0.0180)	-0.1163*** (0.0180)
성별	-0.1746*** (0.0105)	-0.1737*** (0.0105)	-0.1786*** (0.0105)	-0.1798*** (0.0105)	-0.1827*** (0.0105)
미혼	-0.3743*** (0.0184)	-0.3968*** (0.0183)	-0.4033*** (0.0183)	-0.4048*** (0.0183)	-0.4174*** (0.0183)
이혼/ 사별	-0.6894*** (0.0145)	-0.6917*** (0.0145)	-0.6780*** (0.0145)	-0.6718*** (0.0145)	-0.6871*** (0.0146)
중졸 이하	-1.0495*** (0.0115)	-1.0501*** (0.0115)	-1.0592*** (0.0115)	-1.0597*** (0.0115)	-1.0964*** (0.0115)
고졸	-0.4979*** (0.0098)	-0.5038*** (0.0098)	-0.5095*** (0.0098)	-0.5033*** (0.0098)	-0.5062*** (0.0098)
15~ 29세	-1.0230*** (0.0178)	-1.0248*** (0.0178)	-1.0135*** (0.0178)	-1.0149*** (0.0177)	-1.0089*** (0.0177)
30대	-0.1594*** (0.0150)	-0.1465*** (0.0151)	-0.1467*** (0.0151)	-0.1380*** (0.0151)	-0.1275*** (0.0151)
55~ 64세	-0.2979*** (0.0128)	-0.2955*** (0.0128)	-0.2923*** (0.0128)	-0.2931*** (0.0128)	-0.3003*** (0.0128)
65세 이상	-1.8865*** (0.0148)	-1.8822*** (0.0148)	-1.8813*** (0.0148)	-1.8928*** (0.0148)	-1.9672*** (0.0149)
배우자	-1.5571*** (0.0143)	-1.5561*** (0.0143)	-1.5516*** (0.0143)	-1.5529*** (0.0143)	-1.5763*** (0.0144)
기타 가구원 1	-1.0863*** (0.0146)	-1.0750*** (0.0145)	-1.0763*** (0.0145)	-1.0778*** (0.0145)	-1.0747*** (0.0146)
읍지역 거주	-0.4584*** (0.0096)	-0.4643*** (0.0097)	-0.4668*** (0.0097)	-0.4472*** (0.0097)	-0.3852*** (0.0097)
상수항	1.8189*** (0.0167)	1.8286*** (0.0167)	1.8232*** (0.0167)	1.8387*** (0.0167)	1.8936*** (0.0168)
N	484,532	484,377	484,024	484,590	484,530
R^2	0.1949	0.1954	0.1956	0.1967	0.2030

주: 1) covm: 처리시점 변수(3월 이후=1, 이전=0), covt: 처리집단 변수(코로나19 확산 연도 =1, 이전=0).
　　2) 각 더미변수들의 준거변수는 남자, 배우자 있음, (초)대졸 이상, 40대, 가구주, 동지역 거 주임.

〈부표 2-4〉 DID 추정결과: 확장모형, 2021년

독립 변수	2021				
	1월	2월	3월	4월	5월
covm	0.0121 (0.0089)	0.0045 (0.0088)	0.0580*** (0.0088)	0.0897*** (0.0088)	0.1187*** (0.0088)
covt	0.0443*** (0.0128)	0.0440*** (0.0128)	0.0419*** (0.0127)	0.0412*** (0.0126)	0.0409*** (0.0126)
covt × covm	-0.1524*** (0.0181)	-0.0821*** (0.0181)	-0.0699*** (0.0181)	-0.0689*** (0.0181)	-0.0579*** (0.0181)
성별	-0.1840*** (0.0106)	-0.1813*** (0.0105)	-0.1766*** (0.0105)	-0.1778*** (0.0105)	-0.1775*** (0.0105)
미혼	-0.4032*** (0.0185)	-0.3941*** (0.0185)	-0.3919*** (0.0185)	-0.3752*** (0.0185)	-0.3753*** (0.0185)
이혼 /사별	-0.7114*** (0.0148)	-0.7036*** (0.0147)	-0.6931*** (0.0146)	-0.6899*** (0.0146)	-0.6960*** (0.0146)
중졸 이하	-1.1166*** (0.0114)	-1.0771*** (0.0115)	-1.0510*** (0.0115)	-1.0378*** (0.0115)	-1.0335*** (0.0115)
고졸	-0.5006*** (0.0098)	-0.5021*** (0.0097)	-0.5034*** (0.0098)	-0.4980*** (0.0098)	-0.4995*** (0.0098)
15~ 29세	-1.0203*** (0.0178)	-1.0257*** (0.0177)	-1.0324*** (0.0178)	-1.0316*** (0.0178)	-1.0293*** (0.0178)
30대	-0.1599*** (0.0149)	-0.1554*** (0.0149)	-0.1546*** (0.0149)	-0.1488*** (0.0150)	-0.1524*** (0.0150)
55~ 64세	-0.3226*** (0.0128)	-0.3305*** (0.0128)	-0.3118*** (0.0128)	-0.3005*** (0.0128)	-0.2951*** (0.0129)
65세 이상	-2.0867*** (0.0150)	-2.0572*** (0.0150)	-1.9681*** (0.0149)	-1.9373*** (0.0149)	-1.9164*** (0.0149)
배우자	-1.6109*** (0.0145)	-1.6056*** (0.0144)	-1.6050*** (0.0144)	-1.5847*** (0.0144)	-1.5789*** (0.0143)
기타 가구원 1	-1.1019*** (0.0149)	-1.1176*** (0.0148)	-1.1151*** (0.0147)	-1.1265*** (0.0147)	-1.1162*** (0.0147)
읍지역 거주	-0.3506*** (0.0096)	-0.3565*** (0.0095)	-0.4015*** (0.0096)	-0.4377*** (0.0096)	-0.4485*** (0.0096)
상수항	1.9186*** (0.0155)	1.9077*** (0.0155)	1.8712*** (0.0155)	1.8537*** (0.0155)	1.8372*** (0.0155)
N	485,661	485,809	483,635	482,754	482,405
R^2	0.2107	0.2064	0.2011	0.1995	0.1979

독립 변수	2021			
	6월	7월	8월	9월
covm	0.1246*** (0.0088)	0.1234*** (0.0088)	0.1060*** (0.0088)	0.1172*** (0.0088)
covt	0.0407*** (0.0126)	0.0406*** (0.0126)	0.0400*** (0.0126)	0.0402*** (0.0126)
covt × covm	-0.0543*** (0.0181)	-0.0512*** (0.0181)	-0.0407** (0.0181)	-0.0423** (0.0181)
성별	-0.1728*** (0.0105)	-0.1705*** (0.0105)	-0.1696*** (0.0105)	-0.1649*** (0.0105)
미혼	-0.3704*** (0.0185)	-0.3751*** (0.0185)	-0.3630*** (0.0185)	-0.3736*** (0.0184)
이혼 /사별	-0.7054*** (0.0146)	-0.7077*** (0.0146)	-0.7013*** (0.0146)	-0.7036*** (0.0146)
중졸 이하	-1.0383*** (0.0115)	-1.0498*** (0.0115)	-1.0562*** (0.0115)	-1.0583*** (0.0115)
고졸	-0.5062*** (0.0098)	-0.4987*** (0.0098)	-0.5014*** (0.0098)	-0.5054*** (0.0098)
15~ 29세	-1.0422*** (0.0179)	-1.0188*** (0.0178)	-1.0293*** (0.0178)	-1.0313*** (0.0179)
30대	-0.1594*** (0.0150)	-0.1613*** (0.0150)	-0.1720*** (0.0150)	-0.1544*** (0.0151)
55~ 64세	-0.2986*** (0.0129)	-0.3007*** (0.0128)	-0.3015*** (0.0128)	-0.2976*** (0.0129)
65세 이상	-1.9120*** (0.0149)	-1.9096*** (0.0148)	-1.8973*** (0.0148)	-1.8950*** (0.0148)
배우자	-1.5768*** (0.0143)	-1.5837*** (0.0143)	-1.5756*** (0.0143)	-1.5781*** (0.0144)
기타 가구원 1	-1.1098*** (0.0147)	-1.1127*** (0.0147)	-1.1077*** (0.0147)	-1.1040*** (0.0146)
읍·지역 거주	-0.4474*** (0.0096)	-0.4485*** (0.0096)	-0.4523*** (0.0097)	-0.4582*** (0.0097)
상수항	1.8264*** (0.0154)	1.8297*** (0.0155)	1.8116*** (0.0155)	1.8235*** (0.0155)
N	483,237	483,953	483,476	483,132
R^2	0.1977	0.1975	0.1967	0.1976

주: 1) covm: 처리시점 변수(3월 이후=1, 이전=0), covt: 처리집단 변수(코로나19 확산 연도
=1, 이전=0).
  2) 각 더미변수들의 준거변수는 남자, 배우자 있음, (초)대졸 이상, 40대, 가구주, 동지역 거
주임.

코로나19 확산 이후
가구소득과 소비의 변화

　이 장에서는 코로나19 확산과 정부 대응이 가구소득과 지출에 미친 영향을 분석한다. 앞 장에서 살펴본 바와 같이 코로나19의 확산-소강-재확산이 반복되면서 노동시장에 충격을 주었다. 따라서 개인들의 소득과 지출 역시 상당한 변화를 겪었을 것으로 쉽게 예상할 수 있다. 예를 들어, 사회적 거리두기와 방역 강화는 자영업의 매출을 감소시키고 휴직·실직, 휴업·폐업 등 근로활동을 위축시켜 근로소득과 사업소득에 부정적 영향을 미쳤을 것이다. 나아가 이러한 충격은 가구의 소비를 감소시키고, 불확실한 미래를 대비하기 위한 저축을 증가시키는 요인으로 작용할 것이다.

　이에 가계동향조사(통계청) 자료를 활용하여 코로나19 확산이 가구의 소득과 소비에 미친 영향을 살펴보고자 한다. 또한 정부는 코로나19 확산에 대응하기 위해 다양한 정책을 추진·시행하였다. '20년 2차 추경을 통해 전국민 재난지원금은 물론, 긴급 고용안정지원금 및 아동 돌봄쿠폰 등 다양한 방식의 현금지원을 실시하였다. 또한 지방자치단체 역시 자체적으로 지급한 현금지원도 다양했고 그 규모도 적지 않음으로써 코로나19 확산이 가구소득과 소비에 미친 충격을 일정 정도 완화시켰을 것이다.

　하지만 이와 같이 다양한 현금지원 등 각각의 정책이 가구소득과 소비에 미친 영향을 추적·분석하는 것은 쉽지 않다. 이 연구에서는 코로나19 확산이 가구소득과 소비(패턴)에 미친 영향과 그에 따른 변화의 특징을 전반적으로 살펴본다. 더불어, 코로나19에 대응하기 위한 정책들이 가구소득과 소비에 미친 영향도 살펴볼 것이다. 이를 통해 향후 좀 더 심화된 연구를 촉진할 수 있는 유용한 기초 결과와 방향을 제시하는 것을 목적으로 한다.

제1장 사용 자료와 분석방법

이 연구는 가계동향조사 분기자료(2019년 1/4분기~'21년 2/4분기)를 활용하여 코로나19 발생 이후 가구소득과 지출의 변화를 살펴본다. 이 자료는 전국 대표성을 지니는 표본을 대상으로 가구 단위 소득과 지출의 상세한 내역과 함께 가구 구성원의 인구·사회적 변수 등을 제공하는 대표적인 공식 통계자료이다. 이때, 가구주의 일반적인 특성을 포함하면서 가구의 소득과 지출 정보를 함께 제공하는 자료 가운데 그 조사결과가 가장 빠르게 제공되는 자료이다.

하지만 최근까지 공개된 자료는 '21년 2/4분기 자료로서 코로나19 델타변이 발생 및 확산 직전이라는 점에서 최근의 변화를 볼 수 없다는 점은 아쉬운 점이다. 또한 가계부 기장방식으로 매월 조사가 이루어지기는 하지만, 일반연구자에게 제공되는 마이크로데이터는 분기 단위로 제공됨으로써 월 단위의 변화를 분석할 수 없다는 점 역시 향후 보완이 필요한 점이다. 특히 코로나19가 최초로 발생하여 사회·경제에 큰 충격을 준 3월 자료가 앞선 1·2월과 분리되지 못함으로써 노동시장 분석에서 활용했던 이중차이 분석 등을 활용하기 어렵다는 점은 이 연구의 한계가 될 수도 있다.[1]

---

1 가계동향조사의 경우 2019년 이후부터 시계열로 재편됨으로써 이전 시기 자료와의 시계열적 안정성이 다소 불안정하다는 점 역시 향후 주의할 필요가 있다. 왜냐하면

하지만 코로나19 발생 및 확산 과정에서 나타나고 있는 가구의 소득과 지출의 변화를 살펴볼 수 있을 뿐 아니라, 세부적인 제도 차원의 분석은 어렵지만 코로나19에 대응하기 위한 정부 정책의 전체적인 효과를 가늠해 볼 수 있다는 점에서 나름의 의의를 찾을 수 있을 것이다. 좀 더 구체적으로 말하면, 가계동향조사에서 조사·제공하는 소득원은 근로소득, 사업소득, 재산소득, 공·사적 이전소득 및 비경상소득으로 다양하다. 따라서 제3장에서 살펴본 바, 즉 코로나19 확산이 임금근로자와 비임금근로자 개개인에 미친 영향이 가구 단위의 소득에 미치는 영향을 살펴볼 수 있는 것과 더불어, 근로소득 혹은 사업소득에 미치는 영향을 비교·검토할 수 있다는 점은 유용할 것으로 평가한다.

또한 가계동향조사에서는 가구 단위로 제공되는 다른 소득원들과는 달리, 근로소득과 사업소득은 가구주, 배우자 및 기타 가구원의 소득도 동시에 제공됨으로써 경제위기 시 가구 내부의 대응도 살펴볼 수 있다는 점에서 유용하다. 마지막으로 제2장에서 살펴본 바와 같이 코로나19에 대응한 다양한 정책 프로그램들 각각의 효과를 분석·검토할 수는 없지만, 포괄적으로 정부 정책의 효과를 불평등과 빈곤 차원에서 검토할 수 있다는 점 역시 유용한 점이라고 사료된다.

다음으로 가계동향조사 자료의 가장 큰 장점은 코로나19 확산에 따른 가구 소비와 그 패턴의 변화를 살펴볼 수 있다는 점이다. 이 자료는 가계지출을 구성하는 소비지출과 비소비지출(7개 항목)을 조사하며, 소

제3장 노동시장 분석에서 언급한 바와 같이 2021년 이후 시기에 대한 분석을 위해서는 2019년 이전의 자료도 필요하기 때문이다. 따라서 월자료를 사용한다 할지라도 이중차이 분석이 가능한 시점은 2020년 12월 정도가 최대 기간이라 할 수 있다.

비지출은 대분류로는 12개 항목과 더불어, 각 항목을 구성하는 중분류 99개 항목 역시 제공한다. 이를 통해 코로나19 발생 이후 내구재 소비의 증가, 혹은 식료품 물가 상승에 따른 지출의 변화 등을 분석할 수 있다는 점은 이 자료만이 갖는 장점이라고 판단한다.

1. 소득 개념 정의 및 활용 방안

이 연구에서는 임금근로를 통해 획득한 근로소득과 비임금근로를 통해 획득한 소득을 합산하여 근로·사업소득으로 정의한다. 즉 가계동향조사에서 사업소득으로 분류한 임대소득은 근로·사업소득에서 제외한다. 코로나19가 사회 전역적인 충격이기는 하지만, 그로 인해 노동시장에 미친 충격은 주로 근로·사업소득의 변화로 가구소득에 반영된다는 점에서 임대사업자가 자산으로부터 획득하는 임대소득을 분리한다.

다음으로 근로·사업소득과 재산소득, 그리고 앞서 제외한 임대소득을 합산하여 일차소득으로 정의한다. 재산소득은 이자, 배당금, 개인연금 및 퇴직연금으로 구성된다. 사실, 재산(소득)의 유무와 정도는 개인/가구의 경제활동 유무 및 정도와 상호 영향을 미친다.

다음으로는 가구 간 이전, 할인 혜택 및 기타이전소득으로 구성되는 사적이전소득을 일차소득에 합산하여 시장소득으로 정의한다. 즉 사적인 영역에서 획득할 수 있는 소득을 모두 합산한 것이 시장소득이다. 따라서 경제위기와 같은 충격은 일차적으로 시장소득의 규모와 구성에 영향을 미친다. 예를 들어, 경제위기는 근로·사업소득에 영향을 주는 동시에 가구 간 이전에도 영향을 미친다. 이때 경제위기라는 점에서 소득을 이전해 줄 여력이 줄어든다는 점에서 가구 간 이전이 줄어들 수도 있지만, 역으로 그 필요성이 증가함으로써 소득 여력이 있는 가구로부터의 이전이 증가할 수도 있다. 결국 코로나19로 인한 시장소득 내 구성의 변화는 실증 차원의 문제이다.

가구 간 소득 이전의 문제는 공적이전의 유무 및 정도와도 밀접하게 연관된다. 이러한 맥락에서 공·사적 이전소득을 동시에 검토할 필요가 있지만, 공적이전소득은 시장을 통해 획득한 분배 상태에 대한 정부 개입의 영향과 효과를 파악하는데 중요하다는 점에서 분리하는 것이 일반적이다.

이에 이 연구에서도 시장소득에 공적이전소득을 합산하여 경상소득으로 정의한다. 이때 가계동향조사의 이전소득 항목 중에서 공적연금, 기초연금 및 사회수혜금을 공적이전소득에 포함한다.[2] 코로나19 확산에 대응하기 위해 제2장에서 살펴본 바와 같은 정책들을 통해 개인/가구에게 지급된 각종 지원은 사회수혜금 항목에 포함될 것이다. 하지만 사회수혜금에는 해당 정책들 외에 기존 제도 수혜자들이 받는 복지급여 역시 포함되어 있는 것이 사실이다. 또한 기초연금과 공적연금 역시 고령자의 경제활동 유무에 일정 정도 연계되어 있다. 예를 들어, 경제위기로 조기노령연금 신청자가 증가할 수도 있고, 경제활동으로 인해 받던 연금액이 줄어들 수도 있다. 기초연금의 경우에도 기본공제액이 줄어들어 수급액이 늘어날 가능성이 전혀 없는 것은 아니다.

---

2 이전소득 항목 중 사회적 현물이전은 이 연구에서 제외한다. 가구가 향유하는 실질적인 복지 수준에 대한 평가에 있어서 연구 목적에 따라 중요할 수 있고 최근 그 관심이 높아지고 있다. 하지만 이 연구에서는 화폐소득에 집중한다는 점에서 사회적 현물이전과 의제임대소득 등과 같은 의제소득(imputed income)은 제외함을 밝힌다.

다시 말하면, 이 연구에서는 코로나19 확산에 대응하기 위한 정책들만의 순효과를 분석하기에는 자료의 한계가 명확하다는 점에서 사회수혜금이 가구소득 불평등과 빈곤에 영향을 미치는 부분만을 분석·평가하기보다는 사적 영역에 대한 공적 영역의 역할을 종합적으로 분석·평가하는 것이 오히려 차선책일 수 있다고 판단한다.

마지막으로 경상소득에 연말정산 환급금을 합산하고 경상조세, 비경상조세 및 사회보험료(연금기여금, 사회보험)를 차감하여 처분가능소득으로 정의한다. 처분가능소득은 소비지출의 원천이라는 점에서 중요하다. 물론 이러한 맥락에서 비소비지출(이자비용, 가구간 이전지출 및 비영리지출) 항목들 역시 제외할 수도 있지만, 비소비지출 역시 주어진 소득 하에서 개인/가구의 선택에 따른 결과라는 점에서 이 연구에서는 고려하지 않는다.

2. 실질가격으로 전환: 소득과 지출

소득과 함께, 이 장에서는 가구의 유형별 지출을 분석함으로써 코로나19 확산과 긴급재난지원금이 가구 지출에 미친 영향을 분석하고자 한다. 가구의 지출은 크게 소비지출과 비소비지출로 구분되며, 두 지출을 합산하면 가계지출이 된다. 비소비지출에는 조세, 사회보험료, 이자 비용, 가구 간 이전지출, 비영리단체로의 이전 등이 포함된다. 소비지출은 COICOP(Classification of Individual consumption by Purpose) 국제 분류방식에 의해 12개 항목으로 분류·구분되며, 각 항목마다 다르지만 모두 99개 중분류 항목 역시 제공된다.

소비는 소득보다 개인/가구가 향유하는 복지 수준에 직접적 연관을

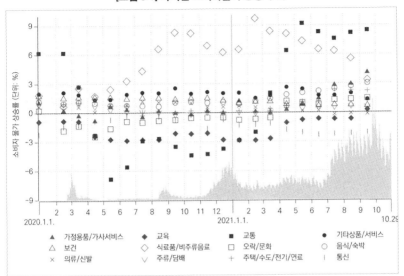

[그림 3-1] 목적별 소비자물가 상승 추이

주: 월별 물가지수를 활용하여 저자가 직접 작성함.
출처: 통계청, 「소비자물가조사」의 지출목적별 소비자물가지수(https://kosis.kr/statHtml/
statHtml.do?orgId=101&tblId=DT_1J17001&conn_path=I3).

갖는다는 점에서 중요한데, 이 경우 소비를 구성하는 항목별 물가 변화를 통제할 필요가 있다. [그림 3-1]을 보면, 식료품/비주류음료의 물가 변화가 상대적으로 변동성도 크고 더 크게 상승했다. 교통 부문의 경우는 '20년에는 상대적으로 물가하락이 컸지만, 최근에는 상당히 빠르게 상승하고 있음을 확인할 수 있다. 예를 들어, 식료품 등과 같은 필수재의 물가상승에 따른 부정적 영향은 저소득계층에게 더 크게 나타난다는 점에 유의할 필요가 있다.

이에 이 연구에서는 통계청의 '지출목적별 소비자물가지수' 분기별 자료를 활용하여 99개 소비지출 항목을 실질가격으로 전환하였다. 그리고 12개 대분류 항목에 대한 분석이 필요한 경우에는 실질가격으로 전환한 중분류 항목들을 합산하여 사용했다. 또한 소비지출 총액 혹은 유형별 지출을 분석할 때도 실질가격으로 전환된 99개 항목을 합산 혹은 재분류·합산하여 분석한다.[3] 한편, 소득은 그 개념과 원천에 관계없이 전체 소비자물가지수를 활용하여 실질가격으로 전환하여 분석한다.

---

3   이러한 이유로 이하 소비지출 총액 혹은 항목별 금액들은 통계청 사이트에서 게시하는 결과와 다르다는 점에 유의할 필요가 있다.

제2장 코로나19 확산에 따른
가구소득 추이와 변화

앞서 정의한 소득들의 전체적인 추이는 [그림 3-2]와 같다. 개인/가구가 사적 영역에서 획득할 수 있는 소득원들로만 구성된 근로·사업소득, 일차소득 및 시장소득의 추이는 유사하다. 전년 동분기 대비 '20년 1분기는 1% 이내로 증가했지만, 이후 2분기에 약 6%에 가깝게 하락했고 이후 다시 반등했지만 3차 대유행이 본격화한 '21년 1분기에 다시 줄어들었다. 이후 '21년 2분기에 전년 동분기 대비 3%대 초반 상승했지만, 평균소득은 전분기에 비해 약간 낮아진 점을 고려하면 이는 '20년 2분기의 소득이 낮은 것에 따른 기저효과로 보인다.[4]

한편, '21년 가구소득 수준은 어떤 소득을 보더라도 위기 이전 소득 수준보다 낮다는 점에서 전체 경제는 일정 정도 위기 이전 수준을 회복하고 있지만, 가구소득 차원에서는 여전히 그 영향이 지속되고 있다고 판단된다.

반면 코로나19 확산에 따라 다양한 정책을 통해 지원한 공적이전

---

4 분기별 자료라는 점에서 코로나19 확산효과를 정확하게 분리할 수 없음에 유의할 필요가 있다. 제2장에서 살펴본 바와 같이 1차 대유행에 따른 영향은 3월과 4월, 2차 확산은 7~9월, 3차 확산은 '20년 12월에서 '21년 1·2월, 그리고 4차 대유행은 '21년 7월 이후 시점임을 고려할 필요가 있다. 또한 정부의 지원 역시 특정 월에 집중되기보다는 최소 2개월에 걸쳐 효과가 나타날 가능성이 높다. 따라서 이하 가구소득과 지출의 추이는 이러한 점을 고려하여 해석에 유의할 필요가 있다.

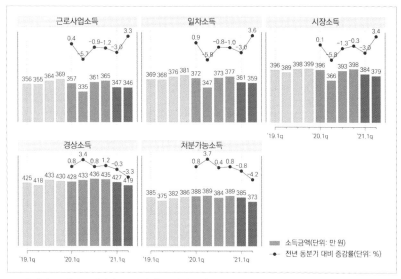

[그림 3-2] 소득 개념별 추이

주: 분기별 소비자물가지수로 환산한 불변가격임(2021년 2분기 기준).
출처: 가계동향조사 각 분기 원자료를 직접 가공·작성함.

소득이 포함된 경상소득, 그리고 조세 등이 포함된 처분가능소득은 분기별로 차이는 있지만 '20년 네 분기 모두 전년에 비해 1% 내외 증가했다. 그러나 '21년 들어서는 전년 동분기 대비해서도 하락했고 절대금액으로도 하락했다. 사실 3차 대유행이 본격화한 12월 말에 정부는 '21년 예비비 등을 통해 지원했고 그 효과가 '21년 1분기에 나타날 것으로 예상됐지만 3차 재확산에 따른 소득 하락을 막기에는 역부족이었던 것으로 보인다. 제3장에서 살펴보았듯이, 코로나19가 노동시장에 미친 충격은 3차 대유행 시기 가장 컸다는 점에서 정부 정책은 소득하락폭을 감소시키는 역할 정도였다고 볼 수 있다.

다음으로는 각 소득별 5분위를 통해 코로나19 확산 이후 소득분포의 변화를 살펴본다. [그림 3-3]은 각각의 소득별로 5분위를 구분하고

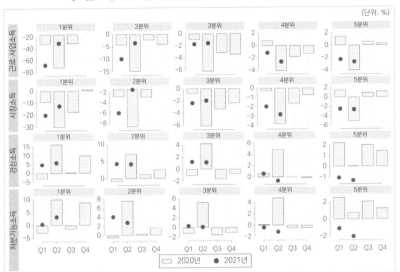

[그림 3-3] 소득·5분위별 월평균액의 2019년 대비 증감 추이

주: 1) 분기별 소비자물가지수로 환산한 실질가격임(2021년 2분기 기준).
　　2) 분위는 각 소득별로 구분함.
출처: 가계동향조사 각 분기 원자료를 직접 가공·작성함.

2019년을 기준으로 2020년과 2021년의 분기별 평균액의 변화를 보여준다.[5] 먼저 근로·사업소득과 시장소득의 경우 소득분위에 관계없이 코로나19 확산 이후 실질소득이 감소했음을 알 수 있다. 특히 1분위의 소득감소가 심했는데, 근로·사업소득의 경우 '20년 2분기와 '21년 1분기의 2019년 동 분기 대비 약 70% 가까이 감소했고, 시장소득의 경우 같은 시기 소득감소율은 20~30% 수준에 이른다. 근로·사업소득 1분위에는 코로나19 확산으로 일자리를 잃은 무직가구가 상당수 포함됨으로써 월평균 금액도 작고 변동도 상대적으로 크다고 할 수있다. 한편 시장소득 1분위의 감소율이 근로·사업소득에 비해 낮은 것

5　구체적인 소득금액은 〈표 3-1〉 참조.

은 재산소득(임대소득 포함) 혹은 사적이전소득이 추가적으로 포함된데 따른 결과라고 이해할 수 있다.

2~4분위의 경우 소득감소 정도가 1분위에 비해서는 매우 낮은 편이지만, 이들 분위에서도 코로나19 확산 이후 전기간 동안의 실질소득은 위기 이전에 비해 감소했다. 이때 소득수준이 낮은 분위일수록 소득감소가 상대적으로 컸고, 시장소득에 비해 근로·사업소득의 감소가 상대적으로 컸다고 할 수 있다. 다만 3·4분위의 경우 근로·사업소득과 시장소득 간 차이가 크지 않음을 볼 수 있는데, 이는 상위계층으로 갈수록 시장소득에서 차지하는 근로·사업소득의 비중이 크기 때문이다.[6] 다른 한편 5분위의 경우에도 대체로 위기 이전에 비해 월평균 소득이 낮아졌다고 할 수 있지만, 그 정도는 약 2% 내외로 적은 수준이다. 특히 '20년 3·4분기에는 위기 이전에 비해 오히려 실질소득이 매우 낮은 수준이기는 하지만 증가했다는 점에서 코로나19 확산으로 인한 소득 충격은 상대적으로 매우 작았다고 평가할 수 있다.

반면 경상소득과 처분가능소득의 경우는 앞서 살펴본 바와는 반대의 추이가 나타나는 것을 볼 수 있다. 즉 코로나19가 확산된 이후 2019년에 비해 실질소득이 전반적으로 증가했는데, 소득이 낮을수록 증가폭은 상대적으로 더 컸다. 이는 전국민 재난지원금 등 코로나19 위기에 대응하기 위한 정부 지원 때문이라고 할 수 있는데, 아동돌봄 쿠폰 등 다양한 지원으로 인해 5분위의 실질소득 역시 소폭이지만 증가했다.

---

6 이하에서는 경상소득 5분위를 기준으로 각 분위별 서로 다른 소득원이 차지하는 비중을 살펴본다.

<표 3-1> 소득·5분위별 월평균 금액 추이: 2019.1/4~2021.2/4

(단위: 만 원)

소득	분위	2019				2020				2021	
		Q1	Q2	Q3	Q4	Q1	Q2	Q3	Q4	Q1	Q2
근로·사업소득	1분위	3.2	7.7	5.9	8.7	2.8	6.5	5.0	8.5	2.7	7.1
	2분위	137.4	151.4	149.4	163.6	135.1	151.0	151.4	164.4	136.8	148.2
	3분위	292.5	303.5	312.3	313.9	290.7	300.8	310.3	310.9	293.7	303.8
	4분위	464.4	468.3	484.4	483.6	464.6	472.2	485.2	482.9	467.1	470.1
	5분위	881.8	844.8	869.8	878.3	884.7	832.9	880.7	883.9	867.4	834.8
시장소득	1분위	36.6	39.7	38.4	39.5	34.9	34.9	35.9	40.9	34.9	36.7
	2분위	183.2	188.6	191.7	199.0	178.7	186.4	194.7	199.0	180.9	187.4
	3분위	323.4	331.6	341.9	340.0	318.3	323.6	338.0	335.7	319.8	330.0
	4분위	500.4	495.0	512.9	509.1	494.9	493.3	510.9	505.3	497.1	492.2
	5분위	935.4	888.6	906.9	907.9	942.0	861.8	916.9	912.0	917.7	875.6
경상소득	1분위	83.4	87.7	91.4	87.5	84.2	94.8	90.9	92.2	84.3	88.5
	2분위	217.5	223.9	232.9	232.6	217.2	226.6	237.8	235.2	217.2	224.3
	3분위	351.4	357.6	375.7	366.5	347.5	358.0	375.6	364.4	348.0	356.5
	4분위	520.4	515.6	538.8	534.2	520.8	520.6	538.3	534.1	518.1	514.4
	5분위	949.8	907.3	926.7	927.9	956.9	880.2	935.8	940.0	929.0	902.4
처분가능소득	1분위	78.4	83.6	81.7	81.0	78.6	83.2	80.1	84.5	75.0	81.3
	2분위	202.5	208.4	212.8	215.9	203.6	209.4	214.9	217.1	203.9	207.6
	3분위	324.7	325.7	336.7	333.2	320.6	324.4	337.0	332.9	320.9	325.0
	4분위	476.5	465.4	479.9	479.4	476.0	467.9	477.3	479.7	472.8	467.0
	5분위	842.8	794.6	800.7	818.6	859.6	776.7	806.9	825.7	832.2	792.9

주: 1) 2021년 2분기 기준 실질가격임.
　　2) 분위는 각 소득별로 구분함.
출처: 가계동향조사 각 분기 원자료를 직접 가공·작성함.

　　지금까지는 각 소득별로 분위를 구분하여 코로나19 확산 이후 소득
분포의 변화를 살펴보았다. 하지만 이는 가구마다 주요 소득원이 서로
다르다는 점을 고려하지 못한다. 이에 [그림 3-4]를 통해 공·사적 영
역을 모두 고려한 동시에, 가구마다 주요 소득원이 서로 다르다는 점

[그림 3-4] 소득계층별 소득 구성 비중과 변화

구성 비중 현황과 추이

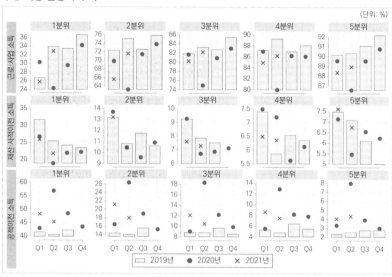

월평균 금액 현황과 추이

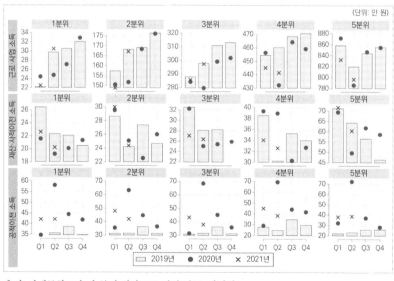

출처: 가계동향조사 각 분기 원자료를 직접 가공·작성함.

을 고려한 경상소득을 기준으로 5분위 계층별 주요 소득원과 코로나19 확산 이후 변화를 살펴본다.

먼저, 1분위를 제외한 2~4분위 계층의 경우 경상소득 중 근로·사업소득이 차지하는 비중이 절대적으로 크고 상위계층일수록 그 비중이 더 높다. 분기별로 약간씩 다르지만 5분위의 경우 위기 이전 그 비중은 90~92%, 4분위는 87~89%, 3분위는 82~85%, 2분위는 72~75% 수준으로 비교적 안정적인데 반해, 1분위는 26~36%로 분기별로 편차가 상대적으로 심한 편이다. 코로나19 확산 이후 모든 계층의 근로·사업소득 비중이 축소되었는데, 다른 분기에 비해 2~3%p 더 감소된 '20년 2분기를 제외하면 그 축소폭은 대략 1~2%p 정도 수준이다.

이처럼 코로나19 확산 이후 근로·사업소득 비중이 감소된 데에는 근로·사업소득 자체가 감소에 영향을 미치지 않았다고 할 수 없겠지만, [그림 3-4]의 월평균 금액을 보면 분위별 근로·사업소득 평균 금액은 그 비중 감소폭에 비해 크다고 할 수 없다. 즉 코로나19 확산 이후 근로·사업소득 비중의 감소는 공적이전소득의 증가와 비중의 확대가 가장 큰 요인이다. 예를 들어, 위기 이전 재산·사적이전소득의 비중이 공적이전소득에 비해 더 컸지만 2020년 이후에는 공적이전의 비중이 더 커졌거나 그 차이가 위기 이전에 비해 축소되었다.

한편 최하위 계층인 1분위 소득구성의 변화에 주목할 필요가 있다. 가장 큰 특징은 공적이전소득이 경상소득에서 차지하는 평균적인 비중이 위기 이전 40%대 초반에서 위기 이후 약 50% 내외 수준에 이른다는 점이다. 여기에는 근로·사업소득의 감소는 물론, 재산·사적이전소득의 감소도 영향을 미쳤다. 또한 이러한 재산·사적이전 소득의 감소가 2분위보다는 3분위에서 대부분의 분기에 관측된다는 점은 특징적이다. 반면 4·5분위의 경우에서도 재산·사적이전 소득의 감소가 관측되기는 하지만, 하위계층에서처럼 지속적으로 나타난 것은 아니었다. 예를 들어, 4분위의 경우 코로나19의 충격이 상대적으로 컸던 '20년과 '21년 2분기에는 오히려 증가했으며, 5분위의 경우 '20년 3분기에서 '21년 1분기 기간에는 위기 이전보다 증가했다.

다시 말하면, 소득이 낮은 계층의 경우 주요 소득원인 근로·사업소득이 줄어드는 경우 정부 지원 등의 공적이전소득 외에는 이를 대체할 수 있는 소득원이 부족하다는 것을 이번 위기를 통해 재차 확인할 수 있다.

하지만 2분위의 경우에는 이러한 일반적인 인식과는 약간 다른 현상이 관측된다는 점에서 향후 지속적으로 주목할 필요가 있다. 경상소득에서 재산·사적이전 소득의 비중이 감소한 것은 다른 분위와 동일하지만, 그 이유는 다른 분위와는 상이하다. 즉 다른 분위처럼 해당 소득 금액 자체가 줄어들었다기보다는 공적이전소득의 비중이 상대적으로 더 크게 증가한 결과이다. [그림 3-4]의 월평균 금액에서 보듯이 2분위의 평균적인 재산·사적이전 소득은 오히려 증가함으로써 나타난 것이다. 이와 더불어 코로나19 확산의 영향이 상대적으로 적었던 3분기에는 줄었고, 그 충격이 상대적으로 컸던 다른 시기에는 모두 위기 이전에 비해 증가했다. 이러한 현상의 직접적 원인은 가구 간 사적이전이라고 판단되는데, 2분위의 가구 간 사적이전에 의한 소득은 '20년 3분기를 제외한 모든 시기에 위기 이전에 증가한 것을 확인할 수 있다 〈표 3-2〉 참고). 이는 가구 간 사적이전이 단순히 경제적 여력에만 의존하는 것이 아닌 다양한 요인에 의해 영향받는다는 것을 시사한다.[7]

(단위: 원)

구 분	1분기	2분기	3분기	4분기
2019	202,124	167,517	200,067	173,074
2020	211,710	172,622	145,924	179,806
2021	206,478	184,439		

출처: 가계동향조사 각 분기 원자료를 직접 가공·작성함.

지금까지 다양한 소득을 대상으로 가구를 5분위로 구분하여 코로나19 확산 이후 소득분포의 변화 등을 살펴보았다. 이때 소득분위를 나누는 경계값(이하 '분위경계값')은 소득분포에 의존한다. 예를 들어, 경제위기로 인해 전반적으로 소득이 줄어들었다면 분위경계값은 전반적으로 하향될 것이다. 만일 경제위기의 하위계층에 집중되었다면 하위분위경계값이 하락할 것이고, 상위계층에 집중되는 경우에도 마찬가지이다.

따라서 각 시기별로 정의되는 분위를 활용한 분석은 이러한 소득분포 자체의 변화를 고려하지 못하는 한계가 있다. 이에 위기 이전 분위경계값을 기준으로 위기 이후 가구들의 분위를 정의하는 경우 분위에 따라 가구비중이 증감되는데, 이를 통해 경제위기 충격이 어떤 계층에 집중되었는지를 파악할 수 있다. 예를 들어, 2019년 2분기 시장소득 1분위경계값을 2020년 2분기에도 그대로 적용하는 경우, 코로나19 확산으로 인해 1분위의 가구비중은 10%를 초과할 것이다.[8]

---

7 이에 대한 좀 더 세부적인 분석은 자료의 한계와 더불어, 이 연구의 범위를 벗어난다는 점에서 향후 보완될 필요가 있을 것이다.

8 참고로 전체 가구를 5분위로 구분한다면, 1분위 가구비중은 20%가 된다.

[그림 3-5] 2019년 10분위 경계값 기준의 가구비중 변화

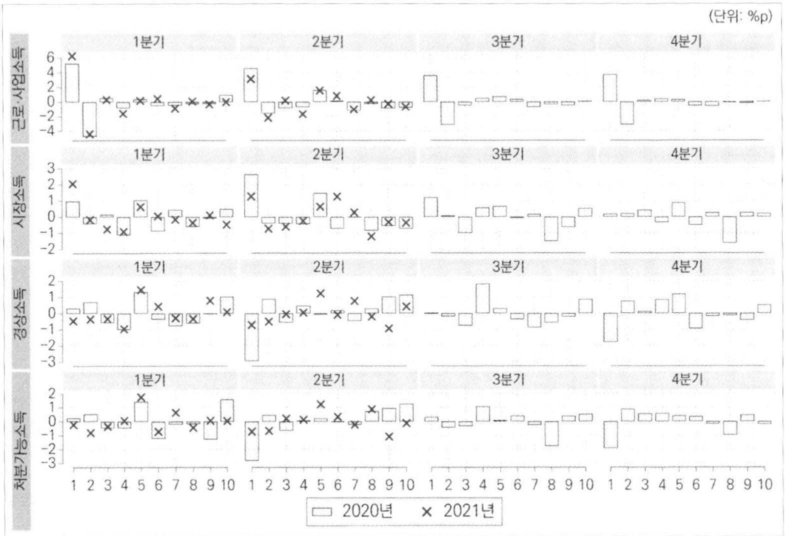

출처: 가계동향조사 각 분기 원자료를 직접 가공·작성함.

　　이러한 맥락에서 [그림 3-5]는 2019년 각 분기별·소득별 10분위 경계값을 기준으로 2020년 이후 각 분위별 가구비중의 변화(%p)를 통해 코로나19 확산에 따른 가구소득 분포의 변화를 보여준다. 여기서 가장 주목할 만한 점은 사적 영역에서 획득하는 소득, 즉 근로·사업소득과 시장소득 분포의 변화를 보면 최하위 계층인 1분위의 가구비중이 위기 이전에 비해 약 3~5%p 증가했다는 점이다. 특히 근로·사업소득의 경우 1분위 가구의 증가는 주로 2분위 가구의 감소에 따른 것임을 추론할 수 있다.[9] 반면 3분위 이상의 분위별 가구비중은 크게 변

9　근로·사업소득 1분위의 경우 위기 이전이든 이후이든 주로 소득이 없는 가구가 포함된다는 점에서 위기로 인해 무직가구가 증가한 것으로도 이해할 수 있다.

하지 않았다는 점에서 코로나19 확산은 하위 20% 가구에 상대적으로 더 집중되었음을 확인할 수 있다.

근로·사업소득의 경우 상위계층의 변화는 별로 나타나지 않은 반면, 시장소득의 경우에는 상위계층의 분포 변화가 상대적으로 크게 나타난다. 근로·사업소득에 재산소득, 임대소득 및 사적이전소득이 합산된 것이 시장소득임을 고려하면, 코로나19 확산이 해당 소득원들에도 영향을 미쳤을 것으로 볼 수 있다.

하지만 시장소득 상위분위에는 주로 근로·사업소득이 있는 가구들이 위치한다는 점에서 그러한 영향은 제한적일 수 있다는 점 역시 유의할 필요가 있다. 사실 코로나19 위기에 따른 가구 지위의 변화를 파악하기 위해서는 패널자료를 활용한 분석이 필요하다. 따라서 가계동향조사 자료를 활용한 분석은 해석 상 주의가 필요한 것은 물론 향후 좀 더 세밀한 분석을 통해 보완될 필요가 있다.

그러나 이러한 자료의 한계에도 공적 영역으로부터 획득한 소득을 나타내는 경상소득과 처분가능소득 1분위의 가구비중이 증가한 것은 주목할 만하다. [그림 3-5]에서 보는 바와 같이 '20년 2분기의 경우 경상소득과 처분가능소득 1분위 가구의 비중이 위기 이전에 비해 오히려 3%p 축소되고 있는 것은 전국민 재난지원금 등 정부지원의 영향이라고 평가할 수 있기 때문이다. 이후 3분기의 경우 1분위 가구비중의 변화가 나타나지 않는데, 위기에 따른 하위계층의 소득감소를 방지한 것으로도 이해할 수 있다. 이러한 맥락에서 4분기 이후 하위계층의 가구비중이 분기별로 그 정도는 약간씩 다르지만 위기 이전 시기에 비해 적다는 점은 코로나19 대응을 위한 정부지원의 효과로 해석할 수 있을 것이다. 다만 1분위에서 벗어난 가구가 최종적으로 어떤 분위에 속하게 되었는지에 대한 분석이 향후 보완될 필요가 있다. 이와 더불어 상위층의 가구비중이 증가하는 경우가 존재하는데, 그 이유에 대한 분석 역시 패널자료를 활용한 분석 등을 통해 보완될 필요 역시 존재한다.

다음으로 [그림 3-6]은 소득원천별 가구비중과 해당 소득이 있는 가구들의 평균금액의 추이를 보여준다. 사실 코로나19 확산에 따른 영향이 전역적이라고는 하지만 가구마다 그 영향은 다를 수 있다. 예를 들어, 대면서비스 업종에 종사하거나 자영업을 영위하는 가구는 코로나19의 영향으로 근로·사업소득이 아예 없을 수도 있지만, 다행히 직접적 영향으로부터 빗겨간 가구는 적어도 소득 수준에는 변화가 없을 수도 있기 때문이다. 물론 노동시장 상황에서 살펴본 바와 같이 노동시간이나 일자리의 변화로 인해 소득이 감소한 가구도 다수 존재할 것이다.

[그림 3-6]의 근로·사업소득이 있는 가구의 비중을 보면, '20년 1분기에는 약 1%p, 다음 2분기에는 약 2%p 줄어들었으며 이후 약간 반등했지만 3차 대유행 확산으로 '21년 1분기에는 약 83.5%로 크게 감소했다. 이는 2019년 이후 가장 낮은 수준이라는 점에서 3차 대유행의 영향이 상당히 컸음을 재차 확인할 수 있다.

한편 근로·사업소득이 있는 가구들의 평균 금액 추이를 보면 '20년과 '21년 모두 위기 이전 수준에 비해 낮지만, 다른 분기에서는 상대적으로 그 변화는 매우 적음을 알 수 있다.[10] 특히 '21년 1분기 평균 소

---

10 '20년 1분기 평균소득이 상대적으로 높게 나타나는 이유는 좀 더 세부적인 분석이 필요하다. '20년 3월에 코로나19의 영향이 상당히 컸다는 점을 고려하면, 3월이 포함

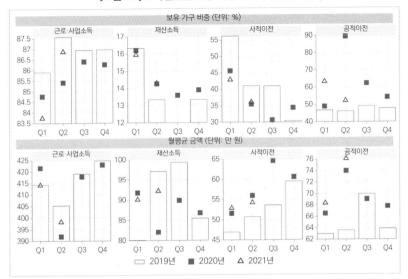

[그림 3-6] 소득원천별 보유 가구비중과 평균금액

보유 가구 비중 (단위: %)

월평균 금액 (단위: 만 원)

□ 2019년 ■ 2020년 △ 2021년

주: 실질가격(분기별 소비자물가지수, 2021년 1/4분기=100).
출처: 가계동향조사 각 분기 원자료를 직접 가공·작성함.

득은 위기 이전과 유사한데, 그 이유에 대해서는 좀 더 세밀한 분석이 필요할 것으로 보인다. 왜냐하면 코로나19 3차 대유행의 영향이 일부 가구에게만 집중된 것일 수도 있고, 혹은 가구 내 구성원들의 경제활동이 증가한 결과일 수도 있다는 점에서 향후 보완이 필요하다.[11]

공적이전소득을 받은 가구의 비중은 전국민 재난지원금 등 코로나

된 1분기의 경우 소득이 있는 가구의 비중은 그 영향을 과소평가할 가능성이 높다. 왜냐하면 3월에 소득이 없더라도 1·2월에는 소득이 있음으로써 월평균 소득은 0 이상일 가능성이 높은 반면, 평균소득은 낮을 가능성이 높기 때문이다. 따라서 이들을 포함한 1분기 가구소득 평균이 전년도에 비해 높게 나타나는 것은 쉽게 이해하기 어렵기 때문이다.

11 다만, 가구동향조사 자료의 경우 이러한 가구 내 구성원들의 경제활동 상태 변화를 추적하는 것은 매우 어렵다는 점에서 향후 연구과제로 남길 수밖에 없다.

19에 대응하기 위한 정부의 지원으로 크게 증가한 것을 볼 수 있다. 위기 이전에는 그 비중이 50%에 미치지 못했으나 '20년 2분기 이후 그 비중은 60% 내외 수준에 이르렀고 평균 금액도 70만 원 내외 수준으로 증가했다. 사적이전소득의 경우 위기 이전에 비해 보유가구 비중은 줄어든 반면 평균 금액은 증가했다. 이는 경제위기로 저소득가구 간 사적이전이 줄어든 것일 수도 있고, 공적이전으로 인한 구축효과에 의한 것일 수도 있다. 따라서 이에 대해서도 향후 좀 더 세부적인 연구가 필요하다.

[그림 3-7]은 가구 내 구성원들의 근로소득 현황과 추이를 보여준다. 전체적으로는 근로소득이 있는 가구의 비중은 '20년 2분기에 가장 크게 하락했는데 전반적으로 보면 위기 이전에 비해 1~2%p 줄어들

[그림 3-7] 근로소득 가구원 현황

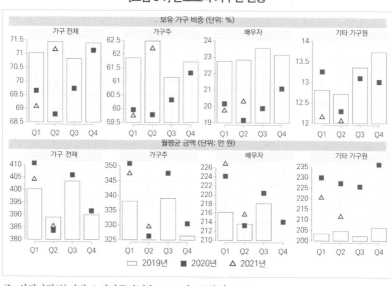

주: 실질가격(분기별 소비자물가지수, 2021년 1/4분기=100).
출처: 가계동향조사 각 분기 원자료를 직접 가공·작성함.

었다. 하지만 소득이 있는 가구만을 대상으로 한 평균 금액은 위기로 인해 줄어들었다고 보기는 어렵다. 이를 종합하면 코로나19 확산으로 인해 임금근로자 중 일자리를 잃은 자들이 상당수이지만, 그렇지 않은 임금근로자의 소득에 미치는 충격은 예상보다 크지 않았다고 추론해 볼 수 있다.

하지만 [그림 3-8]에서 보듯이 가구 내 구성원들의 사업소득 현황과 추이는 이와는 다르다는 점을 확인할 수 있다. 가구 전체적으로 보면 사업소득이 있는 가구의 비중은 코로나19로 인해 줄었다고 할 수 없다. 가구주와 기타 가구원의 사업소득이 있는 가구의 비중은 오히려 약간 늘어난 반면, 배우자의 사업소득이 있는 가구는 위기 이전에 비해 줄어들었지만 전반적으로 보면 늘었다고 할 수 있다. 그러나 평균

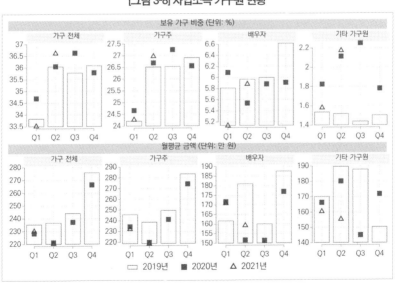

[그림 3-8] 사업소득 가구원 현황

주: 실질가격(분기별 소비자물가지수, 2021년 1/4분기=100).
출처: 가계동향조사 각 분기 원자료를 직접 가공·작성함.

소득은 코로나19 확산으로 인해 전반적으로 줄어든 것으로 나타난다. 앞에서 노동시장에 대한 분석에서 보듯이 비임금근로자 중 상당수의 고용주들은 코로나19 확산에 따라 종업원을 두지 않는 자영자로 전환한 동시에 사회적 거리두기 등으로 인해 노동시간이 축소되었다. 그 결과 전체 비임금근로자 비중은 크게 변하지 않았으나 소득은 줄어든 것으로 추론할 수 있다.

일반적으로 가구주의 종사상지위를 기준으로 임금근로가구와 비임금근로가구로 유형을 구분하는데, 가구 내 소득원이 다양한 경우도 존재한다. 이에 이 연구에서는 가구 유형을 다음의 네 가지, 즉 근로소득만 있는 가구, 사업소득만 있는 가구, 근로소득과 사업소득이 동시에 존재하는 가구, 그리고 근로·사업소득이 전혀 없는 가구로 구분한다. 그리고 시장소득 기준 5분위별로 각 유형별 가구 구성의 변화를 보고자 한다.

먼저 소득분위별 가구 유형 구성의 전반적인 특징은 근로소득만 있는 가구는 2~5분위에 속한 가구들 중 각각 60% 이상을 차지할 정도로 가구 규모도 상대적으로 많고 소득 수준이 상대적으로 높다고 할 수 있다. 또한 코로나19 확산 이후 하위 분위에 속하는 비중은 줄어드는 동시에 상위층 구성 비중은 높아졌다는 점에서 그 충격이 상대적으로 작았다고 할 수 있다. 물론 이들 가구 중에서 일부는 일자리를 잃어 무직가구로 유형이 전환되었을 가능성 역시 적지 않음에 유의할 필요가 있다.

반면 사업소득만 있는 가구는 1~3분위에서는 20% 내외의 비중을 차지하는 반면, 4·5분위로 갈수록 그 비중이 줄어든다는 점에서 상대적으로 소득 수준이 낮은 유형이라 할 수 있다. 이때 코로나19 확산 이

[그림 3-9] 시장소득 5분위별 가구 유형 구성

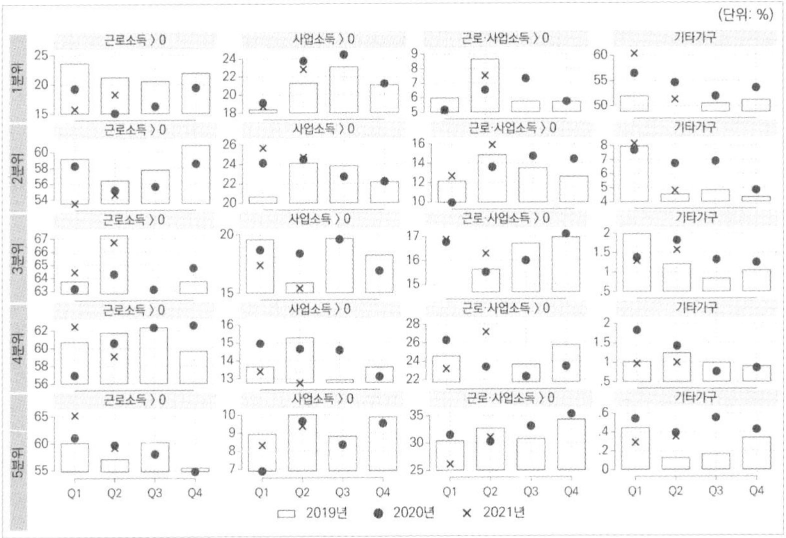

(단위: %)

주: 실질가격(분기별 소비자물가지수, 2021년 1/4분기=100).
출처: 가계동향조사 각 분기 원자료를 직접 가공·작성함.

후 이들 가구의 분위별 구성 비중을 보면, 하위 계층인 1·2분위에서 그 비중이 전반적으로 증가함으로써 코로나19의 충격이 상대적으로 다른 가구들에 비해 컸다고 판단된다. 동시에 상위 5분위에서 차지하는 비중은 감소했다는 점 역시 사업소득만 있는 가구가 코로나19 확산으로 인해 소득분포 상의 지위가 상대적으로 하락했음을 알 수 있다.

근로·사업소득을 동시에 보유한 가구 유형의 경우 '20년 3·4분기에는 그 비중이 늘었으나, 1·2분기에는 위기 이전에 비해 줄었다는 점에서 코로나19의 충격을 일정 정도는 받았지만 사업소득만 있는 가구에 비해서는 적었다고 할 수 있다. 하지만 3~5분위에 속한 가구들의 비중은 전반적으로 조금씩 늘어났다는 점에서 코로나19 확산이 해당 유형의 가구에 미친 영향은 계층에 따라 다른 것으로 보인다. 즉 가구

소득 수준이 낮으면서 사업소득이 주요 소득원인 가구는 코로나19 충격으로 인해 소득분포 상 지위가 하락했지만, 근로소득이 주요 소득원으로서 가구소득 수준이 높은 가구에 미치는 영향은 크지 않았던 것으로 이해할 수 있다.

정리하면, 코로나19 확산으로 인한 충격이 임금근로자나 비임금근로자 모두에게 영향을 미친 것은 맞지만, 가구소득 차원에서 보면 비임금근로소득이 주요 소득원인 가구에게 그 영향이 상대적으로 더 강했다고 할 수 있다. 예를 들어, 근로소득만 있는 가구의 경우 1·2분위에서는 그 비중이 전반적으로 줄어들고, 3분위는 위기 이전 시기와 유사한 편인 반면 4·5분위, 특히 5분위에서의 비중이 늘어나는 경향이 있다는 점은 이를 반증하는 것으로 이해할 수 있을 것이다.

다만 근로·사업소득이 전혀 없는 가구가 '20년, '21년 1분기, 즉 코로나19 1·3차 대유행 시기에 1분위에서 차지하는 비중이 위기 이전에 비해 5~6%p씩 증가했는데, 이들 가구가 위기 이전에는 어떤 유형의 가구였는가에 따라서 위의 해석은 달라질 수 있음에 유의할 필요가 있다.

[그림 3-10]은 가구 유형과 소득분위별 사회수혜금 수급 비중과 수급가구의 평균 금액을 비교하여 보여주고 있다. 사회수혜금을 수급한 가구의 비중은 몇몇 분위 혹은 유형에 따라 조금씩의 차이는 존재하지만 전반적으로 보면 가구 유형과 소득분위에 큰 차이 없이 유사한 패턴을 보인다. 앞서 살펴본 바와 같이 맞춤형 피해지원 등 일곱 차례의 추경 편성 등을 통해 코로나19 확산 시마다 지원한 결과라 할 수 있을 것이다. 이때 수급가구별 평균 금액을 보면 가구 유형에 관계없이 1·2분위에 속한 가구의 평균 수혜금액이 상대적으로 많은 것을 볼 수 있

[그림 3-10] 사회수혜금 수급 현황: 가구 유형과 소득분위별

수급가구 비중

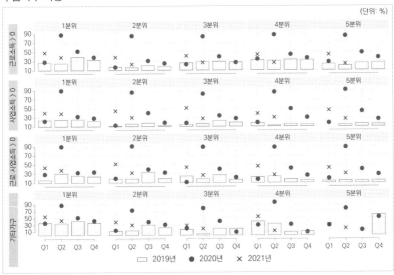

평균 수급액

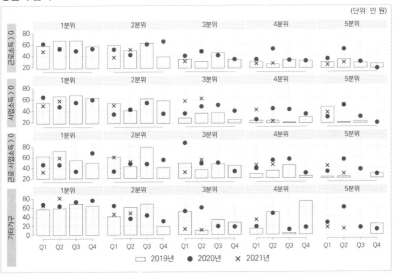

주: 실질가격(분기별 소비자물가지수, 2021년 1/4분기=100).
출처: 가계동향조사 각 분기 원자료를 직접 가공·작성함.

다. 코로나19 확산 이후 정부의 지원 중에서 전 국민을 대상으로 한 경우('20년 2차 추경, 긴급재난지원금)도 있었지만, 이외에는 코로나19 확산으로 피해를 받은 계층을 중심으로 지원이 이루어진 결과라 이해할 수 있다.

다음으로 코로나19 확산 이후 불평등과 빈곤의 추이를 시장소득과 경상소득을 중심으로 살펴본다. [그림 3-11]에서 시장소득의 불평등과 빈곤지표는 근로·사업소득, 재산소득 및 사적이전이 포함된 소득으로서 코로나19 확산에 따른 노동시장 여건과 그에 따른 개인/가구의 대응을 반영한다. 경상소득은 시장소득에 공적이전이 더해진 것으로서, 경상소득과 시장소득 분배지표와의 차이를 통해 분배 상태 개선을 위한 정부의 역할을 평가할 수 있다. 이때, 다음 결과에서 유의할 점은 자료에서 제공하는 공적이전소득은 사회수혜금 외에도 공적연금, 기초연금 및 현물소득이 포함되어 있다는 점이다. 코로나19 확산에 대응한 정부 지원의 순효과를 분석하기 위해서는 사회수혜금에 포함된 세부 내용들이 필요하다. 왜냐하면 사회수혜금에는 코로나19 확산 이전에도 시행되고 있는 기존 복지제도들로부터의 지원이 포함되어 있기 때문인데, 이러한 상황에서 사회수혜금을 공적이전에서 분리하여 그 효과를 분석하는 것에는 별다른 장점이 없다. 따라서 코로나19 이전과 이후 공적이전소득에 의한 분배 상태 개선의 차이를 통해 코로나19에 대응한 정부 정책의 효과를 살펴보고자 한다.

[그림 3-11]에서 시장소득의 5분위배율[12]과 지니계수를 보면 코로나19 확산이 불평등을 심화시켰음을 확인할 수 있다. 5분위배율의 경

---

12 하위 20%의 평균소득 대비 상위 20%의 평균소득 비율을 의미함.

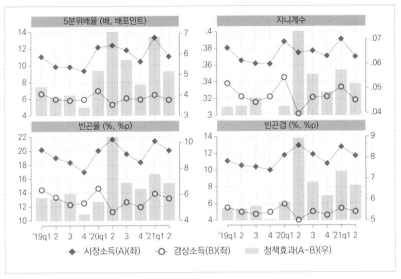

[그림 3-11] 불평등과 빈곤 추이: 정책효과

주: 1) 가구원수 제곱근으로 균등화한 소득을 개인단위로 분석한 결과임.
　　2) 소득은 2021년 2분기 기준 불변가격임.
　　3) 빈곤선은 2019년 1분기 처분가능소득의 50%를 모든 분기에 동일하게 적용한 결과임.
출처: 가계동향조사 각 분기 원자료를 직접 가공·작성함.

우 위기 이전 10배 정도 수준이었지만 코로나가 확산된 '20년 1분기
부터 12배로 상승했으며 3차 대유행 시기에는 14배에 근접하기도 했
다. 지니계수 역시 위기 0.36 수준에서 0.38 내외 수준으로 약 5~8%
상승함으로써 코로나19 확산으로 인해 분배 상태가 악화되었다.

　하지만 경상소득의 5분위배율과 지니계수를 보면 코로나19 확산
이전과 이후의 차이가 시장소득에 비해 크지 않음을 볼 수 있다. 특히
시장소득 5분위배율은 위기 이전에 비해 2~3배 포인트 상승했지만,
경상소득의 경우에는 위기 이전 6배 수준을 위기 이후에도 유지하고
있다고 판단된다. 즉 위기 이전에는 공적이전소득에 의해 경상소득 5
분위배율이 4배 포인트 감소되었으나 위기 이후에는 분기별로 약간의

차이는 존재하지만 공적이전소득에 의해 5~6배 포인트 감소되었다.

경상소득 지니계수 역시 코로나19 위기 이전 0.32 수준을 이후에도 유지한다고 판단된다. 특히 전국민 긴급재난금이 지급된 '20년 2분기 지니계수는 0.3019까지 낮아졌는데, 이는 시장소득 지니계수(0.375)에서 약 0.07 정도 낮아진 것으로서 지수개선효과는 약 19.5%에 달한다.[13] 한편 3차 대유행 시기 공적이전소득의 개선효과 역시 적지 않았지만, 즉 시장소득 지니계수를 약 0.06 낮추었지만, '20년 2분기 이후 가장 높은 0.334에 이르렀다는 점은 당시 충격이 매우 컸음을 방증하는 것이기도 하다.

다음으로 코로나19 확산이 빈곤에 미친 영향을 살펴보기 이전에 유의할 내용은 빈곤평가를 위한 빈곤선으로 2019년 1분기 처분가능소득 중위값의 1/2로 설정함으로써 통상적으로 사용하는 국민기초생활보장제도의 기준중위소득의 50%와는 다르다는 점을 유의할 필요가 있다. 그 이유는 분기별로 서로 다른 빈곤선을 설정하는 경우 각 분기별 경제 상황과 그에 따른 소득분포에 빈곤선 자체가 의존하는데, 이는 위의 기준중위소득 역시 동일하다. 따라서 이 연구에서는 위기 이전 시점인 2019년 1분기 빈곤선을 고정시킴으로써 코로나19 확산 및 그에 따른 정책이 빈곤에 미치는 영향을 살펴보고자 한다.

[그림 3-11]을 보면 시장소득 빈곤율과 빈곤갭은 유사한 추이, 즉 2019년 이후 W자 형태로 나타나는데, 코로나19 1·3차 대유행 시기인

---

13 상대적 지위를 지수화한 지니계수의 특성 상 일정 비율로 소득이 늘어나는 경우에는 변하지 않는다. 하지만 전국민 재난지원금처럼 일정액이 더해지는 경우에는 지수가 개선된다. 왜냐하면 모든 사람의 소득이 동일한 금액으로 증가한다 하더라도 소득이 낮을수록 그 비율은 증가하기 때문이다.

'20년 2분기, '21년 4분기에 크게 상승했다. 예를 들어, 빈곤율은 '19년 4분기 약 17%에서 약 22%, 빈곤갭은 10%에서 13%까지 상승했다. 한편 경상소득 빈곤율과 빈곤갭은 앞서 살펴본 불평등지수와 유사하게 코로나19 확산 이전과 이후에 큰 차이를 보이지 않는 것은 물론, 오히려 위기 이전 시기에 비해 약간 낮아졌다고 판단된다. 특히 시장소득 빈곤율이 크게 증가했던 '20년 2분기의 공적이전소득에 의한 빈곤완화효과는 빈곤율 10%p, 빈곤갭은 약 8.5%p에 이를 정도로 가장 컸다. 이후 시기에도 빈곤완화효과는 빈곤율과 빈곤갭 모두 7%p 내외 수준으로 나타난다. 이는 위기 이전 빈곤완화 수준을 상회하는 것이다. 특히 위기 이전 공적이전소득에 의한 빈곤갭 완화효과가 6%p에도 미치지 못하는 것에 비하면, 코로나19에 대응하기 위한 정책은 빈곤갭의 경우 약 1.5%p, 빈곤율의 경우 약 1%p를 이전 시기에 비해 더 완화시키는 역할을 했다는 점에서 평가할 만하다.

정리하면, 코로나19 확산으로 인해 상승한 시장소득 빈곤을 공적이전소득을 통해 대부분 상쇄시킴으로써 위기 이전 수준과 비교할 때 비슷하거나 혹은 약간 하회하는 수준으로 완화시켰다는 점은 긍정적으로 평가할 만하다. 다만 관련 정책이 얼마나 효율적으로 이루어진 것인가에 대해서는 향후 좀 더 세부적인 분석과 평가가 이루어질 필요가 있다.

제3장 코로나19 확산에 따른
가구 소비지출 추이와 패턴 변화

다음에서는 코로나19 확산에 따른 소비지출의 변화를 살펴본다.[14] [그림 3-12]에서 2019년 이후 분기별 소비지출 추이를 보면, '20년 1분기 소비지출은 코로나19 확산으로 인해 전년 동분기 대비 7.3% 급

[그림 3-12] 소비 지출액과 비중 추이

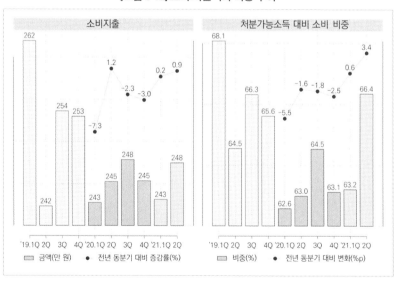

주: 소비 중분류항목(99개)별 소비자물가지수를 활용하여 실질가격으로 전환한 결과임.
출처: 가계동향조사 각 분기 원자료를 직접 가공·작성함.

14 이하 재화(세부 포함) 및 서비스(세부 포함) 항목별 월평균 금액은 〈부표〉 참고.

감했고 처분가능소득에서 차지하는 비중 또한 5.5%p 감소했다. 이후 2·3분기에는 재난지원금 등 정부의 정책으로 인해 소비가 반등했지만, 3차 대유행했던 '20년 4분기와 '21년 1분기 소비는 다시 감소했다. 그러나 오랜 기간 지속된 사회적 거리두기에 서서히 지쳐가던 국민들은 백신의 보급 및 접종이 확대되는 과정에서 그동안 억눌렸던 소비욕구가 분출되듯 '21년 2분기 소비는 크게 증가했다. 특히 동 분기 처분가능소득 대비 소비 비중은 66.4%로 위기 이전 수준까지 높아졌다. 다만 최근 발표된 국내총지출 지표에서 보면 델타변이 확산과 그에 따른 거리두기 강화로 3분기 국내 소비지출은 전기 대비 -0.3% 하락하였음을 고려하면, 가구 소비지출의 증가 추이 역시 주춤했을 가능성이 높다.

[그림 3-13]에서는 2019.1/4분기~2021.2/4분기 동안 소비항목별 지출금액의 변화를 보여준다. 코로나19 확산으로 인해 대부분의 항목이 위기 이전에 비해 감소했지만 오히려 위기 이전에 비해 증가한 항목들도 있다는 점에서 위기로 인해 소비 패턴이 변화했을 가능성을 시사한다.

전체적으로 보면 코로나19가 처음으로 확산된 '20년 1분기와 3차 대유행 시기인 '21년 1분기에 소비지출이 소득분위와 소비 항목에 큰 상관없이 지출이 급감했던 시기라고 할 수 있다. 이때 다른 분위보다도 2·3분위의 지출 감소가 상대적으로 더욱 두드러진다. 일반적으로 경제위기 시에는 경제·사회적 불확실성의 증가에 대비하기 위해 소비를 줄이고 저축을 늘리는 경향이 있는데, 2·3분위의 경우 그러한 경향이 가장 큰 계층이라고 볼 수 있다. 왜냐하면 소득 수준이 높은 경우에는 불확실성에 대응하기 위한 여력이 상대적으로 크다는 점에서 소비

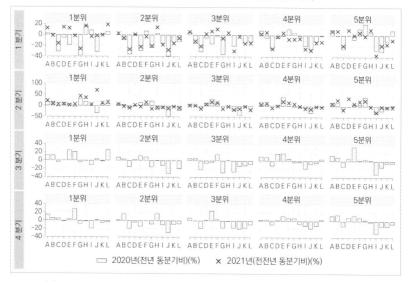

[그림 3-13] 처분가능소득 분위별 항목별 지출 변화

□ 2020년(전년 동분기비)(%)   × 2021년(전전년 동분기비)(%)

주: 1) A '식료품·비주류음료' B '주류·담배' C '의류·신발' D '주거·수도·광열' E '가정용품·
　　가사서비스' F '보건' G '교통' H '통신' I '오락·문화' J '교육' K '음식·숙박' L '기타상
　　품서비스'.
　　2) 소비 중분류항목(99개)별 소비자물가지수를 활용하여 실질가격으로 전환한 결과임.
출처: 가계동향조사 각 분기 원자료를 직접 가공·작성함.

감소폭이 상대적으로 적을 수 있다. 그리고 소득 수준이 낮은 1분위의
경우에는 평소의 소비지출 자체가 필수재 위주로 이루어짐으로써 위
기 시에도 더 이상 소비를 줄이는 것이 힘들기 때문이다.

　1·3차 대유행 시기를 제외한 나머지 분기의 소비지출은 몇몇 항목
의 증감이 눈에 띄기는 하지만 이들 항목들을 제외하면 위기 이전 수
준과 유사하다고 할 수 있다. 이에 다음에서는 코로나19로 인해 지출
이 증가한 항목은 무엇이고, 감소한 항목은 무엇인지 살펴볼 필요가
있다. 먼저 코로나19로 인해 지출이 감소한 항목들로는 오락·문화(I),
교육(J) 및 음식·숙박(K)이 대표적인데, 이때 오락·문화(I)와 음식·숙박
(K)의 지출 감소는 상위계층일수록 크게 줄어들었다고 할 수 있다. 교

육(J)지출의 경우에는 1·2·3분위에서도 전반적으로 나타나고 있는데, 이는 사회적 거리두기 강화로 인해 학교 및 학원의 휴교·휴업에 따른 결과로 볼 수 있다.

코로나19 이후 지출이 증가한 항목들도 존재하는데, 가정용품·가사서비스(E), 보건(F) 및 교통(G)을 그 예로 들 수 있다. 보건(F) 지출의 증가는 마스크 등 코로나19 예방 및 치료를 위해 대부분의 가구에서 지출이 늘어난 것은 쉽게 이해할 수 있다. 그러나 가정용품·가사서비스(E)와 교통(G) 지출의 증가는 주로 4·5분위에서 나타나고 있다. 코로나19 확산으로 인해 대면서비스에 대한 지출은 줄어들었지만 자동차, 가전 및 가구 등의 내구재 소비가 늘어났다고 알려졌는데 이러한 내구재 소비의 증가는 주로 상위층인 4·5분위를 중심으로 확대된 것임을 알 수 있다.

이상의 소비 패턴의 변화를 보기 위해 이 연구에서는 〈표 3-3〉과 같이 소비지출 12개 대항목을 구성하는 중분류 항목들을 재화(내구재, 준내구재, 비내구재)와 서비스로 재분류하여 소비 패턴의 변화를 살펴보기로 한다. [그림 3-14]를 통해 재화와 서비스에 대한 지출액과 비중의 변화를 보면, 재화에 대한 지출은 증가하고 서비스에 대한 지출은 감소했음을 알 수 있다. 예를 들어, 서비스에 대한 지출액은 코로나19 확산 이후 '21년 1분기까지 10% 내외 수준으로 감소했으며, 소비지출에서 차지하는 비중 역시 3%p 내외로 감소했다. 다만 '21년 2분기에는 위기 이전 수준으로 다소 회복되고 있는 것으로 보인다.[15]

---

15 이하 서비스와 재화 세부 항목별 월평균 금액은 〈부표〉 참고.

〈표 3-3〉 가계동향조사 소비항목 재분류 내용

서비스		재화	
유지·수리	의복관련서비스, 신발서비스, 가구조명장식서비스, 가전관련서비스, 오락문화내구재유지수리, 화훼애완동물서비스, 영상음향정보기기수리, 운송기구유지수리, 실제주거비, 주택유지수선, 상하수도폐기물처리, 기타주거관련서비스	내구재	자동차구입, 기타운송기구구입, 가구조명, 실내장식, 가전가정용기기, 통신장비, 영상음향기기, 사진광학장비, 정보처리장치, 오락문화내구재, 악기기구, 시계장신구
오락·문화·여행	가사서비스, 운동오락서비스, 문화서비스, 단체여행비, 숙박비, 식사비	준내구재	직물외의, 내의, 기타의복, 신발, 가정용섬유, 보건의료용품기구, 기록매체, 기타개인용품, 가사용품, 가정용공구기타, 장난감취미용품, 캠핑운동관련용품, 이미용기기
보건	외래의료서비스, 치과서비스, 기타의료서비스, 입원서비스, 이미용서비스, 복지시설	비내구재	식료품비주류음료의 18개 항목, 주류, 담배, 가사소모품, 의약품, 의료용소모품, 위생이미용용품, 연료비, 운송기구연료비, 복권, 서적, 기타인쇄물, 문구, 화훼관련용품, 애완동물관련물품
교통·통신	철도운송, 육상운송, 기타운송, 기타교통관련서비스, 우편서비스, 기타개인교통서비스, 통신서비스		

[그림 3-14] 서비스와 재화 지출액과 변화

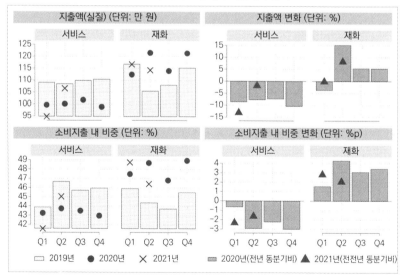

주: 소비 중분류항목(99개)별 소비자물가지수를 활용하여 실질가격으로 전환한 결과임.
출처: 가계동향조사 각 분기 원자료를 직접 가공·작성함.

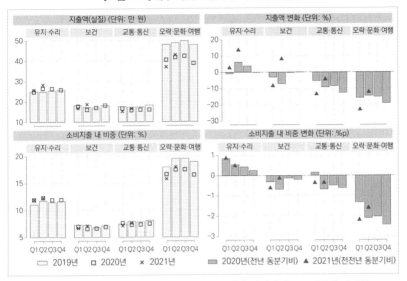

[그림 3-15] 세부 서비스 항목별 지출액과 변화

주: 소비 중분류항목(99개)별 소비자물가지수를 활용하여 실질가격으로 전환한 결과임.
출처: 가계동향조사 각 분기 원자료를 직접 가공·작성함.

[그림 3-15]는 서비스 항목을 네 가지 항목으로 세분류한 결과이다. 이를 보면 쉽게 예상한 바와 같이 오락·문화·여행 관련 지출감소폭이 코로나19 확산 이후 10~20%에 이를 정도로 가장 크게 감소했다. 교통·통신 서비스가 다음으로 많이 감소했는데, 사회적 거리두기 강화 등으로 여행 등이 줄어든 것은 물론, 출장 등 업무 역시 비대면으로 이루어지는 경우가 많아지면서 감소한 것으로 볼 수 있다. 서비스 지출 중에서도 내구재 등을 유지·수리하기 위한 서비스 지출은 증가했는데, 이 지출은 서비스이기는 하지만 대면 접촉이 상대적으로 적고, 내구재 소비증가라는 소비 패턴 변화와 무관하지 않을 것이다.

다음으로 재화를 내구재, 준내구재 및 비내구재로 세분류한 결과를 보면([그림 3-16] 참고), 비내구재에 대한 지출 규모와 비중이 다른 재화

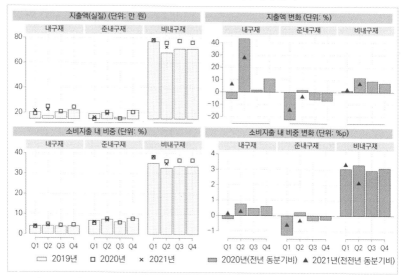

[그림 3-16] 세부 재화 항목별 지출액과 변화

주: 소비 중분류항목(99개)별 소비자물가지수를 활용하여 실질가격으로 전환한 결과임.
출처: 가계동향조사 각 분기 원자료를 직접 가공·작성함.

들에 비해 월등히 크다는 것을 알 수 있다. 그러나 코로나19 확산 이후 변화를 보면, 내구재와 비내구재 소비의 증가, 준내구재의 감소 경향이 뚜렷하다. 내구재의 경우 '20년 2분기 지출액이 전년 동분기 대비 40%나 크게 증가했으며, 위기 이전 동분기와 비교할 때 '20년 4분기와 '21년 1분기에는 약 10%, 그리고 '21년 2분기에도 30% 정도 증가했다. 이는 코로나19 확산과 사회적 거리두기 강화로 눌려있던 소비욕구가 주로 내구재에 집중되었음을 의미한다. 의류·신발·오락용품 등과 같은 준내구재 소비 감소 역시 사회적 거리두기 강화로 친척·친구 간 모임 축소에 따른 것이라는 점에서 코로나19 확산은 가구의 소비 패턴에 상당히 큰 영향을 주었다고 할 수 있다.

다음으로 지금까지 살펴본 재화와 서비스 간 지출 패턴 변화가 소득계층에 관계없이 전역적으로 나타나는지, 아니면 일부 계층의 주도 하에 나타나는 것인지를 살펴본다. [그림 3-17]을 통해 보면 앞서 살펴본 바와 같은 서비스 지출 감소, 재화 지출 증가 현상은 전 계층에서 나타난 것으로 보이지만, 상대적으로 상위계층의 지출 패턴 변화가 주도했다고 평가할 수 있다.

왜냐하면 서비스 지출의 감소폭은 상위층으로 갈수록 더욱 커지는 동시에, 재화 지출의 증가폭 역시 상위층이 좀 더 뚜렷하기 때문이다. 먼저 서비스 지출금액의 변화를 보면, 5분위의 경우 코로나19 확산 이후 2019년 대비 약 15% 감소했으며, '21년 1분기에는 감소폭이 20%에 이른다. 금액으로 보면 월평균 지출이 2019년 180만 원 수준에서 약 150만 원 수준으로 줄어들었다. 하위계층으로 갈수록 2019년 대비 서비스 지출의 감소폭과 금액은 줄어들지만, 분기별 패턴은 유사하다고 할 수 있다.

다만 1분위의 서비스 지출 감소폭은 다른 분위에 비해 적고, 지출액도 월평균 50만 원 수준으로 다른 분위에 비해 작다는 점에서 전체 소비지출에 미치는 영향은 크지 않다. 또한 다른 분위와는 달리 1분위의 경우 보건 서비스 지출은 위기 이전에 비해서도 증가한 점도 영향을 미쳤을 것으로 보인다([그림 3-19] 참고).

서비스 지출의 감소는 '21년 1분기에 코로나19 확산 이후 가장 크게 나타났으며, 이후 2분기에는 다시 위기 이전 수준을 회복하는 듯하다. 2·4분위의 경우는 위기 이전 수준에 약간 미치지 못하지만 3·5분위는 위기 이전 수준과 유사하며, 1분위의 경우에는 오히려 약간 더 증가하기도 했다.

코로나19 확산 이후 재화 지출 변화는 소득계층별로 다른 점 또한

[그림 3-17] 분위별 재화와 서비스 지출 변화

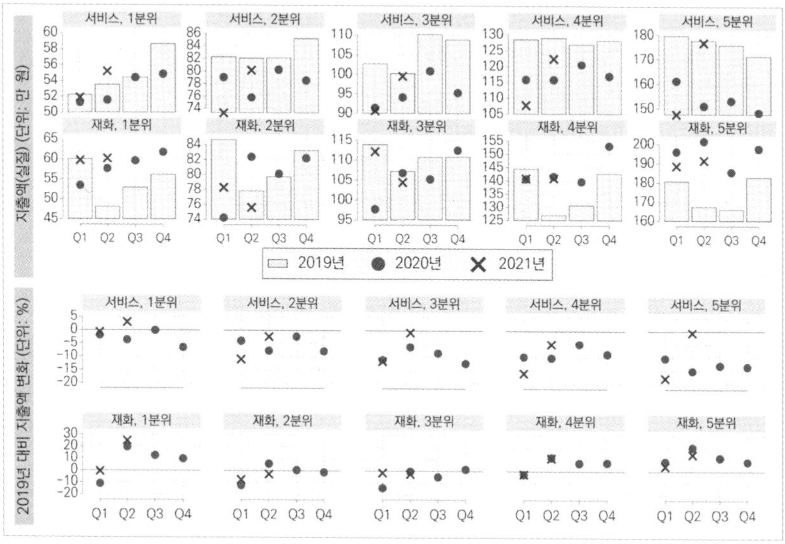

주: 1) 소비 중분류항목(99개)별 소비자물가지수를 활용하여 실질가격으로 전환한 결과임.
　　2) 지출액 변화는 2019년 동분기 대비임.
출처: 가계동향조사 각 분기 원자료를 직접 가공·작성함.

주목할 만하다. 즉 서비스 지출 감소가 모든 계층에서 전반적으로 나타났다고 하면, 재화 지출 증가는 1·4·5분위에서 나타난 반면, 중하계층인 2·3분위에서는 위기 이전 수준과 유사하거나 오히려 약간 감소했다고 평가할 수 있다.

좀 더 구체적으로 말하면, 4·5분위의 서비스 지출 감소폭과 재화 지출 증가폭은 10~20%로 유사하다는 점에서 중상 이상의 상위계층은 코로나19 확산으로 감소한 지출을 내구재 중심의 소비로 지출했다고 이해할 수 있다([그림 3-17] 참고). 중하계층(2·3분위)은 감소한 지출을 재화소비로 지출하기보다는 경제위기로 인한 불확실한 상황에 대비하기 위해 저축을 증가시켰거나, 경제위기의 충격으로 소비여력이 감소

[그림 3-18] 세부 재화 유형별 지출액 변화

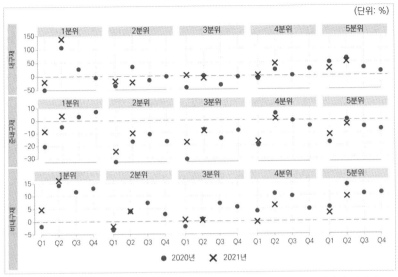

(단위: %)

주: 1) 소비 중분류항목(99개)별 소비자물가지수를 활용하여 실질가격으로 전환한 결과임.
   2) 지출액 변화는 2019년 동분기 대비임.
출처: 가계동향조사 각 분기 원자료를 직접 가공·작성함.

한 결과일 수도 있다는 점에서 향후 추가적인 분석이 필요하다.

마지막으로 주목할 만한 특징은 1분위의 재화 소비 증가율이 상위 계층과 유사하다는 점이다. [그림 3-18]에서 보면, 1분위의 위기 이전 동분기 대비 '20년과 '21년 2분기 내구재 소비 증가폭이 100%를 초과할 정도로 크고, 다음으로 비내구재에 대한 증가폭이 10~15%에 이른다. 하지만 1분위의 내구재 지출액 증가는 전체 소비지출에서 2~3%에 지나지 않을 정도로 금액이 매우 적음으로써 나타난 것임을 주의할 필요가 있다.

오히려 중요한 것은 식료품을 중심으로 하는 비내구재 소비지출의 증가이다. 왜냐하면 1분위의 경우 전체 소비지출에서 비내구재 소비가 차지하는 비중은 40~45%로서 다른 어떤 분위보다 가장 높기 때문이다. 이와 더불어, 앞의 [그림 3-1]에서 보듯이 코로나19 확산 이후 물가상승이 가장 빠르고 변동이 심했던 품목이 식료품임을 고려하면 그로 인한 부정적 영향은 하위계층에 가장 크다는 점을 반드시 유의할 필요가 있다.

물론 비내구재의 소비지출은 2~5분위에서도 역시 위기 이전에 비해 증가했다. 하지만 다른 분위들에서 전체 소비지출에서 비내구재 소비지출이 차지하는 비중은 1분위에 비해서 낮다. 예를 들어, 2분위의 경우 내구재 지출 비중은 약 35%, 3·4분위는 약 32%, 그리고 5분위는 위기 이전에는 30%에도 미치지 못했지만 경제위기로 30%를 약간 상회하는 수준에 지나지 않는다. 정리하면, 식료품 등과 같은 필수재의 물가상승에 따른 부정적 영향은 하위계층에게 집중될 가능성이 높다는 점에서 이와 관련한 정책은 매우 중요하다.

준내구재 지출 역시 대부분의 계층과 시기에서 관측되는데 2·3분위의 경우에 지출 감소폭이 상대적으로 크고 지속 기간도 다른 분위에 비해 상대적으로 길다. 또한 2·3분위의 내구재 소비지출도 경제위기 이전에 비해 줄어들었다. 결국 2·3분위에서 지출이 증가한 항목은 음식료품 등과 같은 필수재가 중심인 비내구재뿐이라고 할 수 있다. 특히 [그림 3-19]에서 서비스 세부 항목들에 대한 지출도 모두 감소하고 있다는 점에서 코로나19 확산으로 소비지출이 가장 축소된 계층은 중하계층임을 알 수 있다. 따라서 향후 소비 촉진을 통해 내수 회복, 나아가 경제가 회복되기 위해서는 이들 계층의 소비를 촉진시키기 위한 방안이 세부적으로 마련될 필요가 있을 것이다.

다음으로 내구재 소비지출이 가장 크게 증가한 계층은 중상층(4·5

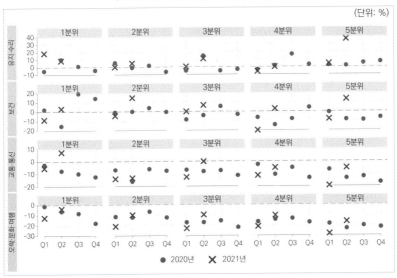

[그림 3-19] 서비스 항목별 지출액 변화

(단위: %)

● 2020년   ✕ 2021년

주: 1) 소비 중분류항목(99개)별 소비자물가지수를 활용하여 실질가격으로 전환한 결과임.
　　2) 지출액 변화는 2019년 동분기 대비임.
출처: 가계동향조사 각 분기 원자료를 직접 가공·작성함.

분위)으로 ’20년 1·2분기, ’21년 2분기는 2019년 동 분기 대비 약 50% 이상 증가했다. 이외의 분기 역시 지출 증가가 다른 분위에 비해 상대적으로 크다는 점에서 경제 전체적으로 나타난 내구재 소비 증가라는 지출 패턴의 변화는 상위층을 중심으로 이루어졌으며, 코로나19 확산 이후 기간 내내 지속된 것으로 이해할 수 있다.

　더욱이 가구 소비지출에서 내구재 지출이 차지하는 비중은 상위계층일수록 높다. 예를 들어, 5분위의 경우 위기 이전 내구재 지출 비중은 5% 수준이었지만 이후 6~8% 수준으로 상승했다. 반면 1분위의 경우 내구재 지출이 차지하는 비중은 위기 이전과 이후 3% 수준으로 별다른 변화가 없다. 이처럼 위기 이전과 이후의 변화가 유의하게 관측되는 것은 4분위와 5분위, 특히 5분위에서 뚜렷하게 나타난다. 더욱이 상위계층일수록 소비지출 금액 자체가 더 높다는 점에서 계층 간 소비 패턴의 차이가 위기 기간 동안 더욱 확대되었다고 평가할 수 있을 것이다.

이와 같은 상위층의 내구재 소비지출 증가는 유지·수리를 제외한 서비스 지출 급감에 따른 것으로 이해하는 것이 무리는 아닌 듯하다. 내구재 등의 유지·수리 서비스 지출은 위기 이전과 이후 별다른 차이가 나타나지 않은 반면, 다른 세 분야의 서비스 지출은 위기 이전에 비해 10~30%씩 감소했다. 일반적인 예상대로 오락·문화·여행 분야의 감소폭이 상대적으로 가장 컸고(20~30%), 다음으로는 교통·통신(10~20%), 보건(약 10%) 순으로 위기 이전에 비해 감소했다.

다른 분위의 경우에도 세부 서비스 항목별 지출 감소 패턴은 유사하게 관측되는데, 다만 하위층으로 갈수록 지출 감소폭이 상대적으로 크지 않다는 점과 다를 뿐이다. 또한 상·하 계층의 소비지출 변화가 다른 것은 보건서비스이다. 하위계층의 보건서비스 지출 감소폭은 상위층에 비해 적거나 혹은 위기 이전 수준과 크게 다르지 않다는 점이다. 보건서비스 지출이 전체 소비지출에서 차지하는 비중은 위기 이전 1분위가 10%인데, 상위계층으로 갈수록 그 비중은 감소해 5분위의 지출 비중은 약 6% 수준이었다.

코로나19 확산 이후 감염에 대한 두려움으로 외부 활동이 크게 감소했는데, 그 결과 병원 출입도 크게 줄어든 것이 사실이다. 즉 4·5분위의 보건서비스 지출 감소는 이러한 사회 분위기와 무관하지 않을 것이다. 그러나 이러한 사회 분위기에도 하위계층의 보건서비스 지출은 위기 이전에 비해 상대적으로 적게 줄어들거나 별다른 변화가 없다는 점은 병원에 가야만 하는 건강 상의 문제가 있다는 것을 의미할 수 있다. 이는 코로나19 확산이 건강불평등 문제에도 영향을 준 결과일 수도 있고, 기존의 건강불평등 문제를 분명하게 드러낸 것일 수도 있을 것이다. 따라서 이러한 점에도 향후 심화된 연구를 통해 보완될 필요가 있다.

〈부표 3-1〉 소비지출 항목별 월평균 지출액

(단위: 만 원)

처분가능소득분위		항목	2019				2020				2021	
			Q1	Q2	Q3	Q4	Q1	Q2	Q3	Q4	Q1	Q2
1분위	서비스	교통·통신	8.2	7.9	8.4	8.9	8.0	7.3	7.5	7.8	7.8	8.5
		보건	11.9	12.4	10.8	11.0	12.1	10.5	12.9	12.6	10.8	12.8
		오락·문화·여행	15.4	17.1	18.0	19.2	15.3	16.0	16.5	15.8	13.5	16.4
		유지·수리	16.7	16.1	17.2	19.5	15.9	17.8	17.4	18.7	19.8	17.5
	재화	내구재	9.5	4.1	6.0	7.5	4.7	8.5	7.6	7.2	7.5	9.8
		준내구재	5.5	6.2	5.3	7.0	4.4	5.9	5.4	7.5	5.0	6.5
		비내구재	45.1	37.8	41.8	41.7	44.3	43.3	46.7	47.2	47.3	44.0
2분위	서비스	교통·통신	13.5	14.0	13.5	14.2	12.6	11.8	12.7	13.2	11.6	12.2
		보건	14.8	12.7	14.2	14.5	14.7	12.7	14.8	14.5	14.1	14.6
		오락·문화·여행	30.8	31.5	31.0	32.2	27.2	27.7	29.0	28.3	24.3	28.4
		유지·수리	23.2	23.9	23.4	24.2	24.5	23.7	23.9	22.7	23.2	25.1
	재화	내구재	12.8	13.4	15.4	13.8	8.3	18.0	13.1	13.5	10.5	10.3
		준내구재	11.9	12.8	10.6	14.3	8.0	10.7	9.4	11.9	9.0	11.5
		비내구재	60.0	51.7	53.8	55.2	58.0	53.7	57.7	56.8	58.9	53.8
3분위	서비스	교통·통신	17.1	16.6	17.8	18.9	16.0	15.3	16.5	16.8	14.9	16.6
		보건	16.8	15.7	15.2	17.2	15.3	15.1	16.1	16.6	16.8	16.8
		오락·문화·여행	43.7	44.8	48.2	45.8	36.2	37.1	40.7	35.7	33.7	40.4
		유지·수리	25.1	23.2	29.0	27.0	23.9	26.7	27.6	26.2	25.3	25.8
	재화	내구재	22.4	20.9	25.0	19.4	12.8	21.2	16.8	18.7	23.0	19.3
		준내구재	16.9	18.2	15.9	20.9	11.7	16.9	13.6	19.2	14.0	16.7
		비내구재	74.7	68.2	70.0	70.6	73.2	68.8	74.9	74.6	75.2	68.4
4분위	서비스	교통·통신	20.9	21.0	20.8	22.3	20.3	18.8	19.7	19.4	18.5	19.9
		보건	21.0	21.1	19.2	19.8	19.6	18.0	17.7	20.7	16.7	21.7
		오락·문화·여행	58.9	58.5	60.6	57.9	49.1	50.1	52.4	47.8	46.4	52.4
		유지·수리	27.8	28.4	26.3	28.2	26.8	28.8	30.7	29.0	26.1	28.4
	재화	내구재	26.3	18.3	22.4	29.1	23.6	22.4	22.7	36.5	26.9	26.6
		준내구재	25.0	24.7	20.9	27.6	20.0	26.0	20.8	26.4	20.8	25.0
		비내구재	93.2	84.1	87.5	86.1	97.0	93.1	96.1	90.3	93.1	89.3

5분위	서비스	교통·통신	28.4	27.4	27.2	27.6	26.5	23.7	23.8	23.0	22.8	26.0
		보건	26.8	24.6	25.8	28.3	26.6	22.5	23.4	26.5	24.7	27.9
		오락·문화·여행	91.7	92.4	91.6	84.6	74.6	70.9	72.9	66.0	65.8	77.2
		유지·수리	32.8	33.4	31.4	30.7	33.5	33.9	33.0	32.8	34.3	45.7
	재화	내구재	31.4	30.5	33.9	40.8	47.0	50.3	43.7	47.1	39.9	46.3
		준내구재	37.1	38.5	29.6	40.6	30.5	38.7	28.1	37.7	32.8	37.3
		비내구재	112.2	98.3	102.5	101.4	118.4	112.5	113.6	112.7	115.8	107.9

주: 소비 중분류항목(99개)별 소비자물가지수를 활용하여 실질가격으로 전환한 결과임.
출처: 가계동향조사 각 분기 원자료를 직접 가공·작성함.

| 제4부 |

취약계층 소득보장제도
현황 및 개선 방안

현재 우리나라는 저소득층, 청년, 특수고용종사자 등 취약계층의 고용 및 소득 불안정을 해소하기 위한 주요 정책으로 국민기초생활보장, 고용보험, 사회보험료 지원사업, 국민취업지원제도, 근로장려금(EITC) 제도 등을 시행하고 있다.

이들 제도들은 빈곤가구 및 실직자의 생활안정과 재취업을 촉진하기 위한 지원으로 운영되고 있으며, 코로나19 위기 등으로 불안정한 소득 및 고용 상황에 직면한 취약계층의 생계 위협으로부터 직접적인 완충망 역할을 담당해야 될 대표적인 제도이다.

이 장에서는 전통적 복지제도인 국민기초생활보장과 고용보험에서 배제된 취약계층의 보호를 위해 2021년 새롭게 도입된 국민취업지원제도와 2019년 이후 확대 개편된 고용장려금제도의 현황을 파악하여 2020~2021년 코로나19 상황에서 취약계층의 소득보전에 미친 영향을 살펴보고, 코로나19 위기 등의 상황에서 취약계층의 생활 안정에 보다 효과적으로 기여할 수 있는 개선 방안을 모색하고자 한다.

제1장 근로장려금

1. 개요

근로장려금(EITC)은 소득 및 재산이 일정 금액 미만인 저소득 가구를 대상으로 근로장려금을 지급하여 근로 촉진 및 소득을 지원하는 근로연계형 복지제도이다. 1970년대 이후 미국뿐 아니라 유럽의 여러 나라 등에서 근로를 유인하여 빈곤을 탈출하고, 저소득 가구의 생계를 보호하기 위한 제도로 도입하여 시행하고 있다. 우리나라는 2008년 도입하여 2009년부터 시행한 이후 총 9번의 제도 개편을 통해 지급 대상 및 지급액의 규모가 확대되어 왔다. 짧은 기간 동안 여러 차례의 개편이 이루어진 배경에는 제도 도입 전 예정된 단계적 확대 계획에도 기인하지만, 시행 과정에서 나타난 근로장려금 수급 대상의 사각지대를 해소하고 저소득 가구의 소득보전효과를 높이기 위한 개선 노력이 꾸준히 이루어진 결과라 할 수 있다.

2018년 확대 개편된 이후 근로장려금 수급 대상 가구는 전체 가구의 20%를 상회하고 있으며 연간 총지급액도 4조 원을 넘어서며 빠르게 증가하고 있다. 이는 국민기초생활보장제도의 생계급여와 비교할 때, 지급가구 수로는 약 4배 정도 많은 수준이며 연간 지급총액으로는 이미 생계급여 총액을 앞지른 상황이다. 향후 예정된 개편 방안으로 더욱 확대될 전망이며, 저소득 가구의 소득보장을 목적으로 운영되는 정부사업 중 규모면에서 빼놓을 수 없는 제도가 되었다.

그러나 기초생활보장제도가 빈곤 가구를 대상으로 한다면 근로장려금은 빈곤 가구에서 배제된 차상위 계층의 생계를 보호하기 위한 방안으로 수급자 및 수급액 확대가 이루어지고 있지만, 여전히 지급방식, 급여수준, 수급자 선정방식 등의 측면에서 많은 논의가 진행되고 있다. 특히 근로장려금은 지급 대상자의 소득이 발생한 1년 뒤에 세금환급 형태로 현금을 지급하는 방식으로 운영되고 있어, 경제위기 시에 발생할 수 있는 소득감소에 따른 소득보전 및 빈곤위험을 즉각적으로 대응하는데 한계를 갖고 있다. 뿐만 아니라 세법 개정을 통해서만 수급가구 요건을 완화할 수 있기 때문에 위기 시 취약계층의 지원을 확대하는데도 제약이 있다.

이 연구에서는 2018년 개정안 및 최근 제도 변화를 검토하고, 2020년의 지급 현황과 적시성을 높이기 위한 반기제도 등 운영 현황을 파악하여 코로나19 시기의 대응 현황을 살펴보고자 한다. 또한 2018년 및 2021년 세법개정안에 따른 근로장려금의 소득효과를 분석하여 고용 및 소득충격 시에 적극적으로 대응할 수 있는 발전 방안을 모색한다.

2. 선행연구 및 해외 사례 검토

1) 선행연구 검토

근로장려금의 경제적 효과를 분석한 연구는 노동공급효과와 소득재분배에 미치는 효과로 크게 나뉜다. 이 중에서 노동공급효과를 분석한 연구가 대다수를 차지하며 소득개선(재분배)효과에 대한 연구는 상대적으로 적다. 이는 근로장려금의 주요 목적이 근로능력이 있는 저소득(빈곤) 가구의 근로를 장려하여, 노동을 통한 빈곤 및 공공부조 수급 탈출을 목적으로 하고 있기 때문이다. 또한 노동공급에 미치는 영향에 따라 소득효과가 달라질 수 있다는 점도 노동공급효과 분석에 주로 초점을 맞춘 이유로 보여진다.

이론에 따르면 미취업자의 경우, 근로장려금으로 임금률이 높아짐에 따라 노동참가 유인을 높이고, 노동참가에 따른 근로소득이 증가하지만 취업자의 경우는 소득구간별로 지급률이 상이하기 때문에 노동공급 유인이 상이하게 작용하여 근로소득이 오히려 감소할 수 있다. 즉 소득이 증가함에 따라 지급액이 증가하는 점증구간은 소득효과에 의한 노동공급 감소와 대체효과에 의한 노동공급 증가가 동시에 존재하여 두 효과의 상대적 크기에 의해 달라지는 반면, 평탄구간에서는 소득효과에 따른 노동공급 감소효과만 존재하며, 점감구간에서는 소득효과와 대체효과 모두 노동공급을 감소시키는 것으로 작용한다. 만약 근로장려금 수급가구가 이론에 따라 노동공급을 감소시킨다면 근로장려금 지급 이후 근로소득은 오히려 감소하는 결과를 가져올 수 있고 소득재분배의 긍정적 효과가 나타나지 않을 수 있다.

지금까지 근로장려금의 노동공급효과를 분석한 국내 문헌을 보면, 미취업자의 경제활동 참가는 대체로 증가한 것으로 분석된 반면, 노동공급(시간 및 일수)에 미치는 영향은 유의미하지 않거나 감소 및 증가시킨다는 상이한 연구결과가 제시되고 있다(남재량, 2017; 박지혜·이정민, 2018; 신우리·송헌재, 2018a; 신우리·송헌재, 2018b; 송헌재, 2012; 이대웅 외, 2015; 임완섭, 2012; 정찬미·김재진, 2015). 이는 미취업자의 경우 추정변수가 경제활동 참가 여부로 상대적으로 명확하고 제도 변화에 대한 유인이 단순하기 때문에 이론에 대체로 부합하는 결과가 도출되는 것으로 보인다. 그러나 취업자의 경우 이론과 일치하지 않고 상이한 결과가 분석되는 것은 분석 시점에 따른 수급 대상 및 수급액 등 제도의 차이, 노동공급 변수(시간, 일수 등)의 선택의 차이, 가구구성원의 노동공급 포함 여부 및 인적·노동특성별 분석의 차이, 분석자료의 차이 등에 따라 분석결과가 영향을 받을 수 있기 때문인 것으로 보여진다. 또한 노동자가 노동공급(시간 및 일수)을 스스로 자유롭게 조절하기 어렵다는 점과 복잡한 제도에 대한 이해 부족, 최적화 행위를 위한 한계세율에 대한 불완전 정보, 분석 상의 노동시간 측정 오차 등에 기인하는 것으로 설명하기도 한다(Ellwood, 2000; Meyer and Rosenbaum, 2001; Saez, 2010; 김상봉·홍우형, 2018에서 재인용).

이러한 차이에도 불구하고 제도가 대폭 확대된 2018년의 효과를 분석한 선행연구를 보면, 근로장려금 확대가 노동공급의 유인에 긍정적으로 작용하는 것으로 분석되는 연구들이 많다(김상봉·홍우형, 2018). 이는 2018년 개정에서 노동공급 유인을 강화하기 위해 소득구간 조정을 통해 점감구간을 좁혀 점감률을 높이고 평탄구간과 점증구간을 넓혀 점증률을 낮춘 결과가 반영된 것으로 추정된다.

근로장려금의 소득효과를 분석한 국내 문헌은 대체로 저소득 가구의 소득 개선에 긍정적 효과를 미친 것으로 분석되고 있다(김상봉·홍우형, 2018; 남재량, 2017; 신상화·김문정, 2019; 신우리·송헌재, 2018c; 임병인, 2012; 정찬미·김재진, 2015; 한종석·김선빈·장용성, 2021). 소득효과는 근로장려금의 궁극적 목적인 저소득 가구의 소득 변화를 직접적으로 분석하는 것으로 제도 개편이 소득증가 및 불평등 완화에 어느 정도 기여하였는지를 분석하는 연구가 주로 이루어지고 있다. 최근 근로장려금의 제도 개편이 상대적으로 소득보전 기능 강화에 맞춰 이루어지고 있는 측면이 반영되어 소득 변화에 대한 연구가 증가하고 있다.

제도 개선에 따른 소득효과를 분석한 연구는 조사자료가 공개된 이후 사후적으로 분석한 연구와 제도 개편 이전 시기의 조사자료를 이용하여 시뮬레이션을 통해 사전적으로 제도 개편에 따른 소득효과를 분석하는 연구로 구분된다. 사후적 분석의 경우 행위의 결과를 분석하기 때문에 노동공급의 변화를 고려하지 않아도 되지만, 사전적으로 제도 개편에 따른 소득효과를 추정한 시뮬레이션 분석의 경우에는 노동공급효과를 고려할 필요가 있다. 다만 분석의 제약으로 대부분의 연구들이 기존 경제 상황 및 노동자의 최적화 행위가 유지된다는 가정 하에서 소득효과를 추정하고 있다.

지금까지 사전적 및 사후적으로 분석한 국내 선행연구는 대체로 지급 대상 및 지급액을 확대한 제도 개편이 소득 개선에 긍정적 영향을 미친 것으로 분석하고 있다.

대폭 개정이 이루어진 2018년 이후 효과를 분석한 기존연구는 소수에 불과하며, 개편 이전 자료를 이용하여 시나리오를 설정하여 모의실험을 통해 사전적으로 제도 변화효과를 추정하거나 개편 시점에 설문조사로 현황을 파악한 것들이 대부분이다. 이들 선행연구 결과를 요약하면, 신상화(2019)는 지니계수 개선율이 개정 전보다 약 2.8배 크고, 재산요건 완화의 불평등 개선효과가 큰 것으로 분석하였고, 홍우형(2018)은 약 3배 정도 불평등지수(5분위배수, 지니계수)를 개선하는 효과가 있고, 김상봉·홍우형(2018)은 사업소득 가구의 불평등지수 개선율이 높은 것으로 분석하였다.

방법론적으로 차이가 있는 한종석·김선빈·장용성(2021)의 연구는 일반균형모형을 이용하여 노동공급효과를 고려하여 2019년 제도 확대에 따른 소득재분배의 효과를 분석하였으며, 노동공급을 고려할 때 노동시간 조정을 통해 근로장려금 혜택을 받는 가구수가 증가하여 소득개선효과가 오히려 더 큰 것으로 추정하였다.

2018년 개편으로 근로장려금의 소득효과가 확대됨에 따라 코로나19 시기에 취약계층의 소득충격을 완화하는데 이전 제도에 비해 효과적으로 작용했을 것으로 추정해 볼 수 있다. 다만 이에 대한 선행연구는 아직 존재하지 않는다.

2) 해외 제도 비교

근로장려금의 해외 사례[1]에 대한 연구는 김상봉·홍우형(2018), 조동희 외(2019)에 자세히 소개되어 있다. 이 절에서는 우리나라 제도와 비교하여 주요 국가 근로장려금 운영방식과 소득구간 및 지급액 수준의 차이와 특징을 간략히 요약한다.

근로장려금은 미국에서 근로유인을 제고하여 빈곤을 완화하기 위한 정책으로 1975년 처음 도입되었다. 영국, 캐나다 등의 주요 국가에서도 유사한 제도를 운영하고 있으며, 국가별로 자격요건, 지급액 산정방식 등에서 여러 차이가 있다.

먼저 산정방식 및 급여체계를 살펴보면, 영국을 제외한 미국, 캐나다, 우리나라는 점증·평탄·점감하는 소득구간을 구분하여 급여액을 산정하며, 가구 유형을 우리나라는 단독·홑벌이·맞벌이가구로 구분하여 급여액을 산정하지만 주요 국가들은 자녀수별로 구분하거나 단독

---

1 김상봉·홍우형(2018)을 발췌·정리함.

가구와 가구별로 구분하여 차등 지급하고 있다.

미국은 개인 혹은 가구주로 세금신고(tax filing)하는 기준과 자녀수에 따라 차등하여 지급액을 산정하며, 캐나다와 영국은 단독과 가구를 기준으로 차등하여 지급액을 산정하고 있으며, 홑벌이와 맞벌이에 차등을 두지 않는다. 영국의 경우 WTC와 CTC를 연계하였기 때문에 자녀수별로 지급액 산정은 다르다. 캐나다의 경우 예외적으로 일부 주에서는 지급액 산정액이 다르며, 일정 수준(3,000 CAD) 이상의 소득이 있는 근로자부터 근로장려금이 지급된다는 것이 특징이다.

근로장려금을 운영하는 대부분의 주요국은 적용 단위를 모두 가구 기준으로 하고 있으며, 지급 주기는 국가별로 상이하다. 미국이 우리나라와 같이 1년 일시금으로 지급하고 있으나 영국은 주, 격주, 월, 연 단위의 지급 기간을 선택할 수 있으며, 캐나다는 분기별로 지급하고 있다. 우리나라도 2018년 세법개정안에서 근로소득자에 한해 반기별로 지급하는 것을 선택할 수 있도록 개정하여 시행 중에 있다.

가구 요건을 살펴보면, 대부분의 국가에서 부양 자녀가 있거나 부부가구, 그리고 단독가구를 모두 포함하고 있다. 가구 요건은 일반적으로 생각할 수 있는 모든 범주의 가구를 지급 대상으로 삼고 있다. 단독가구의 경우 대부분의 국가에서 따로 연령제한을 두고 있지 않으며, 우리나라도 2018년 세법개정안을 통해 연령제한을 폐지하여 주요국과 동일한 범주의 가구를 구성하는 방향으로 변화하였다. 단, 단독가구의 경우에 주요국 모두에서 교육기관에 수학하고 있는 정규학생의 경우 단독가구의 범주에서 제외하고 있으며, 우리나라는 이에 대한 규정은 없다.

대부분의 국가에서는 근로 여부 조건만 만족하면 지급 대상이 되지만, 영국은 예외적으로 최소근로시간요건을 추가적으로 만족하여야 근로장려금을 적용받을 수 있으며 주 30시간 이상 근로 시 추가적인 장려금을 지급하고 있다.

〈표 4-1〉 주요국의 근로장려세제의 비교

구 분	미국	캐나다	영국	한국
지급체계 (산정방식)	• EITC - 근로소득, 자녀수, 납세자 구분에 따라 공제액 산출	• WITB - 근로소득과 독신/가구당 급여 산출	• WTC 및 CTC - WTC: 근로연계 - CTC: 아동연계	• EITC - 총급여, 가구 구분에 따라 지급액 산출
급여체계	점증, 평탄, 점감	점증, 평탄, 점감	평탄, 점감	점증, 평탄, 점감
적용단위 (지급주기)	가구 (1년: 일시금)	가구 (분기)	• 가구 - (월/주: 분할) - (1년: 일시금)	가구 (1년: 일시금)
근로시간 요건	×	×	• 최소 16시간 • 30시간 이상은 추가지급	×
근로연계	근로시 지급	근로시 지급	• 근로시 지급 • 근로×, 자녀○ 지급(CTC)	근로시 지급
부양자 요건	배우자, 부양자녀× 독신도 수급 가능	배우자, 부양자녀× 독신도 수급 가능	배우자, 부양자녀× 독신도 수급 가능	배우자, 부양자녀× 70세 이상 부모 부양시 수급 가능, 독신도 수급 가능
신청자격	• 3단계 요건 검토 - 1단계: 모든 대상자 적용요건 ① 조정 총소득 ② 부부합산신고 ③ 국외소득 소득세 감면 불허 ④ 투자소득금액 제한 ⑤ 근로소득 ⑥ 사회보장번호 ⑦ 거주자	• 과세기간 거주자 • 19세 이상, 배우자 또는 파트너와 함께 거주, 자녀와 함께 거주 • 근로소득 3,000 CAD 이상	• WTC 자격요건 - 자녀: ×(25세, 30시간) - 독신, 자녀: ○ (16세, 16시간) - 부부, 자녀: ○ (16세, 16시간) - 독신: 24시간-부부합산	• EITC 자격요건 ① 가구요건 - 부부가구 - 70세 이상의 부모가 있는 홑벌이가구 - 30세 이상 단독가구 ② 소득요건 - 단독: 2,000만 원 미만 - 홑벌이: 3,000만 원 미만 - 맞벌이: 3,600만 원 미만

신청자격	- 2단계: 자녀 유무 조건 - 3단계: 자녀수에 따른 근로소득금액			③ 재산요건 - 가구원 재산합계액 2억 원 미만
소득기준 물가연동	○	○	×	×
기준소득 범위	• 소득범위 ① 임금소득자 급여 ② 자영업자 순손익 ③ 법정임금소득자 총소득	• 소득범위 ① 고용소득 ② 과세대상장학금 ③ 자영업자소득 ④ 자원봉사대가 중 면세소득	• 소득범위 ① 고용소득(급여, 자영자) ② 특정 혜택 ③ 기타소득(300파운드 이상 이자, 연금, 재산소득)	• 소득범위 ① 사업소득 ② 근로소득 ③ 종교인소득 ④ 기타소득 ⑤ 이자·배당, 연금소득

출처: 김상봉·홍우형(2018).

그 밖의 자격요건을 살펴보면, 주요국에서는 우리나라의 재산요건과 같은 기타 제한요건이 대체로 없으며, 미국의 경우에만 투자소득금액 제한요건이 존재한다. 미국은 투자소득금액이 3,450USD를 초과할 경우 근로장려금 지급 대상에서 제외된다. 또한 주요국 중 미국과 캐나다는 소득요건 산정기준을 물가에 연동하여 매년 변화하는 방식으로 운영하고 있으며, 우리나라는 세법 개정을 통해 총소득 기준을 변경하고 있다.

〈표 4-2〉에서 1인당 GDP 대비 최대소득구간을 비교하면, 2018년 세법 개정으로 인해 우리나라의 소득구간이 크게 증가하여 다른 주요국에 비해 높은 수준이라는 것을 확인할 수 있다. 1인당 GDP 대비 최대소득구간의 비중은 주요국의 경우 최소 25.2%에서 85.0%로 100%를 넘지 않는 반면, 우리나라의 1인당 GDP 대비 최대소득구간의 비중은 2018년 개정 이전에는 주요국과 유사한 수준이었으나 2018년 개정으로 인해 주요국에 비해 상대적으로 매우 높은 수준으로 증가하였

다. 특히 맞벌이의 경우에는 1인당 GDP 대비 최대소득구간의 비중이 100%를 초과하는 것으로 나타났다.

〈표 4-2〉1인당 GDP 대비 최대소득구간, 최대급여액 비교

국가	가구 형태	최대소득구간	최대지급액	1인당 GDP	GDP 대비 최대소득 비중(%)	GDP 대비 최대지급액 비중(%)
미국 (자녀0)	단독	15,010USD	510USD		25.2%	0.9%
	부부	20,600USD	510USD		34.6%	0.9%
미국 (자녀1)	단독	39,617USD	3,400USD	59,532USD	66.5%	5.7%
	부부	45,207USD	3,400USD		75.9%	5.7%
미국 (자녀2)	단독	45,007USD	5,616USD		75.6%	9.4%
	부부	50,597USD	5,616USD		85.0%	9.4%
영국[1] (2017)	단독	14,000파운드	605파운드	39,720USD	45.4%	2.0%
	부부	19,000파운드	2,615파운드	30,862파운드	61.6%	8.5%
캐나다[2] (2017)	개인	18,791CAD	1,043	45,032USD	33.7%	1.9%
	가구	28,975CAD	1,894	55,750CAD	52.0%	3.4%
한국 (2018)	단독	1,300만 원	85만 원	29,744USD 3,362만 원	38.7%	2.5%
	홑벌이	2,100만 원	200만 원		62.5%	5.9%
	맞벌이	2,500만 원	250만 원		74.4%	7.4%
한국 (2019)	단독	2,000만 원	150만 원	32,774USD[3] 3,527만 원	56.7%	4.3%
	홑벌이	3,000만 원	260만 원		85.1%	7.4%
	맞벌이	3,600만 원	300만 원		102.1%	8.5%

주: 1) 1인당 GDP는 2017년 OECD(당해년 가격) 자료를 활용하였으며, 2017년 환율을 곱하여 산출
   2) 영국: 근로를 하지만 부양 자녀가 없는 경우(WTC만 받음)
   3) 캐나다: Alberta, British Columbia, Nunavut, Quebec 주를 제외한 캐나다 대부분의 주 기준
   4) IMF에서 공개한 2018.4 기준 1인당 GDP에 2018.4 기준 환율을 적용하여 산출
출처: 김상봉·홍우형(2018)

우리나라는 1인당 GDP 대비 최대지급액의 경우에는 2018년 개정으로 주요국과 유사한 수준까지 증가하였으며, 단독가구의 최대지급액이

상대적으로 높아졌다. 단독가구의 경우 미국의 1인당 GDP 대비 최대지급액은 0.9%, 영국은 2.0%, 캐나다는 1.9%이지만, 우리나라는 2018년 2.5%에서 2019년 4.3%로 크게 증가하여 주요국에 비해 높은 수준이다.

〈표 4-3〉에서 근로장려금 점증·평탄·점감구간의 비중을 살펴보면, 2018년 세법 개정 이후 우리나라의 근로장려세제의 점증구간 비중은 상대적으로 작아졌고, 평탄·점감 구간의 비중은 상대적으로 커졌다. 주요국은 가구형태별로 점증·평탄·점감구간의 비중이 상이하지만, 점증구간만을 한정하여 볼 때 2018년 개정으로 우리나라의 점증구간 비중이 상대적으로 작아졌다는 것을 확인할 수 있다. 특히 미국과 비교하면, 미국에서는 상대적으로 큰 근로유인을 제공할 필요가 있는 단독가구에서 점증구간(44.4%)이 매우 길고, 평탄구간(11.2%)이 짧은 반면, 우리나라는 세법 개정으로 단독가구의 점증구간은 46.2%에서 20.0%로 크게 감소한 반면, 평탄구간은 23.1%에서 25.0%로 증가하였으며, 점감구간은 30.8%에서 50.0%로 크게 확대되었다. 점증구간의 축소와 평탄·점감구간의 증가는 노동공급 측면에서 바람직하지 않지만, 평탄구간 및 점감구간의 증가는 저임금근로자의 소득 증가에 기여할 수 있다.

2018년의 세법 개정은 구간 변경에 따른 근로유인 감소 요인을 축소하기 위해 점증률을 높이고 점감률을 낮추는 보완을 하였으나 전체적인 개편 방향은 근로유인을 증가시키는 것보다는 저임금근로자의 소득보전과 소득재분배를 강화하는 측면에 집중된 것으로 보인다. 개편 이후 총소득요건 및 급여액 수준은 미국 등 주요 국가와 유사한 수준으로까지 확대되어 OECD(2018)에서 정책 제언한 점감구간의 소득 상한 수준에 근접한 것으로 보인다.

〈표 4-3〉 급여체계 비교

국가	가구형태	점증구간	평탄구간	점감구간
미국 (자녀 0명)	개인	0~6,780USD (44.4%)	6,780~8,490USD (11.2%)	8,490~15,270USD (44.4%)
	가구	0~6,780USD (32.4%)	6,780~14,170USD (35.3%)	14,170~20,950USD (32.4%)
미국 (자녀 1명)	개인	0~10,180USD (25.2%)	10,180~18,660USD (21.0%)	18,660~40,320USD (53.7%)
	가구	0~10,180USD (22.1%)	10,180~24,350USD (30.8%)	24,350~46,010USD (47.1%)
미국 (자녀 2명)	개인	0~14,290USD (29.0%)	14,290~18,660USD (8.9%)	18,660~49,194USD (62.1%)
	가구	0~14,290USD (27.5%)	14,290~24,350USD (19.4%)	24,350~51,492USD (52.3%)
캐나다	개인	3,000~7,236CAD (22.2%)	7,236~12,016CAD (25.1%)	12,016~19,076CAD (37.0%)
	가구	3,000~10,688CAD (26.1%)	10,688~16,593CAD (20.1%)	16,593~29,406CAD (43.6%)
한국 (2018)	단독	0~600만 원 (46.2%)	600~900만 원 (23.1%)	900~1,300만 원 (30.8%)
	홑벌이	0~900만 원 (42.9%)	900~1,200만 원 (14.3%)	1,200~2,100만 원 (42.9%)
	맞벌이	0~1,000만 원 (40.0%)	1,000~1,300만 원 (12.0%)	1,300~2,500만 원 (48.0%)
한국 (2019)	단독	0~400만 원 (20.0%)	400~900만 원 (25.0%)	900~2,000만 원 (55.0%)
	홑벌이	0~700만 원 (23.3%)	700~1,400만 원 (23.3%)	1,400~3,000만 원 (53.3%)
	맞벌이	0~800만 원 (22.2%)	800~1,700만 원 (25.0%)	1,700~3,600만 원 (52.8%)

주: 괄호안 값은 전체 총소득 요건 범위에서 점증·평탄·점감구간이 차지하는 비중을 의미.
출처: 김상봉·홍우형(2018).

코로나19 위기에서 미국은 근로장려금 수급자격 및 수급액을 확대하여 경제적 충격을 완화하고자 하는 일시적 조치를 취하였다. 단독가구의 수급액을 최대 3배까지 증가시키고, 자녀가 없는 단독가구 및 부부가구의 경우 소득상한을 인상하였고, 자녀가 있는 경우는 자녀세액 공제를 확대하여 혜택을 강화하였다. 또한 수급 자격에서 배제되었던 19~24세 및 65세 이상의 근로자도 수급 받을 수 있는 자격을 부여하였다. 일부 주의 경우에는 일자리를 잃은 경우에도 이전 연도 소득에 따라 근로장려금을 지급받을 수 있도록 하였고, 환급기준 소득연도의 수입이 감소한 경우에는 그 이전 연도의 소득과 비교하여 가장 많은 돈을 환급받을 수 있는 소득을 선택하여 신청할 수 있다. 다만 1~2차에 걸친 코로나19 재난지원금을 지급 받은 경우에는 지급액을 제외한 부분에 대해서 환급되며, 확대 운영은 2021년까지만 한시적으로 운영하는 것으로 계획하고 있다.

3. 근로장려금 제도 변화와 지급 현황

1) 제도연혁 및 최근 제도 변화

근로장려금은 2008년 처음 도입된 이후 2018년 개정까지 총 9차례 제도 개편이 이루어졌다. 제도 개편 과정은 임금근로자 가구에서 사업소득 가구로 지급 대상을 확대하는 기본계획을 이행하는 것을 포함하여 시행에 따른 문제점을 개선하기 위한 소득요건과 지급요건의 가구 유형을 개편하는 등 많은 부분에서 변화가 있었다.

이 중에서 주요 제도 변화를 살펴보면, 2011년(귀속소득년도) 개정 (2012년 시행)에서 부양자녀별로 소득요건 및 지급액을 구분하여 가구원수에 따라 소득요건 완화 및 지급요건이 강화되어 가구 규모에 따른 차등이 반영되었다. 2012년 개정에서는 부양자녀가 없는 60세 이상 단독가구를 포함하여 노인 근로빈곤층의 문제를 우선적으로 대응하고자 하였고, 2015년~2017년까지 매년 단독가구 연령을 50~30세로 단계적으로 완화하였으며, 2018년 이후 모든 연령의 근로자가구가 지급 대상이 되었다. 2013년 개정에서는 소득요건 및 지급요건을 부양자녀별 구분에서 단독가구, 홑벌이가구, 맞벌이가구로 가구 유형을 구분하는 것으로 대폭 변경되었다. 2014년 개정의 가장 큰 특징은 고소득 전문직 사업자를 제외한 사업소득 가구를 포함하였고, 기초생활수급자 제외 요건을 폐지하여 저소득 근로자 가구의 지급 대상이 크게 확대되었다. 2016년에는 무주택자(또는 주택 1채) 대상이었던 주택요건을 폐지하고 재산요건으로만 구분하도록 개정하였다.

〈표 4-4〉 근로장려금 주요 개정(귀속소득년도 기준)

연도	2008~2010	2011	2012	2013	2014	2015	2016	2017	2018	2019
대상	근로소득 가구		사업소득자 중에서 보험모집인, 방문판매원 포함	사업소득 가구 포함 (단, 고소득 전문직 사업자 제외)						
총소득 요건	부부합산 1,700만 원 미만	부양자녀수별 부부합산 소득 기준			가구유형별 부부합산 소득 기준					
		0명: 1,300만 원 1명: 1,700만 원 2명: 2,100만 원 3명 이상: 2,500만 원			단독: 1,300만 원 홑벌이: 2,100만 원 맞벌이: 2,500만 원				단독: 2,000만 원 홑벌이: 3,000만 원 맞벌이: 3,600만 원	
가구 요건	18세 미만 자녀	배우자 또는 18세 미만 자녀	단독가구: 만 60세 이상			단독가구: 만 50세 이상	단독가구: 만 40세 이상	단독가구: 만 30세 이상	모든 연령	
주택 요건	5천만 원 이하 주택 1채	무주택자 또는								
		6천만 원 이하 주택 1채			주택 1채 (금액 요건 폐지)		주택요건 폐지			

재산요건	소규모주택 포함 재산합계액 1억 원 미만		재산합계액 1억 4천만 원 미만 (단, 1억 원 이상은 50% 감액 지급)			2억 원 미만 (단, 1.4억 원 이상 50% 감액 지급)
최대지급액	120만원	부양자녀수별 지급	가구유형별 지급			
		0명: 70만 원 1명: 140만 원 2명: 170만 원 3명 이상: 200만 원	단독: 70 홑벌이: 170 맞벌이: 210	단독:77 홑: 185 맞: 230 / 단독:85 홑: 200 맞: 250		단독: 150 홑벌이: 260 맞벌이: 300
기타	3개월 이상 생계, 주거, 교육 급여 수급자 제외	신청년도 3월에 생계, 주거 급여 수급자 제외	기초생활수급자 제외 요건 폐지			

출처: 박소은 외(2021).

근로장려금 지급액은 부양자녀수별에서 가구유형별로 변경이 이루어지는 9차례 개편 과정에서도 1~3년 주기로 점진적으로 상향 조정되었고, 가구당 최대 10~20만 원 상향 조정되는 수준에 그치다가 2018년 개정에서 최대 50~75만을 상향 조정하는 큰 폭의 조정이 이루어졌다. 이처럼 지급액의 상향 조정이 1~3년 주기로 이루어지고, 가구 총소득요건이 일정 주기로 조정되는 등 주기적인 개편이 이루어지는 이유 중 하나는 총소득요건 및 최대지급액이 물가에 연동되어 있지 않기 때문에 1~2년 이후 지급가구수와 평균지급액이 감소하여 소득보전 기능이 저하되는 상황을 조정하기 위한 개편이 이루어지고 있다.

2018년 개정(2019년 시행)은 단독가구 연령을 폐지하고 총소득요건 및 재산요건을 완화하여 지급 대상을 확대하고 지급액을 대폭 확대하는 등 저소득가구의 소득보전 기능을 강화하기 위한 가장 큰 수준의 개편이 이루어졌다. 가구소득 상한액은 단독가구는 1,300만 원에서

[그림 4-1] 2018년 제도 개편에 따른 가구유형별 총소득기준 및 지급액 변화

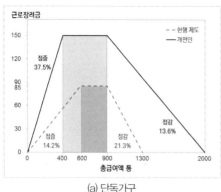

(a) 단독가구

(b) 홑벌이가구

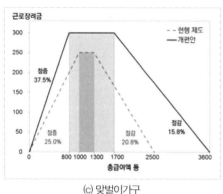

(c) 맞벌이가구

주: 현행 제도는 2017년 제도이며, 개편안은
2018년 개편된 제도임.
출처: 신상화(2019).

2,000만 원, 홑벌이가구는 2,100만 원에서 3,000만 원, 맞벌이가구는
2,500만 원에서 3,600만 원으로 조정되었고, 최대지급액도 단독, 홑벌
이, 맞벌이가구 각각 150만 원, 260만 원, 300만 원으로 인상되었다.

모든 가구유형별로 소득 하위구간인 점증구간을 축소하여 점증률
이 높아졌고, 평탄구간과 점감구간을 확대하여 최대지급가구 및 차상
위가구 수급 범위가 넓어졌으며 점감률은 감소하였다. 전체적으로 볼
때, 점증구간을 좁히고 평탄구간과 점감구간을 확대하여 소득보장의

기능을 강화하려는 목적과 점증률을 높여 최하위소득자의 근로유인을 강화하고 점감률을 낮춰 차상위계층의 근로유인 약화를 줄이고자 하는 목적을 모두 포함하고 있는 개편으로 보인다.

2018년 개정은 지급방식에서도 반기신청(상반기와 하반기)제도를 도입하여 귀속소득년도 이듬해 9월에 세금 환급 형태로 1회 지급되는 방식을 근로자가 선택하여 귀속소득 당해년도와 다음년도에 분할하여 지급받을 수 있도록 개편되었다.

반기신청제도는 소득 발생시점과 장려금 수급시점 간 시차가 크게 발생하는 기존 장려금 지급제도의 단점을 보완하고 장려금 지원의 실질적인 체감도를 높이기 위하여, 반기별 소득 파악이 가능한 근로소득자(사업소득자 제외)에 한하여 당해년도 소득을 기준으로 근로장려금을 반기별로 신청·지급할 수 있도록 2019년부터 시행된 제도이다. 지급 및 신청 방법은 귀속소득 당해년도 상반기 신청은 1~6월까지 근로소득을 9월에 신청하면 12월에 장려금이 지급되고, 하반기 및 정기신청을 별도로 하지 않아도 자동으로 신청한 것으로 적용된다. 하반기 신청분은 7~12월 근로소득에 대해 귀속소득 다음년도 6월에 장려금이 지급되며, 귀속소득 다음년도 9월에 귀속소득년도 총소득에 대한 산정액과 기지급액을 차감한 급여의 정산이 이루어진다.

근무기간 산정은 6월 말 현재 계속 근무하는 상용근로자는 월 15일 이상 근무한 월을 1개월로 보아 계산하고, 일용근로자나 중도퇴직 상용근로자는 실제 근무월수와 무관하게 근무월수를 6개월로 산정한다. 지급액은 상반기에 산정액의 35%를 당해년도 12월 말까지 지급하고, 하반기에 산정액의 35%를 다음년도 6월에 지급한 이후, 다음년도 9월 말 정산 시 산정액에서 기지급액을 제외한 금액이 지급된다.

<표 4-5> 근로장려금 정기·반기 신청 기간 및 지급 시기(2021년 귀속소득 기준)

구 분		신청 기간	지급 시기	지급액
정기	정기신청	2022.5.1.~2022.5.31	2022년 9월 말	-
	기한후 신청	2022.6.1.~2022.11.30	신청 달부터 4개월 말 이내	-
	2021년 상반기분	2021.9.1.~9.15.	2021년 12월 말	산정액의 35% 또는 지급유보
반기	2021년 하반기분	2022.3.1.~3.15.	2022년 6월 말	산정액의 35% 또는 지급유보
	정산	-	2022년 9월 말	산정액 - 기지급액

주: 1) 지급유보는 반기별 지급액이 15만 원 미만이거나 정산 시 환수가 예상되는 경우에는 지급하지 아니하고 다음해 9월에 정산함.
    2) 반기 지급액 산정은 상용근로자 중 계속근무자는 상반기총급여 + (상반기총급여÷근무월수)×6, 일용근로자, 상용근로자 중 중도퇴직자는 상반기총급여×2로 계산함.

2021년 현재 근로장려금은 신청 및 지급방법에서 몇 가지 개선이 이루어졌다. 먼저, 반기 근로장려금 지급기한을 기존 20일에서 15일로 단축하였지만 큰 변화로 보기는 어렵다. 반면 주소득자 규정 정비와 과세 관청의 직권 신청, 중증장애인 부양가족 기준을 완화한 부분은 지급 대상을 확대하기 위한 개선으로 보인다. 현재 근로장려금은 가구당 1명에게만 지급되며 2명 이상이 중복 신청한 경우에는 거주자간 상호합의로 정하거나 총급여액이 많은 자가 신청한 것으로 간주한다. 다만 아들과 아버지가 아닌 부부의 경우 주소득원으로 소득이 많은 자가 신청한 것으로 규정했던 부분을 삭제하여 부부의 경우에도 상호 합의하여 신청할 수 있게 개선되어 수급에 유리한 가구원이 선택할 수 있게 되었다.

과세 관청의 직권 신청제도는 근로장려금을 인지하지 못하거나 절차 상의 어려움으로 신청하지 못하는 고연령 근로자 등의 신청을 확대하기 위한 개선 방안으로 수급 대상 확대에 기여할 수 있을 것으로 보이며, 과세 관청이 거주자의 동의 하에 직권으로 신청할 수 있도록 규정하였다. 근로장려금 신청주의에 따른 수급의 사각지대를 해소하려는 적절한 개선 방안으로 보인다. 다만 현재 소득 및 과세에 대한 전산화가 이루어져 거주자 동의만 있으며 직접 서류를 제출하지 않아도 수급요건을 파악하여 신청이 가능한 상황임을 고려하면, 거주자 동의와 관계없이 전산화를 통해 과세 관청이 수급 대상자를 선별하고, 이를 사후에 전산 또는 우편으로 공지하여 동의를 받는 방식으로 검토도 필요해 보인다.

〈표 4-6〉 2021년 근로장려금 사무처리 규정 개선 사항(2020년 귀속소득부터)

반기 근로장려금 지급기한 단축	저소득 근로소득자에 대한 조속한 지원을 위해 반기 근로장려금을 결정일로부터 15일 이내에 지급(기존 20일)
주소득자 규정 정비	부부가 장려금을 중복 신청하는 경우 주소득자가 신청하는 것으로 의제하는 규정 삭제
과세 관청의 직권 신청	거주자가 동의할 경우 과세 관청이 직권으로 장려금을 신청할 수 있도록 규정
중증장애인 직계존속 부양가족에 대한 근로장려금 확대	자녀만 연령에 관계없이 부양가족으로 인정했던 부분을 직계존속으로 확대하여, 중증장애인 가구는 연령 및 직계존비속에 관계없이 홑벌이 가구로 인정 가능

2021년 세법개정안에 따르면 저소득층 지원 강화를 목적으로 2022년부터 지급되는 2021년도 귀속소득에 대해 총소득금액 기준금액을 200만 원 인상하여 단독가구, 홑벌이가구, 맞벌이가구 각각 2,000만 원에서 2,200만 원, 3,000만 원에서 3,200만 원, 3,600만 원에서 3,800만 원으로 상향 조정될 예정이다. 조정안은 기준 중위소득 및 최저임금 인상을 감안하여 조정되었고, 중위소득 대비 단독가구는

100%, 홑벌이·맞벌이가구는 65%까지 지원 가능하며, 단독가구인 최저임금 근로자도 지원이 가능해졌다. 가구유형별로 인상 금액이 200만 원으로 동일하여 단독가구의 인상률이 10.0%로 가장 높아 단독가구의 수급자 확대가 상대적으로 커질 것으로 예상된다.

또한 근로장려금의 적시성을 높이기 위한 방안으로 마련된 반기신청제도도 근로장려금 정산 시기를 다음해 9월에서 다음해 6월로 3개월 단축하여 하반기분 지급 시에 정산하는 것으로 변경되었다. 이에 따라 상반기 지급된 35%를 제외한 하반기분을 6월에 모두(65%) 받게 되어 기존 제도에서 정산 시 지급받는 30%분이 3개월 앞당겨 지급받게 되었다.

사업소득자의 총소득기준도 기존 총수입금액으로 사업소득을 계산한 방식에서 사업경비나 부대비용, 부가가치세 등을 비용으로 인정하여 사업소득을 계산하고 기존(2014년 규정) 업종별 조정률로 새롭게 정비할 예정이다.

2021년 세법개정안의 근로장려금 개편은 저소득층 지원 강화를 위해 수급 대상을 확대하려는 정책 목표가 반영된 결과로 풀이된다.

〈표 4-7〉 2022년 근로장려금 제도개정안(2021년 세법개정안)

총소득기준 변경	단독가구: 2,000만 원 → 2,200만 원(인상률: 10.0%) 홑벌이가구: 3,000만 원 → 3,200만 원(인상률: 6.7%) 맞벌이가구: 3,600만 원 → 3,800만 원(인상률: 5.6%)
반기 정산 시기 3개월 단축	상반기분: 9월 신청, 12월 35% 지급(기존 동일) 하반기분: 3월 신청, 6월 65% 지급 및 정산(개정)
사업소득자 비용 인정 및 업종별 경감률 조정	사업경비나 부대비용, 부가가치세 등을 인정 업종별 조정률을 변경(변경안 논의중)

2) 근로장려금 지급 현황 추이

근로장려금 지급 현황을 보면, 그동안 제도 변화가 지급 대상을 확대하는 방향으로 조정되어온 결과가 반영되어 2009년(귀속소득연도 기준) 이후 지급가구수 및 지급총액이 꾸준히 상승하였다. 특히 지급 대상 범위가 확대된 연도를 기준으로 큰 폭의 증가가 뚜렷하게 나타나고 있다. 2009년 기준 지급가구수는 57만 가구에서 부양자녀수별로 가구를 구분하여 소득요건을 크게 확대시킨 2011년에 75만 가구로 전년 대비 약 23만 가구가 증가하였고, 사업소득 가구를 포함하고 기초생활수급자 제외 요건을 폐지한 2014년에도 123만 가구로 전년 대비 약 69% 증가하였다. 이후 단독가구 연령 제한이 매년 낮아지면서 15~20만 명씩 매년 증가하였고, 총소득요건과 재산요건을 크게 완화한 2018년에는 389만 명으로 전년 대비 2.3배 증가하여 우리나라 전체 가구의 약 20%를 상회하는 수준으로 크게 확대되었다.

총지원금액도 지급가구수 증가와 함께 2009년 약 4천억 원에서 2011년 약 6천억 원, 그리고 2014~2017년에는 1조 원 초반 수준으로 증가하였고, 지급가구수 및 지급액이 크게 조정된 2018년에는 약 4조 3천억 원으로 전년 대비 3.4배로 크게 증가하였다. 2019년 지원가구수는 약 421만 명이며 지원금액은 약 4조 4천억 원이다. 즉 지급년도 기준으로 보면 코로나19 시기인 2020년에 약 421만 명이 근로장려금 혜택을 받은 것으로 조사되었다.

가구당 평균지급액은 지급가구수와 총지급액이 꾸준히 증가한 것과는 달리 2017년까지 70만 원 중반 대에 머무르며 전혀 증가하지 않다가 최대지급액이 크게 증가한 2018년 이후 100~110만 원 수준으로 증가하였다. 가구당 평균지급액은 제도 개편 직후 지급가구수

[그림 4-2] 근로장려금 지급 추이(지급년도 기준)

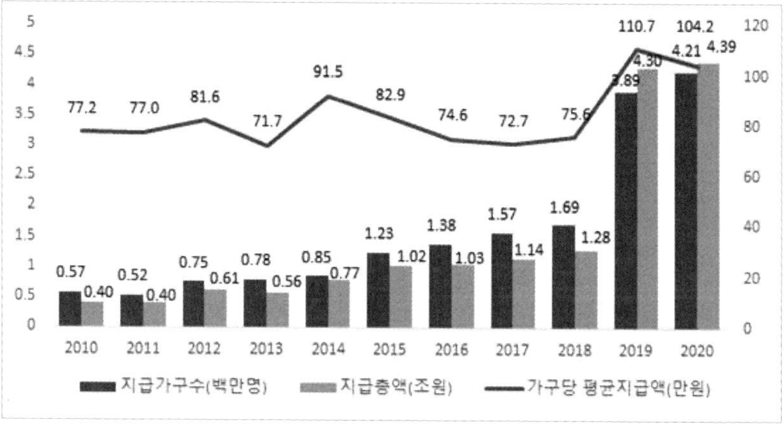

출처: 국세청(2020), 국세통계.

가 확대됨에 따라 감소하다가 최대지급액의 조정이 이루어진 시점에서 높아지는 경향을 보인다. 최대지급액이 인상되지 않았던 2014년과 2015년, 2019년의 가구당 평균지급액은 전년 대비 감소하였다. 이는 지급액이 물가에 연동되어 조정되지 않기 때문에 지급액 조정이 이루어지지 않은 연도의 경우 실질지급액이 전년 대비 감소하기 때문인 것으로 보인다.

조세지출예산서에 따르면 반기제도가 도입된 2019년 상반기 신청분을 2019년 12월에 조기 지급한 것을 반영하면 2019년(지급기준) 실지급액은 2018년 귀속소득분과 반기지급(2019년 상반기분)을 포함하여 4조 9천억 원이다. 코로나19 시기인 2020년(지급기준)에는 기지급분(2019년 상반기 신청분이 2019년 12월에 지급)으로 일시적으로 약 4천억 원 감소하여 약 4조 5천억 원이 지급된 것으로 보고하고 있다. 2021년(지급기준)은 약 4조 6천억 원으로 전망하고 있으며, 총소득 기준금액이

200만 원 상향 조정될 예정인 2022년 지급금액은 전년 대비 약 2천 500억 원 증가한 약 4조 9천억 원으로 전망하고 있다.

코로나19 시기인 2020~2021년에 연간 약 4조 5천억 원이 지급되었고, 매년 약 420~430만 가구가 근로장려금을 지급받은 것으로 파악된다.

〈표 4-8〉 조세지출 상위 5개 항목 및 감면액

(단위: 억 원)

구 분	2020년(실적)		2021년(전망)		2022년(전망)	
순위	조세지출 항목	감면액	조세지출 항목	감면액	조세지출 항목	감면액
1	근로장려금 지급	44,826	보험료 특별소득공제 및 특별세액공제	47,747	보험료 특별소득공제 및 특별세액공제	51,317
2	보험료 특별소득공제 및 특별세액공제	43,630	근로장려금 지급	46,216	근로장려금 지급	48,718
3	연금보험료 공제	33,067	연금보험료 공제	34,989	연금보험료 공제	37,547
4	면세농산물 등의 제 매입 세액공제특례	27,985	신용카드 등 사용금액에 대한 소득공제	31,916	연구인력개발비에 대한 세액공제	35,107
전체	국세감면액 총액	529,357	국세감면액 총액	559,366	국세감면액 총액	595,208

출처: 기획재정부(2021), 2022년 조세지출예산서.

2020년 실적치 기준으로 보면 근로장려금은 전체 조세지출액의 약 8.5%를 차지하여 조세지출 항목 중에서 가장 높은 비중을 차지한다.

기초생활보장의 생계급여 수준과 비교하면 지급총액에서는 2019년(지급연도 기준) 이전까지는 생계급여 대비 약 30% 수준이었지만 2018년 개정된 이후 생계급여 대비 100%를 넘어서면서 지급총액이 더 많아졌다. 2020년 기준으로 수급가구수는 421만 명으로 생계급여 92만 명보다 약 4.6배 많고, 수급자(개인) 수는 생계급여 122만 명보다 약 3.5배 많다. 이는 지난 6년 동안 생계급여의 지급총액과 수급가구수가 각각 연평균 10.0%, 2.8% 증가하는 동안, 근로장려금은 각각 연평균 33.9%, 27.9%로 빠르게 증가한 결과이다. 반면 1인당 수급액을 비교하면 2020년 기준 근로장려금은 104만 원으로 생계급여 355만 원의 29% 수준이다. 지난 6년 동안 연평균 증가율도 근로장려금은 4.7%로 생계급여 9%보다 낮다. 이는 그동안 근로장려금 지급액의 점진적인 인상이 이루어졌지만 주요 개정이 수급 대상을 확대하는 중심으로 이루어졌음을 보여준다.

1인당 평균지급액을 월평균으로 환산하면 생계급여는 약 30만 원으로 생계비에 실질적으로 기여할 수 있는 수준이지만, 근로장려금은 월 8만 7천 원으로 차이가 크다. 물론 근로소득이 있는 저소득가구에 추가 지급되는 측면을 고려하면 가구생계 유지에 도움이 될 수 있겠지만 상당수의 가구가 매우 적은 금액을 수급 받고 있으며, 수급가구수 확대에 비해 수급액 수준은 상대적으로 증가하지 못했음을 보여주고 있다.

〈표 4-9〉 근로장려금과 기초생활보장(생계급여) 비교

(단위: 가구, 명, 백만 원, 만 원)

구 분 지급년도	생계급여				근로장려금		
	지급총액 (백만 원)	수급자수 (가구)	수급자수 (개인)	1인당 수급액 (만 원)	지급총액 (백만 원)	수급자수 (가구)	1인당 수급액 (만 원)
2015	2,698,778	803,385	1,169,464	231	1,021,682	1,232,546	83
2016	3,389,311	808,575	1,153,031	294	1,028,049	1,378,953	75
2017	3,683,733	822,417	1,149,785	320	1,141,606	1,570,442	73
2018	3,721,567	837,310	1,145,971	325	1,280,821	1,693,612	76
2019	3,761,705	861,409	1,150,809	327	4,300,342	3,885,211	111
2020	4,337,925	923,873	1,221,022	355	4,391,528	4,214,277	104
연평균 증가율	10.0	2.8	0.9	9.0	33.9	27.9	4.7

출처: 국세청(2020), 국세통계.

〈표 4-10〉 가구유형별 지급 현황

(단위: 가구, %)

지급년도	단독가구		홑벌이 가구 [D]		맞벌이 가구 [E]	
	가구수	비중	가구수	비중	가구수	비중
2014	142,778	(16.9)	627,205	(74.1)	76,035	(9.0)
2015	194,678	(15.8)	887,150	(72.0)	150,718	(12.2)
2016	417,984	(30.3)	828,590	(60.1)	132,379	(9.6)
2017	646,483	(41.2)	806,297	(51.3)	117,662	(7.5)
2018	795,432	(47.0)	796,096	(47.0)	102,084	(6.0)
2019	2,381,247	(61.3)	1,230,152	(31.7)	273,812	(7.0)
2020	2,671,439	(63.4)	1,272,823	(30.2)	270,015	(6.4)

출처: 국세청(2020), 국세통계.

가구유형별 지급 현황을 보면 2016년 이전까지는 홑벌이가구 비중이 70% 이상으로 가장 높은 비중을 차지한 반면, 2016년 이후 단독가구 연령제한이 50세 이상에서 매년 10세 단위로 낮아지면서 단독가구의 비중이 빠르게 증가하였으며, 연령제한이 폐지된 2019년 이후 단독가구의 비중이 60% 이상으로 가장 높은 비중을 차지하고 있다. 2020년 기준 홑벌이가구와 맞벌이가구의 비중은 각각 약 30%, 6.4%이다. 지급가구수는 2015~2018년까지 홑벌이 및 맞벌이가구 수는 감소하는 추이였으나 2019년 이후 모두 큰 폭으로 증가하였다. 2015~2018년 사이에 홑벌이 및 맞벌이가구 수가 감소한 원인은 단독가구와 달리 연령제한 등의 자격요건의 변화가 없었고, 총소득요건과 재산기준액이 조정되지 않은 가운데 물가상승 등의 영향으로 총소득 및 재산액이 증가하여 수급가구요건에 탈락한 결과로 보인다.

연령별 지급 현황을 보면, 2018년 개정 이후 30대 미만의 수급자가 약 1백만 명 이상 크게 증가하였다. 개정 이후 수급자수의 확대는 총소득 및 재산기준이 확대되어 전체 연령의 수급가구수가 확대된 영향도 있지만 연령제한이 폐지되어 수급 대상이 된 30대 미만 수급가구의 수가 크게 증가한 결과임을 확인할 수 있다. 60세 이상 수급자 수도 매년 크게 증가하고 있으며 높은 비중을 차지하고 있다. 이는 청년 및 노인 등에 취약계층이 집중되어 있다는 것을 시사하는 결과이기도 하다.

총급여액별 지급 현황을 보면 500만 원 미만이 약 30%를 차지하여 하위 소득구간에 많이 분포되어 있으며, 2018년 개정 이후 상위 소득구간의 비중이 증가하는 것을 확인할 수 있다.

〈표 4-11〉 연령별 지급 현황

(단위: 가구, %)

지급 년도	30세 미만		30 이상		40 이상		50 이상		60 이상	
	가구수	비중	가구수	비중	가구수	비중	가구수	비중	가구수	비중
2012	33,197	(4.4)	202,053	(26.9)	271,520	(36.1)	151,161	(20.1)	94,118	(12.5)
2013	24,376	(3.1)	153,069	(19.5)	231,854	(29.6)	126,220	(16.1)	247,878	(31.6)
2014	23,607	(2.8)	137,244	(16.2)	229,912	(27.2)	166,133	(19.6)	289,122	(34.2)
2015	33,807	(2.7)	197,078	(16.0)	335,858	(27.2)	246,677	(20.0)	419,126	(34.0)
2016	29,937	(2.2)	168,435	(12.2)	299,263	(21.7)	437,276	(31.7)	444,042	(32.2)
2017	27,288	(1.7)	145,631	(9.3)	429,630	(27.4)	452,298	(28.8)	515,595	(32.8)
2018	30,655	(1.8)	279,991	(16.5)	399,573	(23.6)	432,740	(25.6)	550,653	(32.5)
2019	1,072,358	(27.6)	518,610	(13.3)	632,975	(16.3)	717,217	(18.5)	944,051	(24.3)
2020	1,182,631	(28.1)	519,783	(12.3)	623,782	(14.8)	757,680	(18.0)	1,130,401	(26.8)

출처: 국세청(2020), 국세통계.

<표 4-12> 총급여액별 지급 현황

(단위: 가구, %)

지급 년도	500 미만		500~1000 미만		1000~2000 미만		2000~2500 미만		2500~3600 미만	
	가구수	비중	가구수	비중	가구수	비중	가구수	비중	가구수	비중
2012	240,629	(32.0)	213,398	(28.4)	282,032	(37.5)	15,990	(2.1)	0	(0.0)
2013	315,842	(40.3)	208,722	(26.6)	245,438	(31.3)	13,395	(1.7)	0	(0.0)
2014	291,678	(34.5)	183,196	(21.7)	328,286	(38.8)	42,858	(5.1)	0	(0.0)
2015	371,818	(30.2)	263,032	(21.3)	509,310	(41.3)	88,386	(7.2)	0	(0.0)
2016	454,334	(32.9)	332,738	(24.1)	512,325	(37.2)	79,556	(5.8)	0	(0.0)
2017	580,938	(37.0)	390,530	(24.9)	524,710	(33.4)	74,264	(4.7)	0	(0.0)
2018	648,237	(38.3)	437,207	(25.8)	540,281	(31.9)	67,887	(4.0)	0	(0.0)
2019	1,237,558	(31.9)	773,548	(19.9)	1,359,343	(35.0)	248,599	(6.4)	266,163	(6.9)
2020	1,381,975	(32.8)	806,220	(19.1)	1,405,511	(33.4)	302,695	(7.2)	317,876	(7.5)

출처: 국세청(2020), 국세통계.

장려금 규모별로 보면, 연지급액 100만 원 미만에 50% 이상이 분포되어 있으며, 2018년 개정 이후 100만 원 이상 수급가구수가 증가하였다. 그러나 2019년에 비해 2020년에 50만 원 미만 가구수가 크게 증가한 반면, 200만 원 이상 지급가구는 오히려 감소하였다. 즉 2020년 전년 대비 수급자수 증가의 대부분은 50만 원 미만 수급가구에서 확대된 것으로 보여진다. 2020년 신청하여 수급 받은 가구의 약 28.1%가 50만 원 미만의 장려금을 지급받았음을 확인할 수 있으며, 지급요건 변화가 없어서 나타난 추세인지는 코로나19 시기에 소액 지급가구의 신청이 확대되어 나타난 결과인지는 추정하기 어렵다.

〈표 4-13〉 장려금 규모별 지급 현황

(단위: 가구, %)

지급년도	2018		2019		2020	
	가구수	비중	가구수	비중	가구수	비중
50만 원 미만	627,936	(37.1)	773,877	(19.9)	1,185,608	(28.1)
100만 원 미만	562,281	(33.2)	842,159	(21.7)	989,010	(23.5)
150만 원 미만	192,358	(11.4)	781,872	(20.1)	895,780	(21.3)
200만 원 미만	168,663	(10.0)	876,957	(22.6)	701,328	(16.6)
300만 원 이하	142,374	(8.4)	610,346	(15.7)	442,551	(10.5)

출처: 국세청(2020), 국세통계.

〈표 4-14〉 근무유형별 지급 현황

(단위: 가구, %)

지급년도	상용근로소득		일용근로소득		중복(상용+일용)		사업소득		기타(증거서류 제출자)	
	가구수	비중	가구수	비중	가구수	비중	가구수	비중	가구수	비중
2012	291,513	(38.8)	311,450	(41.4)	85,434	(11.4)	45,453	(6.0)	18,199	(2.4)
2013	270,328	(34.5)	361,354	(46.1)	79,852	(10.2)	46,364	(5.9)	25,499	(3.3)
2014	343,107	(40.6)	358,374	(42.4)	69,528	(8.2)	44,539	(5.3)	30,470	(3.6)
2015	384,721	(31.2)	345,301	(28.0)	91,547	(7.4)	388,702	(31.5)	22,275	(1.8)
2016	395,382	(28.7)	402,028	(29.2)	103,170	(7.5)	453,925	(32.9)	24,448	(1.8)
2017	389,771	(24.8)	509,191	(32.4)	114,203	(7.3)	536,334	(34.2)	20,943	(1.3)
2018	416,317	(24.6)	543,933	(32.1)	118,382	(7.0)	596,355	(35.2)	18,625	(1.1)
2019	1,046,737	(26.9)	951,154	(24.5)	425,878	(11.0)	1,415,295	(36.4)	46,147	(1.2)
2020	1,136,286	(27.0)	1,062,281	(25.2)	435,854	(10.3)	1,529,217	(36.3)	50,639	(1.2)

출처: 국세청(2020), 국세통계.

근무유형별 지급 현황을 보면, 제도 초기에는 상용근로 비중이 높았지만, 제도 개편으로 점차 일용근로 및 사업소득의 비중이 증가하여 불완전노동 및 영세 자영업자 등의 취약계층 가구에 집중되어 있음을 확인할 수 있다. 사업소득자의 경우에는 2014년 수급 대상자로 포함된 이후 근무유형별 비중에서 가장 높은 비중을 차지하고 있다.

2019년 귀속소득 기준으로 보면, 일용근로, 중복(상용+일용), 사업소득자가 약 70%를 차지하여 코로나19 시기인 2020년에 고용 및 소득 취약계층에게 장려금이 주로 지급된 것을 확인할 수 있다.

2019년 반기제도의 지급 현황을 보면, 상반기분 신청자는 약 96만 명으로 2019년 귀속소득년도 전체 수급자의 약 1/4 정도가 상반기분을 신청했고, 반기신청을 이용한 총가구를 포함하면 약 169만 명으로 연간 수급자의 약 40%에 해당하는 가구가 이용한 것으로 확인된다. 소득유형별로 보면, 소득 파악이 용이한 근로소득가구의 비중이 90%를 차지하고 있으며, 근로소득가구에 한정하여 운영되고 있음을 확인할 수 있다. 반기제도가 도입된 직후부터 많은 가구가 이용하고 있다는 것은 그만큼 취약계층의 소득보전을 위해 근로장려금이 적시에 운영될 필요가 있고, 요구가 높다는 것을 보여준다.

〈표 4-15〉 2019년 반기별 근로장려금 지급 현황(2019년 12월 및 2020년 6월 지급)

(단위: 만, 천억 원, %)

구 분		상반기분			하반기분			연간 총지급액		
		가구수	비중	금액	가구수	비중	금액	가구수	비중	금액
전체		95.9	(100.0)	4.2	132.7	(100.0)	6.0	168.9	(100.0)	19.0
가구 유형별	단독가구	57.9	(60.3)	2.1	83.2	(62.7)	3.2	106.6	(63.1)	10.1
	홑벌이 가구	34.8	(36.2)	1.9	44.5	(33.5)	2.5	53.0	(31.4)	7.6
	맞벌이 가구	3.3	(3.4)	0.2	5.1	(3.8)	0.3	9.4	(5.5)	1.3
연령별	30세 미만	26.3	(27.4)	1.0	35.5	(26.7)	1.4	48.4	(28.7)	4.5
	40세 미만	8.2	(8.5)	0.4	11.3	(8.5)	0.5	15.9	(9.4)	1.8
	50세 미만	11.7	(12.2)	0.6	15.4	(11.6)	0.8	19.1	(11.3)	2.5
	60세 미만	15.5	(16.2)	0.8	22.8	(17.2)	1.1	26.8	(15.9)	3.4
	70세 미만	15.9	(16.6)	0.8	23.3	(17.6)	1.1	28.1	(16.7)	3.6
	70세 이상	18.3	(19.1)	0.7	24.4	(18.4)	1.0	30.6	(18.1)	3.3

부양 자녀 인원별	0명	84.4	(88.1)	3.6	118.4	(89.2)	5.1	150.1	(88.9)	16.3
	1명	6.3	(6.6)	0.4	8.0	(6.1)	0.5	11.0	(6.5)	1.6
	2명	4.1	(4.3)	0.2	5.1	(3.8)	0.3	6.3	(3.7)	0.9
	3명	0.8	(0.9)	0.0	1.0	(0.8)	0.1	1.3	(0.8)	0.2
	4명	0.1	(0.1)	0.0	0.1	(0.1)	0.0	0.2	(0.1)	0.0
	5명 이상	0.0	(0.0)	0.0	0.0	(0.0)	0.0	0.0	(0.0)	0.0
근로 형태별	근로소득							152.3	(90.2)	17.2
	사업소득							15.7	(9.0)	1.8
	그 외 소득							0.9	(5.7)	0.1

출처: 국세청(2020), 국세통계.

3) 코로나19 위기 시기(2020년) 지급 실태

2020년 8월 지급실적을 소득유형 및 업종별로 살펴보면, 근로소득 수급가구의 절반 이상이 일용근로자가 차지하고 있는 가운데, 일용근로자의 비중이 높은 서비스업, 음식업, 건설업, 제조업 등의 비중이 근로소득자 중에서는 상대적으로 높고, 사업소득자(자영업자)는 인적용역, 음식업, 서비스업, 소매업 등에 주로 분포되어 있다.

수급근로자의 주요 업종이 대면중심서비스업에 집중되어 있어, 고용 및 소득에 취약한 근로자에게 근로장려금 지급이 집중되었음을 확인할 수 있다. 특히 근로소득자의 경우 절반 이상이 코로나19 위기 상황에 취약했던 대면중심서비스업에 종사하는 일용직 근로자이고, 사업소득자의 대부분도 학습지교사, 보험설계사, 방문판매자 등의 물적시설을 갖추지 않고 용역을 제공하는 인적용역에 해당하고 있어 소득 감소를 상대적으로 크게 경험한 취약계층 소득보전에 주요하게 사용되었을 것으로 보인다. 특히 코로나19 2차 유행이 시작되고 사회적 거리두기가 강화되고 1차 전국민 재난지원금 사용 기한이 마감된 8월 말에 지급되어 저소득가구의 체감효과는 이전 시기에 비해 상대적으

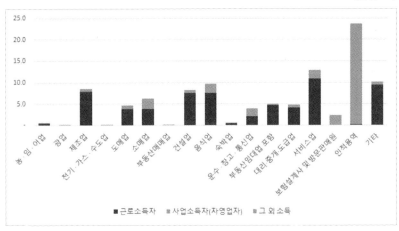

[그림 4-3] 정기신청 소득유형별 및 업종별 수급 비중(2020년 8월 수급)

(단위: %)

■ 근로소득자 ■ 사업소득자(자영업자) ■ 그 외 소득

주: 총 수급가구 대비 비중임.
출처: 국세청(2020), 국세통계를 이용하여 작성.

로 더 컸을 것으로 보여진다.

가구당 평균수급액을 보면, 근로소득자의 평균지급액은 약 103만 원, 사업소득자는 약 117만 원으로 사업소득자의 평균지급액이 더 높다. 대부분의 업종에서 근로소득자의 평균지급액은 90만 원대이지만, 사업소득자는 대부분의 업종에서 100만 원 이상이 지급되어 사업소득자의 평균지급액이 상대적으로 높게 나타났다. 근로소득자 및 사업소득자 모두 인적용역, 음식업, 숙박업 등의 평균지급액이 상대적으로 조금 낮은 것으로 조사되었다. 이는 총급여액이 상대적으로 낮은 일용직·단순노무에 해당하는 업종 특징이 반영되어 지급액 산정방식에 따라 상대적으로 낮은 수급액이 결정된 것으로 보인다. 2020년 5월에 가구당 재난지원금이 최대 100만 원이 지급되었고, 지급 기한이 8월 말까지였던 것을 고려하면 지원금액이 사라진 8월 말에 이와 유사한

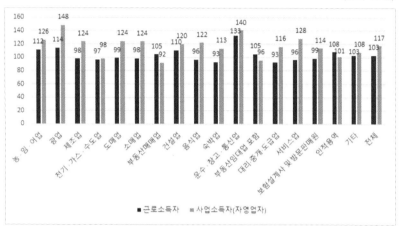

[그림 4-4] 소득유형별 및 업종별 가구당 평균수급액(2020년 8월 정기 지급)

(단위: 만 원)

출처: 국세청(2020), 국세통계를 이용하여 작성.

금액이 취약계층에게 지급되었을 것으로 보인다.

가구 총소득구간별로 평균수급액을 보면, 총급여액 900만 원까지는 지급액이 증가하다가 이후 감소하며, 가구 총급여액 400~1500만 원 구간에 100만 원 이상이 지급된 것으로 나타났다. 총급여액 대비 평균지급액 비율을 보면, 대체비율이 400만 원인 경우 28.8%로 가장 높고, 800만 원까지는 20% 수준이며 이후 점진적으로 감소하여 1,400만 원 이후 10% 이하로 떨어진다.

2020년 12월 지급된 상반기분(2020년 1~6월 소득분)에 대한 반기지급 현황을 보면, 전체 수급자의 90%가 근로소득자인 가운데 상용근로자는 제조업, 서비스업, 도매업의 비중이 높고, 일용근로자는 건설업, 음식업, 부동산·임대업의 비중이 상대적으로 높다. 정기지급과 유사하게 근로 및 소득 취약업종에 주로 분포되어 있음을 확인할 수 있다.

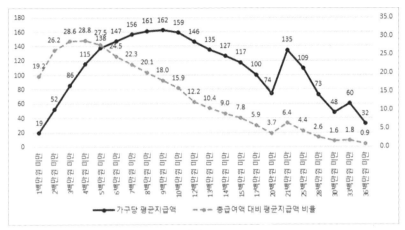

[그림 4-5] 가구 총소득구간별 가구당 근로장려금 평균수급액(2020년 8월 정기 지급)

(단위: 만 원)

출처: 국세청(2020), 국세통계를 이용하여 작성.

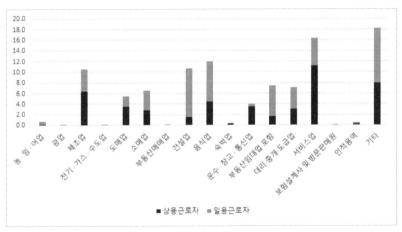

[그림 4-6] 반기신청 근로소득자 업종별 수급 비중(2020년 상반기~2020년 12월 지급)

(단위: %)

주: 근로소득 총수급자 대비 비중임.
출처: 국세청(2020), 국세통계를 이용하여 작성.

2020년 12월에 상반기분을 지급받은 가구는 약 91만 가구이며, 2019년 12월에 지급된 95.9만 가구보다 약 5만 가구 감소하였고, 업종별 지급자수도 대부분 감소한 것으로 조사되었다. 즉 2020년 코로나19 위기 상황에서 반기지급제도 활용이 크게 증가하지는 않은 것으로 보이며, 대면중심서비스 등의 업종별 특성에 따른 변화도 나타나지 않았다.

반기신청 가구당 평균수급액을 보면, 가구당 평균 45만 원이 지급되었고, 상대적으로 급여 수준이 높은 상용근로자의 평균수급액이 일용근로자에 비해 약 3만 원 정도 많이 지급되었다. 일용근로자 중에서 보험설계사 및 방문판매원, 인적용역의 지급액 수준이 상대적으로 낮은 것으로 조사되었다.

2020년 8월 정기지급과 12월 반기지급을 모두 수급 받은 경우를

[그림 4-7] 반기신청 근로유형별 및 업종별 가구당 평균수급액
(2020년 상반기분~2020년 12월 지급)

(단위: 만 원)

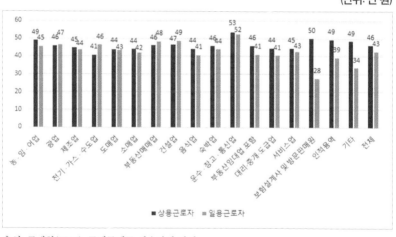

출처: 국세청(2020), 국세통계를 이용하여 작성.

가정하면, 2020년 한 해 동안 근로소득자는 평균 150만 원, 사업소득자는 평균 160만 원을 세금 환급 형태로 소득보전을 받을 수 있었고, 총 급여구간별로는 500~1200만 원 사이의 가구는 평균 200만 원 정도 장려금을 지급 받았을 것으로 보인다.

2020년 지급된 장려금을 월평균 금액으로 환산하여 2020년 비정규직 월평균 급여 수준과 비교하면, 정기 신청분 월평균 장려금 급여액은 약 9.2만 원으로 비정규직 근로자(특수형태 포함)의 월평균급여의 약 5.1% 수준이고, 정기 신청분과 반기 신청분을 모두 합하면 월평균급여의 약 7.2%에 해당한다.[2]

코로나19 위기에 취약했던 대면중심서비스 및 단순노무(일용, 인적용역) 업종과 비교하면, 숙박·음식업의 월평균급여액은 약 99만 원이며, 정기지급 장려금이 월급여액의 약 8.9% 수준으로 가장 높고 반기지급액을 포함하면 월평균급여의 12.5% 급여를 보전 받는 수준이다. 서비스업의 경우에도 정기지급분이 월평균급여액의 약 8.1%에 해당하며, 반기지급분을 포함하면 11.2%를 보전 받게 된다. 도소매업 및 단순노무의 경우에는 정기지급분이 월급여액의 약 6% 수준이며, 반기분을 포함하면 약 8% 수준까지 증가한다. 만약 근로장려금이 월단위로 지급되는 방식으로 운영된다면, 현재 근로장려금 운영체계에서 월 평균 9만 원 정도의 급여를 매달 보전 받는 효과가 있으며, 소득 감소에 대한 소득보전효과도 적시에 나타날 수 있다.

---

2 물론 반기지급분을 2020년에 12월에 지급받으면 2021년에 근로장려금은 감소한다. 정기지급과 반기지급을 모두 포함한 급여액은 위기 상황에서 적시에 지급받기 원한 가구를 기준으로 최대 수급 가능한 수준을 의미한다.

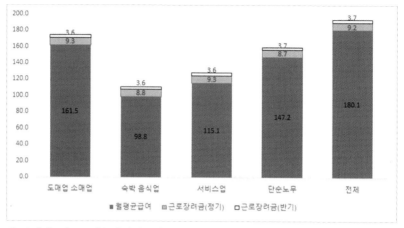

[그림 4-8] 2020년 비정규직 근로자 업종별 월평균급여 및 평균수급액(정기, 반기)

(단위: 만 원)

주: 1) 비정규직 근로자(특수형태 포함) 월평균급여 기준임.
　　2) 도매·소매업, 숙박·음식업은 표준산업분류 월평균급여이며, 서비스업, 단순노무는 표준직업분류 월평균급여임. 단순노무종사자는 건설, 운송(하역, 적재, 배달원), 제조, 청소, 경비, 가사, 육아, 음식, 판매 단순노무자가 포함됨.
　　3) 단순노무의 근로장려금은 인적용역 수급자의 월평균 수급액을 기입함.
출처: 고용노동부(2020), 고용형태별근로실태조사, 국세청(2020), 국세통계를 이용하여 작성.

　　2021년 지급 현황은 아직 공개되지 않았으며 총지급액이 1천억 원 증가할 것으로만 전망되고 있다. 아마도 지급요건에 큰 변화가 없어 2021년 수급가구 및 업종별 현황도 2020년 지급 실적과 크게 다르지 않을 것으로 추정된다.

〈표 4-16〉 2020년 비정규직 근로자 업종별 월평균급여 대비 근로장려금 수급액 비중

(단위: %)

구 분	도소매업	숙박·음식업	서비스업	단순노무	전체
정기지급	5.8	8.9	8.1	5.9	5.1
정기+반기	8.0	12.6	11.2	8.4	7.2

출처: 고용노동부(2020), 고용형태별근로실태조사, 국세청(2020), 국세통계를 이용하여 작성.

2020~2021년 코로나19 시기에 근로장려금은 가구소득 및 업종별로 차이는 있지만 가구 당 평균 100만 원 수준이 지급되었다. 4인가구 기준으로 보면 전국민 재난지원금(1차, 5차)과 유사한 수준의 금액이 취약계층에게 지원되었으며, 2020년은 1차 재난지원금 사용이 완료된 8월 말에 지급되었고, 2021년은 5차 재난지원금이 지급된 시점인 9월 말에 지급되었다. 2020년 정기지급을 8월에 지급한 것은 전국민 재난지원금이 소멸된 시기에 맞춰 취약계층 지원의 실효성을 높이기 위해 1개월 앞당긴 것으로 보이며, 2021년 9월 지급은 2~4차 재난지원금을 통해 소상공인 및 영세 자영업자를 위한 지원이 순차적으로 있었기 때문에 정기지급 시기에 맞춰 지급한 것으로 풀이된다.

4. 분석 방법 및 유효성 검토

이 연구에서는 근로장려금의 효과를 분석하기 위해 2018년 개정 이후 소득분포와 빈곤 및 불평등의 변화를 살펴보고 모의실험분석(simulation)을 통해 수급요건 변화에 따른 소득효과를 추정하였다. 이를 통해 2020~2021년 코로나19 위기 시 근로장려금 수급요건을 완화했다면 취약계층의 소득보장 및 소득효과가 어느 정도 강화되었을지 간접 추정하고자 한다.

분석에는 2018년 개정 이후의 소득 변화와 근로장려금 수급 변화를 확인할 수 있는 한국복지패널자료 13~15차 자료를 이용하였다. 복지패널자료는 60% 미만 저소득층을 과대표집하여 조사하고 있어 저소득가구를 분석하는 데 보다 적합하다. 특히 근로장려금 수급 여부를 조사하고 있는 다른 패널자료들에 비해 상대적으로 근로장려금 수급자가 많이 조사되어 있어 실제 응답자료를 이용하여 분석하는데도 장점이 있다. 다만 복지패널자료가 다른 패널자료들에 비해 근로장려금 수급자가 많이 조사되고 있지만 실제 국세통계자료 수급 비율의 50% 수준에 불과하기 때문에 근로장려금 수급가구의 특징을 분석하는데 한계가 있으며, 근로장려금효과를 과소 추정하는 문제가 있다. 따라서 근로장려금 수급 여부를 조사한 응답자료를 활용하여 개정 전후의 소득효과를 분석하는 것과 수급요건을 충족하는 수혜가구를 재구성하여 소득효과를 분석하는 것을 병행하였다.

수혜가구를 재구성한 분석은 요건을 충족하면 근로장려금을 수급받는다는 가정 하에서 이루어지기 때문에 신청 여부에 관계없이 구성되므로 과다 추정될 가능성도 있으며, 행정자료와 달리 조사자료의 특성 상 정확한 소득 및 재산이 파악되지 않는 한계가 있다. 또한 자격기준에 맞춰 수급자를 가려내기 위한 적합한 변수가 조사되어 있지 않는 경우도 있다. 가구 단위로 지급되는 근로장려금의 수급 가구원을 구성하는데 2인 이상의 근로소득 가구원이 존재할 경우에도 임의적으로 수급 가구원을 선정해야 되는 제약도 있다. 이러한 한계들로 선행연구마다 추정 결과에 조금씩 차이가 존재한다.

이 연구에서는 이러한 한계를 최소화하는 수준으로 수급요건 및 수혜가구를 구성하고자 하였지만 과다 추정될 가능성도 있으며, 이를 보완하는 측면에서 실제 응답자료 분석을 병행하였다. 이러한 측면에서 응답자료 분석과 자격기준 분석은 각각 근로장려금 소득효과의 최소치와 최대치를 의미하는 것으로 해석해 볼 수 있다.

근로장려금 수급가구에 대한 구성은 다음과 같다. 먼저, 근로소득 (사업소득 포함)이 있는 가구를 대상으로 가구원의 근로소득을 비교하여 근로장려금 수급 대상이 되는 근로가구원을 선정하였다. 단독가구 또는 1인 근로자 가구인 경우에는 선정에 문제가 없지만, 2인 이상 근로자 가구의 경우에는 선정한 가구원의 근로소득에 따라 수급요건이 달라지며 급여액이 달라질 수 있다. 기존 연구들에서는 이러한 한계 때문에 가구주를 근로소득자로 가정하고 분석한 경우가 많다. 그러나 가구주를 기준으로 한 경우에 가구주의 근로소득이 없지만 가구원이 근로소득이 있는 경우에 수급 대상에서 제외되는 문제가 있다. 이러한 기준으로 추정한 연구의 경우 실제 수급 비율보다 과소 추정되고 있다. 이 연구에서는 가구주 기준과 가구원 중에서 근로소득이 가장 높은 가구원과 가장 낮은 가구원으로 각각 구성하여 추정한 결과 가구주 기준과 최고 근로소득 가구원의 경우 과소 추정되는 문제가 나타났고, 최소 근로소득 가구원으로 구성한 결과가 국세통계와 가장 유사한 수준으로 추정되어 최소 근로자가구원을 근로소득자로 지정하였다.

이후, 근로소득자로 지정된 가구원을 기준으로 배우자, 부양 자녀, 70세 이상 부양 직계존속이 모두 없는 가구를 단독가구로, 연소득 100만 원 미만의 부양자 및 직계존속이 있거나 연소득 300만 원 미만의 배우자가 있는 경우에는 홑벌이가구, 300만 원 이상의 배우자가 있는 경우를 맞벌이가구로 가구 유형을 구분하였다.

가구 유형을 구분한 이후 가구유형별 총소득 및 재산액 기준에 따라 수급자를 선정하였다. 총소득(근로소득)을 파악할 때, 임금근로자의 근로소득은 조사된 근로소득을 사용하였고, 사업소득자의 경우에는 사업 순소득액을 사용하였다. 근로장려금 수급요건에 따르면 사업소득자의 경우 총소득을 기준하며, 비용을 차감하지 않는 대신 업종별 조정률을 적용하여 사업소득을 계산한다. 복지패널의 경우 총소득(매출액)에 대한 자료가 공개되어 있지 않기 때문에 순소득액을 사용하였고 업종별 조정률을 적용하여 사업소득을 구성하였다. 순소득액을 그대로 사용하고 업종별 조정률을 적용하지 않고 사업소득을 계산할 수 있지만 설문응답 상의 순소득액도 오차가 있고, 업종별 특성을 고려할 필요가 있어 적용하였다. 이에 따라 사업소득자의 경우에 과다 추정될 가능성이 있으며 실제 수급자와 다소 차이가 존재할 수 있다.

재산총액은 복지패널에서 조사하고 있는 자가주택(거주주택, 점유부동산), 전세금, 보증부 월세보증금, 금융자산, 유가증권, 회원권, 자동차(비영업용), 기타 재산을 총합하였고, 재산요건에 따라 부채는 차감하지 않고 계산하였다.

재산요건에 따르면 주택·토지·건축물과 자동차의 경우에는 시가표준액, 전세금은 기준시가의 55%와 실제 전세금 중에서 작은 금액으로 평가하도록 되어 있지만, 자료의 제약으로 시가표준액 등을 정확히 추정할 수 없기 때문에 조사된 금액을 그대로 사용하였고, 전세금의 경우에는 조사금액의 55%를 적용하였다. 일반적으로 시가표준액(기준시가)이 실제 시세가격보다 낮지만 조사자료에 응답할 경우에는 실제 거래시세 및 매입가격을 기입할 가능성이 높다는 점을 감안하면 재산요건의 경우에는 수급 대상을 과소 추정할 가능성이 있다.

수급 대상 가구를 선정한 이후 총급여를 기준으로 가구유형별로 근로장려금 산식을 이용하여 급여액을 계산하였으며, 재산가액이 기준 이상(2018년 기준 재산가액 1억 4천~2억 미만)인 가구는 수급액을 50% 감액하여 수급하는 것으로 적용하였다.

〈표 4-17〉 2018년 개정 지급액 산정

가구원 구성	목별	총급여액 등	근로장려금
단독가구	가	400만 원 미만	10~150만 원 미만 [총급여액 등×400분의 150]
	나	400만 원 이상 ~900만 원 미만	150만 원
	다	900만 원 이상 ~2천만 원 미만	3~150만 원 미만 [150만 원-(총급여액 등-900만 원)×1천 100분의 150]
홑벌이가구	가	700만 원 미만	10~260만 원 미만 [총급여액 등×700분의 260]
	나	700만 원 이상 ~1천 400만 원 미만	260만 원
	다	1천 400만 원 이상 ~3천만 원 미만	3~260만 원 미만 [260만 원-(총급여액 등-1천 400만 원)×1 천 600분의 260]
맞벌이가구	가	800만 원 미만	10~300만 원 미만 [총급여액 등×800분의 300]
	나	800만 원 이상 ~1천 700만 원 미만	300만 원
	다	1천 700만 원 이상 ~3천 600만 원 미만	3~300만 원 [300만 원-(총급여액 등-1천 700만 원)×1 천 900분의 300]

주: 1) 목별 가는 점증구간, 나는 평탄구간, 다는 점감구간임.
   2) 산정한 금액이 1만 5천 원 미만인 경우에는 없는 것으로 결정.
   3) 가구유형별 '가목'에 따라 계산한 금액이 1만 5천 원~10만 원 미만인 경우에는 10만
      원으로 결정.
   4) 가구유형별 '다목'에 따라 계산한 금액이 1만 5천 원~3만 원 미만인 경우에는 3만 원
      으로 결정.

이후 복지패널의 근로장려금 수급 응답자료와 수급 대상과 수급액
을 추정한 자격자료를 모두 이용하여 다음과 같은 분석을 통해 소득효
과를 검토하였다.

먼저, 2018년 개정 전후의 근로장려금 수급가구의 소득분포를 통
해 개정에 따른 수급자 확대가 어느 소득구간에 위치한 가구에 크게
영향을 주었는지 확인한다.

다음으로, 근로장려금을 가구소득에 포함했을 때와 제외했을 때의 빈곤 및 불평등(지니계수)의 차이를 통해 근로장려금의 소득효과를 추정하고, 개정 전후의 소득효과를 비교하여 2018년 개정의 효과를 검토한다. 또한 소득효과 분석 시, 현행 제도로 귀속소득 다음년도에 환급받는 형태로 지급 받는 것과 귀속소득 당해년도에 지급받는 적시성을 적용했을 때를 가정한 분석을 비교하여 현재 도입된 반기제도효과를 일부 확인하는 동시에, 현행 반기제도의 지급주기가 짧아져 당해년도에 지급이 완료된다는 가정 하에 효과를 추정하였다.

마지막으로 모의실험을 통해 현행 제도의 수급요건을 완화하여 지원이 확대되었을 때를 가정하여 수급가구 및 수급액 규모와 소득개선효과를 추정하였다.

확대 가정은 2021년 세제개편안의 근로장려금 개편안과 시나리오(재산액 기준 및 최대지급액 변경 등)를 설정하여 확대 가정한 결과들과 비교하여 개선 방안을 검토한다. 수급요건 완화에 따른 모의실험분석은 2021년 세법개정안효과를 추정하는 것이지만, 코로나19 시기인 2020~2021년 지급 시점에 맞춰 수급요건이 완화되었다면 지원 대상 및 소득효과가 어느 정도 확대되었을지도 확인해 볼 수 있다.

다만 모의실험분석의 경우 2019년 소득자료를 이용하여 2019년 경제 상황이 변화하지 않는다는 가정 하에 추정한 결과이므로, 지급 시점인 2020년 이후의 소득 변화가 반영하지 않은 한계가 있다.

근로장려금 자격요건에 맞춰 수급 대상을 추정한 자료가 적절하게 구성되었는지 점검하기 위해 실제 지급실적과 복지패널자료를 비교하여 유효성을 검토하였다.

〈표 4-18〉은 국세통계자료 지급실적과 복지패널자료에서 근로장

려금을 수급했다고 응답한 자료, 그리고 자격요건에 맞춰 수급 대상을 선정한 자격자료를 비교한 결과이다. 복지패널 응답자료와 자격자료는 모수추정 가구가중치를 적용하여 수급가구수를 추정하였다.

자료에서 비교년도를 주의할 필요가 있다. 복지패널 15차 자료의 경우 2020년에 조사한 자료이며, 전년도인 2019년 소득과 재산이 조사된 반면, 근로장려금 수급 여부는 2019년에 신청하여 지급받았는지를 조사하였기 때문에 2018년 소득요건에 따른 수급 여부 응답자료라 할 수 있다. 따라서 2020년에 조사된 15차 자료의 근로장려금 수급 여부 자료는 귀속소득년도 기준으로는 2018년 현황이며, 지급년도를 기준으로 하면 2019년 현황이다. 15차 자료를 이용하여 수급자를 선정한 자격자료는 귀속소득으로 보면 2019년이지만 지급년도 기준으로 보면 2020년 현황이다.

먼저 복지패널 응답자료의 경우 수급자수는 2019년 기준 약 200만 명, 지급총액은 1조 9천억 원으로 국세통계 실적치의 절반 수준에 불과하다. 다만 2018년 개정에 따른 수급자수 및 지급총액의 증가율은 국세통계와 유사하여 확대 개편효과는 확인할 수 있다. 복지패널 자격자료는 국세통계에 비해 수급자수와 지급총액에서 약간의 차이가 있지만 크지 않은 수준이며, 평균급여 역시 유사한 수준으로 추정되었고, 개정 전후 증가율도 유사한 수준이다.

다만 국세통계와 달리 복지패널 자격자료의 경우에는 2019년에 비해 2020년에 수급자수와 지급총액이 감소하는 것으로 추정되고 있다. 이는 제도 변화가 없었기 때문에 자격기준으로 추정할 경우 물가 상승 등 요인으로 소득 및 재산이 증가한 가구가 배제되는 경향이 반영된 결과로 보인다. 실적치의 경우에 증가하는 이유는 2018년 대폭 개정에 따른 효과가 자격요건의 인지 및 홍보 등의 요인으로 일정 부분 시차가 존재하여 시행 1년 뒤에 더 크게 나타난 결과로 추정해 볼 수 있다.

〈표 4-18〉 국세통계와 복지패널 비교(수급자수, 지급총액, 평균급여)

(단위: 가구, 조 원, 만 원)

지급 년도	국세통계			복지패널(응답)			복지패널(자격)		
	수급자수	지급 총액	평균 급여	수급자수	지급 총액	평균 급여	수급자수	지급 총액	평균 급여
2018	1,693,612	1.3	75.6	907,543	0.6	72.6	1,967,609	1.0	52.1
2019	3,885,211	4.3	110.7	2,018,239	1.9	96.1	4,208,486	4.4	104.0
2020	4,214,277	4.4	104.2	-	-	-	4,037,922	4.2	104.7

출처: 국세청(2020) 국세통계, 한국복지패널 13~15차 자료.

기구유형별로 비교하면, 단독가구의 비중은 유사하지만 국세통계에 비해 복지패널자료의 응답 및 자격자료 모두 홑벌이가구 비중이 낮고, 맞벌이가구 비중은 높다. 자격자료와 비교하면 5% 내외 수준의 비중 차이가 있다.

〈표 4-19〉 국세통계와 복지패널 비교(가구유형별)

(단위: %)

지급 년도	국세통계			복지패널(응답)			복지패널(자격)		
	단독 가구	홑벌이 가구	맞벌이 가구	단독 가구	홑벌이 가구	맞벌이 가구	단독 가구	홑벌이 가구	맞벌이 가구
2018	47.0	47.0	6.0	52.4	26.1	21.5	56.1	34.4	9.6
2019	61.3	31.7	7.0	60.9	19.5	19.6	64.3	24.7	11.0
2020	63.4	30.2	6.4	-	-	-	65.0	23.3	11.7

출처: 국세청(2020) 국세통계, 한국복지패널 13~15차 자료.

소득구간별로 비교하면, 복지패널 자격자료는 국세통계와 매우 유

사한 비중으로 추정되었다. 점감구간이 40%대로 가장 높고, 점증구간
과 평탄구간이 각각 30%, 20%대 수준이다.

〈표 4-20〉 국세통계와 복지패널 비교(소득구간별)

(단위: %)

지급년도	국세통계			복지패널(응답)			복지패널(자격)		
	점증구간	평단구간	점감구간	점증구간	평단구간	점감구간	점증구간	평단구간	점감구간
2019	28.2	24.4	45.3	26.9	20.4	52.7	31.9	21.6	46.6
2020	31.2	22.9	45.9	-	-	-	34.2	23.0	42.8

출처: 국세청(2020) 국세통계, 한국복지패널 13~15차 자료.

장려금 급여액별로 비교하면, 국세통계에 비해 복지패널자료의 경
우에 급여액이 낮은 구간의 비중이 조금 높게 추정되었지만 전체적인
분포로 볼 때 유사한 분포를 보이고 있다.

〈표 4-21〉 국세통계와 복지패널 비교(장려금 지급 급여액별)

(단위: %)

지급년도		50만 원 미만	50~100만 원 미만	100~150만 원 미만	150~200만 원 미만	200만 원 이상
국세통계	2018	37.1	33.2	11.4	10.0	7.6
	2019	19.9	21.7	20.1	22.6	15.7
	2020	28.1	23.5	21.3	16.6	10.5
복지패널 (응답)	2018	39.5	31.5	13.0	11.2	4.8
	2019	25.8	30.8	21.0	14.9	7.6
	2020	-	-	-	-	-
복지패널 (자격)	2018	54.4	27.5	9.1	7.6	1.4
	2019	24.6	27.5	20.0	17.5	10.3
	2020	22.2	26.2	22.8	18.2	10.5

출처: 국세청(2020) 국세통계, 한국복지패널 13~15차 자료.

연령별로 비교하면, 복지패널의 경우에 60대 이상의 분포가 상대적으로 높게 추정되고 있다. 패널자료 분석의 선행연구들에서도 이와 같은 분포적 차이가 주로 나타난다. 이는 수급 대상 자격 가구원을 추정하는데 나타나는 일반적인 특징이다.

〈표 4-22〉 국세통계와 복지패널 비교(연령별)

(단위: %)

지급년도		30대 미만	40대 미만	50대 미만	60대 미만	60대 이상
국세통계	2018	1.8	16.5	23.6	25.6	32.5
	2019	27.6	13.3	16.3	18.5	24.3
	2020	28.1	12.3	14.8	18.0	26.8
복지패널 (응답)	2018	16.0	9.1	16.1	18.8	40.0
	2019	23.1	10.5	13.1	17.5	35.9
	2020	-	-	-	-	-
복지패널 (자격)	2018	3.2	7.1	11.3	19.9	58.6
	2019	22.4	8.0	8.2	19.6	41.9
	2020	20.1	9.6	8.8	16.3	45.3

출처: 국세청(2020) 국세통계, 한국복지패널 13~15차 자료.

근로형태별로 비교하면, 복지패널자료의 경우 상용소득자와 사업소득자의 비중이 상대적으로 낮고 임시·일용소득자의 비중이 높다. 또한 기타(실업, 비경제활동)의 비중이 높다. 복지패널자료에서 근로 형태를 구분하는 변수가 지난 1년 동안 주된 경제활동 또는 12월 31일 시점의 경제활동 상태를 조사하는 것으로 나눠져 있고, 근로형태별 구분에는 지난 1년 동안 주된 경제활동 상태를 이용하여 분석하였다. 따라서 국세통계와 복지패널의 직접적인 비교는 어렵다. 다만 전년도 경제활동 상태가 복수인 경우에 명확하게 구분되지 않는 원인과 실업 및 비경활이 주된 상태이지만 일정 기간 근로소득이 있는 경우에도 자격

기준이 될 수 있기 때문에 비중의 차이가 있는 것으로 보인다.

〈표 4-23〉 국세통계와 복지패널 비교(근로형태별)

지급 년도	국세통계					복지패널(응답)				복지패널(자격)			
	상용	일용	상용일 용중복	사업	기타	상용	임시 일용	사업	기타	상용	임시 일용	사업	기타
2018	24.6	32.1	7.0	35.2	1.1	9.3	60.3	8.8	21.6	2.8	43.2	22.1	31.8
2019	26.9	24.5	11.0	36.4	1.2	18.6	51.7	11.2	18.5	7.1	45.9	17.4	29.6
2020	27.0	25.2	10.3	36.3	1.2	-	-	-	-	6.6	44.6	18.6	30.2

출처: 국세청(2020) 국세통계, 한국복지패널 13~15차 자료.

전체적으로 볼 때, 복지패널 응답자료의 경우에 수급자수가 작지만 특성별 분포는 유사하며, 복지패널 자격자료의 경우에는 수급자수뿐 아니라 특성별 분포에서도 응답자료에 비해 국세통계와 유사한 분포를 보여 개정 전후의 분석 및 제도 변화를 가정한 모의실험분석을 하는데 문제가 없을 것으로 판단된다.

5. 분석결과

1) 복지패널 응답자료 분석

2018년 개정 이후 근로장려금 수급가구의 소득분포를 균등화한 가구경상소득 10분위로 구분하여 살펴보면, 2018년 개정 이전 기준으로 지급(환급) 받은 2017~2018년에는 2~4분위에 주로 집중되었지만, 개정 이후 2019년에 지급(환급) 받은 2019년에는 3~5분위에 집중되어 있으며, 6~7분위의 비중도 크게 증가하였다. 2018년 개정이 상대적으로 상위가구소득 분위로 수급 범위를 확대하는 효과가 있었음을 보여준다.

응답자료의 특성상 지급 받았다고 응답한 가구의 이전년도 소득을 기준으로 장려금이 지급되었기 때문에 수급기준이 되는 소득분포와는 다소 차이가 있을 수 있다. 예를 들어 전년도 소득 기준으로 환급 대상이 되었지만 환급 받는 연도의 가구소득이 높아졌을 가능성도 있다.

〈표 4-24〉 소득분위별 근로장려금 수급가구 비중(응답자료)

지급년도	1분위	2분위	3분위	4분위	5분위	6분위	7분위	8분위	9분위	10분위
2017	6.9	15.0	18.0	20.2	13.5	9.8	7.1	6.1	3.4	0.2
2018	9.9	17.3	23.5	15.2	16.4	7.1	4.8	4.9	0.8	0.0
2019	6.0	11.8	16.7	22.1	14.5	12.1	10.1	3.8	2.6	0.3

주: 가구 균등화 경상소득을 기준으로 소득 10분위를 구분함.
출처: 한국복지패널 13~15차 자료.

생계급여 선정기준인 가구원수별 중위소득 기준을 적용하여 수급가구의 소득분포를 보면, 중위소득 60~120% 미만 가구에 약 50%의 가구가 분포되어 있다. 2018년 개정 이후 중위소득 30~60% 미만의 비중이 크게 감소하고 중위소득 120% 이상인 가구의 비중은 크게 증가한 분포 변화를 보인다. 즉 개정 이후 수급자수가 크게 증가하여 모든 소득분위의 지급가구수가 증가하였지만 중위소득 50% 미만보다는 상대적으로 상위소득의 수급 확대에 크게 영향을 주었음을 보여준다.

〈표 4-25〉 생계급여 선정기준 중위소득 대비 근로장려금 수급가구 소득 비중(응답자료)

지급년도	중위소득 30% 미만	중위소득 30~60% 미만	중위소득 60~120% 미만	중위소득 120% 이상	계
2017	1.4	20.6	55.0	23.1	100
2018	0.7	26.3	53.6	19.4	100
2019	0.4	13.1	51.9	34.6	100

주: 가구 경상소득을 이용하여 생계급여 선정기준인 가구원수별 중위소득 수준을 적용하여 측정함.
출처: 한국복지패널 13~15차 자료.

임금근로자의 근로형태별 수급 비중을 보면, 비정규직의 비중이 60% 이상을 차지하고 있으며, 비정규직 중에서도 시간제의 비중이 상대적으로 높고 개정 전후의 뚜렷한 변화는 없다. 근로형태별 비중은 수급가구 내 가구원의 근로 형태를 조사한 것으로 비중의 상대적 차이를 대략적으로 파악하는 정도로만 해석할 필요가 있다.

〈표 4-26〉 임금근로자 근로형태별 근로장려금 수급가구 비중(응답자료)

지급년도	정규직	비정규직	구분			
			기타 비정규직	시간제	간접고용	특수고용
2017	32.3	67.7	32.2	21.8	12.0	1.6
2018	23.1	76.9	28.9	31.3	13.3	3.3
2019	33.3	66.7	30.5	22.8	9.2	4.3

출처: 한국복지패널 13~15차 자료.

복지패널의 근로장려금 수급액 응답변수를 이용하여 가구 시장소득에 포함했을 때와 제외했을 때를 비교하여 근로장려금의 빈곤감소효과를 분석하였다. 또한 현행 제도대로 귀속소득 다음년도에 환급 받는 형태로 지급 받는 것과 귀속소득 당해년도에 지급 받는 적시성을 적용한 결과를 비교하였다.[3]

3 2020년에 조사된 15차 자료의 경우 근로장려금 수급 응답가구는 2019년에 지급(환급)받았는지를 조사했기 때문에 15차 자료의 가구소득(2019년 소득)과 수급액(2019년 환급액)을 그대로 사용하면 환급방식으로 운영될 때의 2019년의 빈곤감소효과를 추정하게 되며, 2019년 지급받은 수급액을 전년도인 2018년 소득에 포함시키는 것으로 바꾸면 당해년도에 지급받는 효과가 추정된다. 예를 들어 2018년 개정으로 2018년 소득으로 2019년에 환급받는 것이 아니라 2018년 당해년도에 즉시 지급받는다는 가정 하에 추정한 결과이다.

2018년 개정효과는 현행대로 환급방식을 가정한 경우는 귀속소득 년도 기준으로 2019년 추정 결과이며, 당해연도 지급 가정의 경우에 는 2018년 추정 결과이다.

〈표 4-27〉 빈곤율 감소효과(다음년도 환급 가정, 응답자료)

귀속소득 년도	빈곤율		빈곤감소효과	
	시장소득(a)	시장소득+ 근로장려금(b)	감소분(a-b)	감소율((a-b)/a×100)
2017	27.27	27.18	0.09	0.3
2018	27.32	27.32	0.00	0
2019	27.93	27.8	0.13	0.5

출처: 한국복지패널 13~15차 자료.

〈표 4-28〉 빈곤율 감소효과(당해년도 지급 가정, 응답자료)

귀속소득 년도	빈곤율		빈곤감소효과	
	시장소득(a)	시장소득+ 근로장려금(b)	감소분(a-b)	감소율((a-b)/a×100)
2017	27.27	27.19	0.08	0.3
2018	27.32	27.10	0.22	0.8
2019	27.93	-	-	-

출처: 한국복지패널 13~15차 자료.

균등화한 가구 시장소득을 기준으로 중위소득 60% 미만 가구를 빈 곤가구로 구분하여 분석한 결과를 보면, 전체적으로 근로장려금은 빈 곤율을 0.0~0.22%p 감소시키며, 빈곤율 감소비율은 0.0~0.3%로 추 정되었다. 또한 2018년 개정 전후를 비교하면 빈곤율 감소분이 최대 0.13~0.14%p 더 커졌고, 감소비율은 0.5%p 더 증가하였다. 즉 2018 년 개정 이후 빈곤감소효과가 1.7~2.7배 확대된 것으로 분석되었다.

환급 방식과 당해년도 지급방식을 비교하면, 환급 가정 시의 개 정효과는 빈곤감소분이 0.13%p인 반면, 당해년도 지급 가정 시에는

0.22%p이다. 빈곤율 감소비율은 환급 가정 시 0.5%, 당해년도 지급 가정 시에는 0.8%로 분석되었다. 소득발생 시점에 근로장려금을 지급 받았을 때 빈곤감소효과가 약 1.6배 더 크다는 것을 확인할 수 있다.

동일한 방법으로 균등화한 가구 시장소득을 기준으로 불평등(지니계수) 변화를 살펴보면, 전체적으로 근로장려금은 불평등을 0.11~0.34% 감소시키는 효과가 있다. 2018년 개정은 불평등 감소율을 0.16~0.20%p 더 높여, 2018년 개정 이후 불평등 감소비율이 2.3~2.6배 더 증가하여 불평등을 개선하는 효과가 약 2배 정도 확대된 것으로 분석되었다.

〈표 4-29〉 소득불평등 감소효과(다음년도 환급 가정)

귀속소득 년도	지니계수		불평등 감소효과	
	시장소득(a)	시장소득+ 근로장려금(b)	감소분(a-b)	감소율((a-b)/a×100)
2017	0.4228	0.4223	0.0005	0.111
2018	0.4240	0.4235	0.0006	0.134
2019	0.4180	0.4167	0.0013	0.304

출처: 한국복지패널 13~15차 자료.

〈표 4-30〉 소득불평등 감소효과(당해년도 지급 가정, 응답자료)

귀속소득 년도	지니계수		불평등 감소효과	
	시장소득(a)	시장소득+ 근로장려금(b)	감소분(a-b)	감소율((a-b)/a×100)
2017	0.4228	0.4222	0.0006	0.132
2018	0.4240	0.4226	0.0014	0.337
2019	0.4180	-	-	-

출처: 한국복지패널 13~15차 자료.

환급 방식과 당해년도 지급방식을 비교하면, 환급 가정 시의 감소율 0.304%에 비해, 당해년도 지급의 경우에 감소율이 0.337%로 상대적으로 더 크다. 적시성을 강화했을 때의 불평등 완화효과가 약 1.1배 더 크다는 것을 확인할 수 있다.

2) 복지패널 자격기준 자료 분석

수급요건에 해당하는 자격기준으로 추정한 근로장려금 가구소득 분포를 보면, 개정 전인 2018년에는 1~3분위에 집중된 반면, 개정 이후 2019~2020년은 2~4분위에 집중되어 있다. 응답자료와 유사하게 제도 개편의 영향으로 상대적으로 상위소득 계층의 수급 범위가 확대되는 경향을 확인할 수 있다. 응답자료와 달리 소득 발생 시점에서의 소득분위를 기준으로 구분했기 때문에 응답자료에 비해 상대적으로 고소득분위 가구의 비중이 낮고 저소득분위 가구의 비중은 높게 나타나고 있다.

〈표 4-31〉 소득분위별 근로장려금 수급가구 비중

지급년도	1분위	2분위	3분위	4분위	5분위	6분위	7분위	8분위	9분위	10분위
2018	24.2	30.0	21.1	10.3	7.9	3.8	2.1	0.3	0.3	0.0
2019	12.5	20.3	22.4	16.7	11.3	7.1	5.1	2.8	1.8	0.0
2020	13.6	19.9	23.5	15.5	11.3	5.9	5.3	2.8	1.8	0.4

주: 가구 균등화 경상소득을 기준으로 소득 10분위를 구분함.
출처: 한국복지패널 13~15차 자료.

생계급여 선정기준인 가구원수별 중위소득 기준을 적용하여 수급 가구의 소득분포를 보면, 응답자료와 유사하게 중위소득 60~120% 미만 가구에 약 50%의 가구가 분포되어 있다. 또한 2018년 개정 이후 중위소득 30~60% 미만의 비중이 크게 감소하고 중위소득 120% 이상인 가구의 비중은 크게 증가한 분포 변화도 동일하게 확인된다. 수급자격 기준으로 추정한 경우에서도 2018년 개정이 상대적으로 상위 소득 가구의 수급 확대에 크게 영향을 주었음을 확인할 수 있다.

〈표 4-32〉 생계급여 선정기준 중위소득 대비 근로장려금 수급가구 소득 비중

지급년도	중위 30% 미만	중위 30~60% 미만	중위 60~120% 미만	중위 120% 이상	계
2018	4.7	43.0	45.5	6.7	100
2019	2.2	26.2	54.6	17.0	100
2020	2.6	24.4	52.3	20.7	100

주: 가구 경상소득을 이용하여 가구원수별 선정기준 중위소득으로 측정함.
출처: 한국복지패널 13~15차 자료.

복지패널 수급자격 가구를 이용한 근로장려금의 빈곤감소효과를 보면, 응답자료에 비해 빈곤율 감소분 및 감소율에 미치는 영향이 더 크게 추정되었다. 응답자료의 경우에는 수급자수가 실적치의 절반 수준에 불과하여 소득효과가 과소 추정되었을 가능성이 있음을 확인할 수 있다.

분석결과를 보면, 전체적으로 근로장려금은 빈곤율을 약 0.16~0.73%p 감소시키며, 빈곤율을 감소시키는 비율은 약 0.6~2.7%로 분석되었다. 2018년 개정의 효과를 보면, 당해년도 지급 및 다음년도 환급을 가정한 결과 모두 개정 이후에 빈곤감소효과가 확대된 것으로 나타났다. 즉 2018년 개정 이후 빈곤율 감소분은 0.16~0.22%에서 0.57~0.73%로 약 0.4~0.5%p 증가하여 감소분이 약 3.3~3.6배 증가하였다. 빈곤율 감소 비율은 0.6~0.8%에서 2.0~2.7%로 약 1.4~1.9%p 증가하여 약 3.3~3.4배 증가하였다. 즉 2018년 개정 이후 빈곤감소효과가 약 3배 정도 확대된 것으로 보인다.

환급 방식과 당해년도 지급 방식을 비교하면, 환급 가정 시의 감소율 2.0%에 비해 당해년도 지급의 경우에는 감소율이 2.4~2.7%로 상대적으로 크다. 적시성을 반영할 경우 약 1.2~1.4배 빈곤감소 비율을 높여 빈곤감소효과가 확대되는 것을 확인할 수 있다.

〈표 4-33〉 빈곤율 감소효과(당해년도 지급 가정, 자격자료)

귀속소득 년도	빈곤율		빈곤감소효과	
	시장소득(a)	시장소득+ 근로장려금(b)	감소분(a-b)	감소율((a-b)/a×100)
2017	27.27	27.05	0.22	0.8
2018	27.32	26.59	0.73	2.7
2019	27.93	27.25	0.68	2.4

출처: 한국복지패널 13~15차 자료.

〈표 4-34〉 빈곤율 감소효과(다음년도 환급, 자격자료)

귀속소득 년도	빈곤율		빈곤감소효과	
	시장소득(a)	시장소득+ 근로장려금(b)	감소분(a-b)	감소율((a-b)/a×100)
2017	27.27	27.08	0.19	0.7
2018	27.32	27.16	0.16	0.6
2019	27.93	27.36	0.57	2.0

출처: 한국복지패널 13~15차 자료.

복지패널 수급자격 가구를 이용한 불평등(지니계수) 변화를 살펴보면, 전체적으로 근로장려금은 불평등을 0.29~0.98% 감소시키는 효과가 있다. 2018년 개정 이후 불평등 감소 비율이 약 0.6~0.7%p 더 증가하여 이전 제도에 비해 불평등 개선효과가 약 3배 확대된 것으로 분석되었다.

환급 방식과 당해년도 지급 방식을 비교하면, 환급 가정 시 감소율 0.911%보다 당해년도 지급 방식의 경우에 감소율이 0.962%와 0.979%로 상대적으로 크게 나타나 적시성을 강화했을 때의 불평등 완화효과가 더 크다는 것을 확인할 수 있다.

〈표 4-35〉 소득불평등 감소효과(당해년도 지급, 자격자료)

귀속소득 년도	지니계수		불평등 감소효과	
	시장소득(a)	시장소득+ 근로장려금(b)	감소분(a-b)	감소율((a-b)/a×100)
2017	0.4228	0.4215	0.0013	0.300
2018	0.4240	0.4199	0.0041	0.979
2019	0.4180	0.4140	0.0040	0.962

출처: 한국복지패널 13~15차 자료.

〈표 4-36〉 소득불평등 감소효과(다음년도 환급, 자격자료)

귀속소득 년도	지니계수		불평등 감소효과	
	시장소득(a)	시장소득+ 근로장려금(b)	감소분(a-b)	감소율((a-b)/a×100)
2017	0.4228	0.4214	0.0014	0.339
2018	0.4240	0.4228	0.0012	0.285
2019	0.4180	0.4142	0.0038	0.911

출처: 한국복지패널 13~15차 자료.

3) 모의실험 분석

근로장려금 확대 개정 시나리오 안을 이용하여 제도 변화에 따른 수급자수 및 총지급액 규모를 추정하고 소득효과를 비교하였다. 이를 통해 코로나19 시기에 현행 제도 자격요건을 완화하였을 때를 가정하여 수급자수 및 총수급액의 증가, 그리고 소득효과를 추정해 볼 수 있다.

제도 변경을 가정한 조정안은 다음과 같다. 첫째 2021년 세법개정안에 예정된 가구구성별로 총소득요건 200만 원 인상을 가정한 조정안이다. 2021년 개정에 따라 2022년 정기지급부터 적용되지만 2년 앞당겨 2020년 코로나19 위기 시에 적용했을 때를 가정한 분석이다. 개정안에 따라 총급여 요건을 200만 원 인상안을 적용하면 점간구간만 늘어나며 가구유형별로 총급여액이 높은 가구 수급자가 증가되는 효과를 예상해볼 수 있지만 점감 및 평탄구간에는 변화가 없어 총급여액이 낮은 가구의 수급자 및 수급액의 증가효과는 기대하기 어렵다.

둘째, 재산총액을 현행 2억 원 미만에서 2억 5천만 원 미만으로 인상하는 조정안이다. 총소득요건을 현행대로 유지한 채 재산총액만 확대하는 방안으로 총급여요건은 확대되지 않지만, 재산총액 2억 원 미만 제한으로 수급 대상에서 제외되었던 점감, 평탄, 점증구간에 해당하는 모든 가구의 수급자가 증가하는 효과를 예상할 수 있다. 또한 최근 부동산 가격 상승으로 배제될 가능성이 있는 취약계층의 수급 확대를 기대해 볼 수 있다.

셋째, 총소득요건 인상안과 재산총액 인상안을 동시에 하는 조정안이다. 총급여 200만 원 인상과 재산총액 5천만 원 인상을 모두 고려한 경우로 점감구간의 수급자수 증가가 더 크겠지만 점증 및 평탄구간의 수급자수 증가도 기대할 수 있다.

넷째, 총소득요건 200만 원 인상 시에 점증 및 평탄 소득구간을 100만 원씩 상향 조정하는 안이다. 점증률과 점감률을 현행 수준으로 유지한다고 가정하면 구간 상승의 결과가 반영되어 최고급여액이 가구유형별로 약 40만 원씩 인상되게 된다. 따라서 모든 구간에서 수급자 및 수급액이 확대되는 결과를 예상할 수 있다.

단, 모의실험 분석은 복지패널 15차 자료에 조사된 소득을 기준으로 추정된 결과이므로, 2019년 가구소득 및 재산과 경제 상황이 변하

지 않는다는 가정에서 추정된 결과이며 경제 상황의 변화에 따라 달라
질 수 있는 한계가 있다.

〈표 4-37〉 근로장려금 개정 시나리오 안

시나리오 안	제도 변화 가정		
총소득요건 인상안	2021년 세법개정안 적용 = 가구 구성별 총급여 200만 원 인상 • 단독가구: 2000만 원 미만 → 2200만 원 미만 • 홑벌이가구: 3000만 원 미만 → 3200만 원 • 맞벌이가구: 3600만 원 미만 → 3800만 원		
재산요건 인상안	총소득요건은 현행 유지하고, 재산총액만 5천만 원 인상(2억 원 → 2억 5천), 감액 규정도 5천만 원 인상(1.4억 원 → 1.9억 원)		
총급여 인상안 + 재산요건 인상안	총급여 200만 원 인상과 재산총액 5천만 원 인상		
총급여 인상안 + 소득구간 조정안 (최대지급액 증가 포함)	총급여 200만 원 인상과 점증, 평탄구간 소득도 100만 원씩 인상하여 소득구간 조정. 단, 점감율, 점증률은 현행대로 유지하는 것으로 가정하며, 구간조정이 조정됨에 따라 가구유형별 최대지급액이 각각 약 40만 원씩 상향조정됨		
	단독가구	400만 원 미만 → 500만 원	
		900만 원 미만 → 1000만 원	
		2000만 원 미만 → 2200만 원	
	홑벌이가구	700만 원 미만 → 800만 원	
		1400만 원 미만 → 1500만 원	
		3000만 원 미만 → 3200만 원	
	맞벌이가구	800만 원 미만 → 900만 원	
		1700만 원 미만 → 1800만 원	
		3600만 원 미만 → 3800만 원	

제도 변화 시나리오별 수급자수 변화를 보면, 2019년 가구소득을
가정하여 총급여액을 가구유형별로 각각 200만 원 인상하는 2021년
세법개정안을 반영하면 수급자수가 약 7.5% 증가하는 것으로 추정된
다. 반면 총급여요건을 현행대로 유지한 채 재산요건 인상만을 적용한
경우에 수급자수 증가율이 10.3%로 더 크게 확대된다. 이는 총급여요

건 인상이 점증구간의 수급 대상자 확대에만 기여하지만 재산요건 완화는 전 구간의 수급자 확대를 가져와 수급자 확대에 더 크게 영향을 미칠 수 있음을 보여준다.[4]

다만 재산총액이 높은 가구에 대해 근로장려금을 지급하는 것이 맞는지, 또는 어느 정도의 수준이 적합한지에 대한 충분한 논의가 필요하겠지만, 최근 주택가격 급등 상황을 고려하면 재산총액을 5천만 원 인상하더라도 취약계층의 소득보전 취지에 크게 어긋나지 않을 것으로 보인다. 총급여 인상안과 재산총액 인상안의 평균수급액은 모두 5만 원 정도 인상되는 것으로 유사하지만 총지급액은 수급자수의 차이로 재산총액 인상안의 증가율이 5%p 더 높다. 총급여 및 재산요건 인상안을 동시에 적용한 경우에는 수급자수 확대가 가장 크고, 평균 수급액의 인상효과도 더 크다. 총급여요건에 소득구간을 조정하는 안은 수급자수 확대 규모는 총급여요건과 동일하지만 최대지급액의 인상으로 평균수급액의 인상폭이 크게 나타난다.

수급요건 완화를 2020년부터 적용했거나 코로나19 위기에 대응하기 위해 한시적으로 가구 총급여 및 재산요건을 완화하였다고 가정하면, 총급여액요건 완화를 통해서는 2020~2021년 사이에 기존 요건에서 배제되었던 약 30만 가구가 연간 약 110만 원의 지원을 받을 수 있었고, 재산총액요건 완화를 통해서는 약 40만 가구가 약 110만 원의

---

4 전체적으로 확대 가정에 따른 증가율이 크게 추정되고 있는 것으로 판단되며, 이는 2019년 소득기준에 총급여 인상을 가정했기 때문인 것으로 보인다. 2021년 조세지출 예산서에 따르면 근로장려금 총급여 확대에 따른 총지급액은 5.4% 증가할 것으로 전망하고 있다. 이는 2021년 지출 대비이며, 물가상승 등으로 가구소득이 증가한 부분이 반영되어 수급자 확대를 가정한 부분이 반영된 차이로 볼 수 있다.

장려금을 지급 받았을 것으로 추정해 볼 수 있다. 지급 확대에 따른 소요되는 예산을 보면, 총급여액 인상은 연간 5천억 원, 재산총액 인상은 연간 7천억 원이 소요되는 것으로 추정되었다. 총급여와 재산요건을 동시에 완화했다면 약 80만 가구에 연간 115만 원의 지원이 추가로 이루어질 수 있었고, 연간 1.3조 원이 소요되는 것으로 추정된다.

〈표 4-38〉 제도 변화 가정 시 수급자수 및 수급액 추정

(단위: 가구, %, 조 원)

구 분	수급자수	증가율	평균 수급액	증가율	총 지급액	지급액 차이	증가율
현행 제도	4,037,922	-	105	-	4.2	-	-
총급여요건 인상안	4,341,244	(7.5)	109	(4.0)	4.7	0.5	(11.8)
재산요건 인상안	4,453,378	(10.3)	110	(5.3)	4.9	0.7	(16.2)
총급여요건 인상안 + 재산요건 인상안	4,817,738	(19.3)	114	(9.2)	5.5	1.3	(30.3)
총급여요건 인상안 + 소득구간 조정안	4,341,244	(7.5)	116	(10.4)	5.0	0.8	(18.7)

주: 증가율은 현행 제도 대비 각 제도 변화 가정에 따른 증가율을 의미함.
출처: 한국복지패널 15차 자료.

시나리오별로 소득구간별 확대효과를 보면, 총급여액 인상안의 경우 모든 가구유형별로 점감구간의 확대에만 영향을 주지만, 재산총액 인상안은 전체 구간에서 수급자 확대가 고르게 나타나고 있다. 특히 맞벌이가구에서 점증 및 평탄구간의 증가가 상대적으로 크다. 이는 맞벌이가구이지만 부부 합산 총급여액이 높지 않은 취약계층의 지원을 확대하는데 더 효과적임을 보여준다.

시나리오별 소득효과를 보면, 재산요건 인상안이 총급여요건 인상안보다 빈곤율과 불평등(지니계수)을 감소시키는 효과가 더 큰 것으로

분석되었고, 총급여요건과 재산요건을 동시에 인상했을 때의 빈곤율과 불평등을 감소시키는 효과가 가장 크게 추정되었다. 즉 취약계층을 대상으로 지원되는 근로장려금 수급자수가 확대됨에 따라 빈곤 및 불평등 완화효과가 증가하는 것을 확인할 수 있다.

이러한 빈곤 및 불평등 감소효과는 위기 시에 더 크게 나타날 가능성이 있다. 위기 시 고용 및 소득에 대한 충격을 상대적으로 크게 받는 취약계층일수록 소득감소가 더 크며, 근로장려금은 소득대체에 더 크게 영향을 줄 수 있기 때문이다. 물론 이러한 효과가 극대화되기 위해서는 소득감소 시점에 맞춰 지급될 필요가 있다.

〈표 4-39〉 제도 변화 가정 시 소득구간별 수급비율

구 분	가구 구분	점증구간	평탄구간	점감구간
현행 제도	단독가구	38.2	25.3	36.5
	홑벌이가구	37.8	20.6	41.6
	맞벌이가구	4.4	14.8	80.8
	전체	34.2	23.0	42.8
총급여액 인상안	단독가구	38.1	25.3	36.7
	홑벌이가구	37.1	20.3	42.6
	맞벌이가구	4.4	14.6	81.1
	전체	33.9	22.8	43.3
재산총액 인상안	단독가구	38.6	25.8	35.6
	홑벌이가구	36.2	20.8	43.0
	맞벌이가구	5.1	16.9	78.0
	전체	33.9	23.5	42.5

출처: 한국복지패널 15차 자료.

구 분		빈곤율	감소분	감소율
시장소득		27.93		
시장소득+eitc(현행 제도)		27.25	0.68	2.43
시뮬레이션	총급여요건 인상안	27.17	0.76	2.72
	재산요건 인상안	27.15	0.78	2.79
	총급여요건 인상안 + 재산요건 인상안	26.96	0.97	3.47
	총급여요건 인상안 + 소득구간 조정안	27.05	0.88	3.15

주: 감소분과 감소율은 시장소득 대비 감소율을 의미함.
출처: 한국복지패널 15차 자료.

〈표 4-41〉 제도 변화 가정 시 소득불평등 변화 추정

구 분		지니계수	감소분	감소율
시장소득		0.4180		
시장소득+eitc(현행 제도)		0.4140	0.0040	0.96
시뮬레이션	총급여요건 인상안	0.4136	0.0044	1.05
	재산요건 인상안	0.4135	0.0045	1.08
	총급여요건 인상안 + 재산요건 인상안	0.4131	0.0049	1.17
	총급여요건 인상안 + 소득구간 조정안	0.4133	0.0047	1.12

주: 감소분과 감소율은 시장소득 대비 감소율을 의미함.
출처: 한국복지패널 15차 자료.

4. 요약 및 정책적 시사점

이 절에서는 근로장려금 제도 변화 및 운영 현황을 살펴보고, 2018
년 근로장려금의 개정에 따른 소득효과와 지급방식별 소득효과의 차
이, 그리고 제도 개선 시나리오를 설정한 모의실험분석을 통해 코로나
19 위기 상황에서 취약계층의 소득보장을 강화할 수 있는 개선 방안
을 검토하였다.

근로장려금은 2018년 확대 개편된 이후 수급 대상이 전체 가구의

20%를 상회하고 있으며 연간 총지급액도 4조 원을 넘어서며 빠르게 증가하고 있다. 향후 예정된 개편안으로 더욱 확대될 전망이며, 저소득가구의 소득보장을 목적으로 운영되는 정부사업 중 규모면에서 빼놓을 수 없는 제도가 되었다. 국민기초생활보장제도의 생계급여와 비교하면, 지급가구수로는 약 4배 정도 많은 수준이며 연간 지급총액으로는 이미 생계급여 총액을 넘어섰으며, 조세지출 항목 중에서는 가장 높은 비중을 차지하는 사업으로 확대되었다.

코로나19 시기인 2020~2021년에는 연간 약 4조 5천억 원이 지급되었고, 매년 약 420~430만 가구가 장려금을 받은 것으로 조사되었다. 수급가구 특성을 보면, 단독가구 비중이 60% 이상으로 가장 많고, 30대 미만과 60대 이상이 각각 1백만 가구 이상으로 전체 수급자의 50% 이상을 차지한다. 소득별로는 근로소득자의 절반 이상이 대면 중심서비스업에 종사하는 일용직 근로자이고, 사업소득자의 대부분도 학습지교사, 보험설계사, 방문판매자, 배달원 등 물적 시설을 갖추지 않고 용역을 제공하는 인적용역에 해당한다. 일용근로자와 사업소득자가 전체의 약 70%를 차지하고 있어 코로나19 위기 상황에 취약했던 계층에 주로 지급된 것으로 확인된다.

2020년 기준으로 가구당 평균 104만 원을 정기신청으로 지급받았으며, 상반기 소득에 대한 반기신청으로는 가구당 평균 45만 원을 지급받았다. 이를 월평균 금액으로 환산하면 정기지급은 월 약 9만 원으로 비정규직 근로자(특수형태 포함) 월평균급여의 약 5.1%이며, 2020년 지급받을 수 있었던 8월 정기 지급액과 12월 반기 지급액 모두 합하면 월평균급여의 약 7.2% 해당하는 수준이다. 2021년 지급 현황은 아직 공개되지 않았으나 연간 총지급액이 1천억 원 증가할 것으로만 전망되고 있다. 지급요건에 큰 변화가 없어 2021년 수급가구 및 업종별 현황도 2020년 지급 실적과 크게 다르지 않을 것으로 추정된다.

코로나19 위기 대응 차원에서 이루어진 운영 변화를 보면, 2020년 정기지급을 9월에서 8월로 앞당겨 조기 지급하여 취약계층의 소득감소에 대응하고자 하였다. 시기적으로 볼 때, 1차 전국민 재난지원금 사용 기한이 마감되는 8월에 맞춰 조기 지급함으로써 지원효과를 높이고자 한 것으로 보인다. 그러나 2020년에 1개월 앞당겨 지급한 것을 제외하면, 수급요건 및 지급액 등의 제반 사항에 대한 변화가 없어, 근로장려금을 이용한 소득보장 기능을 강화하기 위한 뚜렷한 조치는 없었던 것으로 조사되었다. 2021년에 정기지급은 예정대로 9월에 이루어졌으며 이는 9월 이전에 순차적으로 2~4차에 걸쳐 긴급재난지원금이 소상공인 및 영세업자, 특수형태 등에 지급되었기 때문인 것으로 보인다.

2021년에는 사무처리 규정을 개선하여 반기지급 기한을 단축(결정일로부터 20일 이내에서 15일 이내 지급으로 변경)하고, 주소득자 규정 정비, 과세 관청의 직권 신청, 중증장애인 부양가족 기준 완화 등을 통해 적시성을 높이고 수급자를 확대하고자 하는 노력은 있었으나 위기 상황에 직면한 취약계층의 소득감소에 대응하기 위한 변화로 보기는 어렵다.

2018년 확대 개편으로 근로장려금의 소득보장 기능은 강화되었고, 주요 국가의 근로장려금과 비교할 때 수급범위 및 수급액에서 유사한 수준으로 확대된 것으로 평가할 수 있다. 복지패널을 이용한 근로장려금 소득효과 분석결과, 2018년 개정으로 빈곤 및 불평등 완화효과가 크게 향상된 것으로 나타났다. 분석결과를 보면, 2018년 대폭 개정으로 빈곤율 감소 비율은 0.5~1.5%p, 지니계수 감소 비율은 0.2~0.7%p 각각 증가하여 빈곤 및 불평등을 개선하는 효과가 개정 이전보다 약 2~3배 정도 확대된 것으로 분석되었다. 또한 2018년 개정으로 도입된 반기제도 및 지급 시기 변화의 소득효과를 간접 추정하기 위해, 근로장려금 지급방식을 현행대로 다음년도에 환급받는 방식과 당해년도에 지급받는 방식을 가정하여 소득효과를 분석한 결과, 적시성을 강화한 당해년도 지급방식이 빈곤 및 불평등의 개선효과가 더 큰 것으로 나타났다.

현재 이용 가능한 2019년 소득에 대한 분석결과이지만 2018년 개정으로 수급 대상이 대폭 확대되어 코로나19 위기 상황에서 취약계층의 소득감소를 완충하는 효과가 확대되었을 것으로 추정해 볼 수 있다. 지급 규모가 확대된 근로장려금의 빈곤 및 불평등 감소효과는 경제위기 시에 더 커질 가능성이 있다. 위기 시 고용 및 소득에 대한 충격을 상대적으로 크게 받는 취약계층일수록 소득감소가 더 크며, 근로장려금은 소득대체에 더 크게 영향을 줄 수 있기 때문이다. 물론 이러한 효과가 극대화되기 위해서는 소득감소 시점에 맞춰 지급될 필요가 있다. 환급 형태가 아닌 당해년도 지급을 가정한 소득효과가 상대적으로 크게 분석된 결과를 통해서도 이를 확인할 수 있으며, 1년 일시불로 정기지급 시점에 환급되는 적시성의 한계로 실제 체감되는 효과는 반감되었을 것으로 추정해 볼 수 있다.

현재 2020년 소득을 이용하여 분석할 수 있는 패널자료가 존재하지 않아 코로나19 시기의 효과를 분석하는데 한계가 있다. 분석에 사용한 복지패널자료는 2019년 소득조사 자료이며, 2020년 근로장려금 수급 대상자를 추정하여 2020년 수급자 규모를 파악할 수는 있지만

2020년 소득효과를 직접적으로 추정하기는 어렵다. 따라서 모의실험 분석을 통해 2020년 소득이 유지되었다는 가정 하에서 소득효과를 추정하였고, 코로나19 위기에 대응하기 위한 방안으로 수급요건을 완화하여 지급 대상을 확대하였다는 가정을 통해 효과를 비교하였다.

2021년 세법개정안에 따른 수급요건 변경을 2020년부터 앞당겨 적용했거나 코로나19 위기에 대응하기 위해 한시적으로 가구 총급여 및 재산요건을 완화한 경우를 가정한 분석이다. 분석결과, 가구 총급여액을 200만 원 인상하여 요건을 완화한 경우 수급자수를 7.5% 확대하는 효과가 있으며, 재산총액 5천만 원 인상은 10.3% 확대하는 효과가 있는 것으로 추정되었다.

즉 가구 총급여액요건을 확대했다면, 2020~2021년에 기존 요건에서 배제되었던 약 30만 가구가 연간 약 110만 원의 지원을 받을 수 있었고, 재산총액요건 완화를 통해서는 약 40만 가구가 약 110만 원의 장려금을 지급받았을 것으로 추정되었다. 지급 확대에 따른 소요되는 예산은 총급여액 인상은 연간 5천억 원, 재산총액 인상은 연간 7천억 원이 소요되는 것으로 추정되었다. 총급여와 재산요건을 동시에 완화했다면 약 80만 가구에 연간 115만 원의 지원이 추가로 이루어질 수 있었고, 연간 1.3조 원이 소요되는 것으로 추정된다.

또한 모의실험분석에서는 제도 변화 가정 시 총소득요건을 그대로 유지한 채 재산요건만을 5천만 원 인상하는 방안이 수급자 확대 및 소득 개선에 더 효과적인 것으로 나타나, 수급 사각지대를 해소하고 취약계층의 소득보장을 강화하기 위해서는 총급여액 인상보다 재산총액 인상을 적극적으로 검토할 필요가 있는 것으로 분석되었다. 제도 현황 검토 및 소득효과 분석결과를 토대로 개선 방안에 대한 정책 방안을 논의하면 다음과 같다.

첫째, 코로나19 위기 등의 경제충격에서 고용 및 소득에 취약한 계층의 소득보장을 강화하기 위해서는 근로장려금의 수급 요건을 한시적으로 조정하여 적극적으로 대응할 필요가 있다. 현재 코로나19 위기 대응 차원에서 이루어진 근로장려금 제도 및 운영 변화를 보면 2020년에 정기지급을 9월에서 8월로 앞당긴 것 외에 뚜렷한 조치가 없었다. 모의실험분석에서 볼 수 있듯이, 한시적인 요건 확대가 있었다면 코로나19 위기에 직면한 취약계층에게 2~4차 재난지원금으로 소상공인 및 취약계층 근로자에게 지급되었던 것과 유사한 수준의 지원금을 추가 지급할 수 있었고, 재난지원금의 형태가 아닌 근로장려금을 활용하여 지급하는 것도 가능하였다.

특히 근로장려금 수급자의 대부분이 코로나19 위기에 취약했던 일용직, 서비스업, 단순노무, 인적용역 사업 근로자임을 고려하면, 매출액 및 소득 감소 등의 추가적인 자료를 제출하는 등의 선별 작업을 거치지 않고도 기존 시스템을 활용한 긴급지원이 가능할 뿐 아니라 행정비용 등의 부대비용을 줄일 수 있는 효과도 있었을 것으로 보인다.

해외 사례를 보면, 미국의 경우에는 재난지원금을 근로장려금과 연계하여 지급하고 있다. 한시적으로 가구 총급여액 수준을 높여 수급요건을 완화하거나 지급액 수준을 높여 긴급지원에 활용하고 있으며, 2021년 환급금의 경우에는 코로나19 위기로 2020년 소득이 없거나 소득이 낮은 경우에는 지원금을 많이 받을 수 있는 2019년 소득을 선택하여 신청할 수 있도록 일시적인 조치를 취하였다. 즉 위기가 지속되는 상황에서 근로 및 소득 불안정으로 요건에서 배제되거나 환급금이 줄어드는 상황을 방지하기 위해 1년 한시적인 규정을 마련한 조치이며, 이러한 사례를 참고할 만하다.

둘째, 위기 상황에서 근로장려금의 수급 요건을 탄력적으로 조정하여 운영하기 위해서는 사업을 복지부에 이관하여 복지예산으로 통합 관리하거나, 현행대로 운영한다면 구체적인 수급 요건을 시행령에 위임하여 세법 개정이 아닌 시행령을 수정하는 것을 통해 한시적으로 조정할 수 있는 방안을 검토할 필요가 있다.

현재는 소득 파악 필요성과 조세 환급 형태로 지급되고 있어 국세청에서 관리되고 있으나 전 국민 고용보험 로드맵에 따라 소득 파악의 전산화가 이루어지면 복지부 사업으로 이관하여 총복지예산에서 타 사업과의 관계를 고려하여 운영할 필요가 있다.

긴급조치가 이루어지기 위해서는 요건 완화 등의 개정이 신속히 이루어져야 하며, 수급 대상자가 증가한 만큼 근로장려금의 예산을 확보하는 것이 필요하지만, 현재 근로장려금은 조세지출예산에 편성되어 세법 개정을 통해서만 요건을 완화할 수 있다. 물론 매우 긴급한 상황이라면 세법 개정을 발의하여 요건을 완화할 수 있지만 통상 1년에 한 번 정기국회에서 개정이 이루어지고 있다. 복지예산으로 편성되어 운영되었다면 긴급재난지원금을 편성하여 지원했던 것처럼 예비비 등을 활용하거나 타 사업예산을 전용하여 보다 탄력적으로 운용하는데 용이하다.

또한 근로장려금의 근로촉진 기능보다 소득보장 기능이 확대되고 있는 측면에서도 전체 복지사업 총액을 고려하여 운영하는 것이 중복 지원을 방지하고 보다 효율적으로 운영할 수 있는 방안으로 보인다.

셋째, 반기제도 운영방식의 개선을 통해 적시성을 강화하는 방안을 적극적으로 검토할 필요가 있다. 근로장려금은 지급 대상자의 소득이 발생한 1년 뒤에 세금 환급 형태로 현금 지급되어, 경제위기 시에 발생할 수 있는 소득감소에 따른 소득보전 및 빈곤 위험을 즉각적으로 대응하는데 한계가 있다. 2018년 개정 시 소득지원의 체감도를 높이기 위해 반기제도를 도입하였고, 2021년 세법개정안을 통해 정산 일정을 3개월 앞당겨 지급주기를 6개월 단위로 단축할 수 있게 되었다. 그러나 다음년도 9월에 한번 지급되던 액수의 35%를 당해년도 12월에 받고, 다음년도 6월에 나머지 65%를 지급하고 있어 위기 시 실질적인 소득 변화 대응에는 미흡한 상황이다. 적시성을 높이기 위해 지급주기 조정 및 지급액 분할 조정에 대한 검토가 필요하다. 근로장려금을 도입하고 있는 주요 국가들의 사례를 보면 영국의 경우에는 주, 격주, 월, 연 단위로 지급기간을 선택할 수 있고, 캐나다는 분기별로 지급하고 있다. 우리나라의 2019년 반기제도 이용자는 전체 수급자의 절반 가까울 정도로 적시성에 대한 요구가 높다.

반기제도 수급자의 대다수가 임금소득자에 한정되어 있지만 사업소득자의 경우에도 10%를 차지하고 있다. 현재 특고 사업소득에 대해서는 2021년 7월부터 매월 간이지급명세서를 제출하고, 상용근로자도 일용·특고와 동일하게 매월 소득을 파악할 수 있도록 하고 있으며, 소규모 사업자의 경우는 2023년 6월까지 반기별로 제출하더라도 한시적으로 가산세를 면제하는 예외를 두고 있다. 적시성을 높이기 위해서는 매월 소득 파악이 가능한 근로자부터 지급주기를 분기 또는 월 단위로 선택할 수 있도록 하고, 종합소득세 신고 등의 정산 시에 미지급 및 환수하는 방법을 고려해 볼 수 있다.

넷째, 총급여요건 및 총지급액 상한을 물가 또는 중위소득 기준 변화에 연동하는 방식을 고려할 필요가 있다. 총가구소득요건 및 급여액이 물가와 연동되어 있지 않아 제도 개정 직후 수급자수와 평균수급액이 증가하다가 점차 감소하는 양상을 반복하고 있다. 그동안 여러 차례의 개정은 가구소득 및 생계비 상승으로 근로장려금에서 배제된 가구의 재편입과 지급액이 낮아지는 문제를 조정하기 위한 개편으로 이루어졌다. 미국과 캐나다의 경우처럼 소득요건을 물가와 연동시켜 자연스럽게 조정되도록 하는 사례를 도입하여, 물가와 연동하거나 최저임금 또는 기초생활보장제도 중위소득 기준 상승률에 맞춰 총급여 및 지급액을 연동할 필요가 있다.

이를 통해 개정 때마다 자의적인 요건 변화로 인한 소득구간 확대 논란을 제거하고 정부 정책의 일관성을 제고시켜 생계비 변화에 즉각적으로 대응할 수 있는 방안을 마련할 필요가 있다.

다섯째, 근로장려금 수급 대상의 사각지대 해소를 위해 재산총액 기준에 대한 조정을 검토할 필요가 있다. 현재 주택가격 상승에 따라 재산총액 기준을 충족하지 못한 취약계층이 증가할 것으로 예상되며, 모의실험분석 결과에서도 총소득요건을 200만 원 인상하는 조정안보다 재산총액을 5천만 원 인상하는 안이 수급자 확대에 더 기여하는 것으로 분석되었다. 총소득요건 확대는 점간구간만 늘어나며 가구유형별로 상위소득 수급자가 증가되는 효과가 있지만 점감 및 평탄구간에는 변화가 없어 이 구간에 해당하는 수급자 및 수급액의 증가효과는 기대하기 어렵다. 반면 재산총액 인상은 재산총액 2억 원 미만 제한으로 수급 대상에서 제외되었던 점감, 평탄, 점증구간에 해당하는 모든 가구의 수급자가 증가하는 효과를 예상할 수 있다.

재산총액요건 확대와 더불어 재산총액으로 산정하는 방식도 검토가 필요해 보인다. 제도 시행 초기 부채를 고려한 순자산 개념의 적용 필요성이 제기되기도 했지만 현재 부채는 반영하고 있지 않다. 물론 고액 자산을 보유한 가구에게 근로장려금을 지급하는 것이 바람직한 가에 대한 반론이 제기될 수 있지만 주택대출의 비중이 생계비 지출에 큰 부담으로 작용하는 부분 등을 고려하면 저소득가구의 부채를 고려하는 방안을 검토할 필요가 있어 보인다. 근로장려금을 시행하고 있는 주요 국가의 경우 자산기준을 따로 규정하는 곳은 거의 없는 것으로 조사되고 있다.

여섯째, 수급 요건의 사각지대 해소를 통해 수급자를 확대하는 것도 필요하지만 근로장려금의 신청주의에 따른 실수급 대상자 중 미수급자가 발생할 수 있는 문제도 제도 개선을 통해 발전시킬 필요가 있다. 이에 대한 해소 방안으로 2021년부터 사무규정을 개정하여 과세 관청 직권 신청제도를 도입하였다. 이 제도는 근로장려금을 인지하지 못하거나 절차 상의 어려움으로 신청하지 못하는 고연령 근로자 등의 신청을 확대하여, 수급 대상이지만 수급받지 못한 저소득가구 소득 개선에 기여할 수 있을 것으로 보인다. 다만 과세 관청이 거주자의 동의 하에 직권으로 신청할 수 있도록 규정하고 있다.

현재 소득 및 과세에 대한 전산화가 이루어져 거주자 동의만 있으면 직접 서류를 제출하지 않아도 수급 요건을 파악할 수 있는 조세시스템을 고려하면, 전산을 통해 소득 파악이 가능한 근로자의 경우에는 거주자 동의와 관계없이 전산화를 통해 과세 관청이 수급 대상자를 선별하고, 이를 사후에 전산 또는 우편으로 공지하여 동의를 받는 방식의 검토도 필요해 보인다. 추후 전 국민 고용보험 로드맵에 따라 적시성 있는 소득 파악이 이루어지고, 전산프로그램이 개발·보급되면 서류제출에 대한 비용절감과 미수급자를 줄이기 위해 전산화를 통한 자

동으로 선정, 지급(환급)하는 방향으로 전면 전환될 가능성도 예상되어
진다.

　마지막으로, 근로장려금 수급 대상 단위에 대한 논의이다. 근로장
려금은 가구 단위로 지급되는 제도이며, 대부분의 주요 국가들이 가구
단위로 지급하고 있다. 가구 단위 지급은 근로장려금 지급 대상 가구
원의 노동 참가로 가구소득이 증가되면 지급 대상에서 제외될 수 있기
때문에 노동공급을 감소시키는 결과를 초래할 수도 있다. 즉 가구구성
원의 경제활동 참가가 억제되어 노동공급이 감소되는 상황이 발생할
수 있다. 이에 대한 대안으로 가구 단위 기준(재산총액 등)을 일부 남겨
두고, 모든 가구원의 근로소득이 기준에 충족하면 근로장려금을 지급
받는 방식으로 변화를 고려해 볼 수 있다. 즉 가구당 1명이 아닌 모든
근로가구원에게 지급하는 개인 단위 지급방식이다.

　물론 이러한 방식의 전환은 규모가 확대되어 세수 감소 우려를 높
이고, 노동공급 증가에 기여하지 못하면서 대규모의 예산만 투입되는
결과를 초래할 수 있다는 지적에 자유로울 수 없다. 논의를 확장하면,
소득보장 목적으로 확대하는 제도라면 세금 환급 형태로 조세지출을
이용하는 것보다 기초생활보장제도를 확대한 것이 바람직하다는 지
적과 동시에, 앞서 검토했던 것처럼 조세지출이 아니라 소득보장 예산
항목으로 이전·통합하여 합리적인 예산 운영을 할 필요가 있다는 지
적도 제기되고 있기 때문이다.

　최근 근로장려금의 총지출액 규모가 생계급여 수준을 넘어서고 향
후 확대 개편이 이루어질 것으로 예상되는 가운데 규모는 더 확대될
것으로 전망된다. 이는 다시 말해 노동공급 유인의 목적보다도 근로빈
곤을 해소하고 취약계층 소득보장의 사각지대를 해소하기 위한 방향

으로 확대 개편될 가능성이 높다는 것을 의미하며, 근로장려금의 예산 및 운영에 대한 전면적인 재검토 요구가 더욱 많아질 것으로 예상해 볼 수 있다. 최근 기본소득 논의도 이러한 논의의 중심에서 제도 변화 방향에 영향을 줄 것으로 예상되며, 근로장려금의 개인 단위 지급방식과 적시성을 강화한 매월 또는 분기마다 지급하는 방식이 이와 관련하여 검토될 수 있는 방안 중의 하나로 볼 수 있다.

제2장 국민취업지원제도

1. 개요

한국형 실업부조라 불리는 국민취업지원제도는 고용보험의 사각지대에 놓인 저소득층, 영세 자영업자 등 취업 취약계층의 취업지원서비스와 생계지원을 위해 2017년에 도입이 추진되었고, 2018년 8월과 2019년 3월에 경제사회노동위원회에서 한국형 실업부조의 조기 도입 및 제도의 기본 골격 등에 대한 노사정 합의가 이루어졌다. 이후 2019년 6월에 국민취업지원제도 추진 방안이 마련되었고, 3개월 뒤 2019년 9월에 「구직자 취업촉진 및 생활안정지원에 관한 법률」안을 국회에 제출하여, 2020년 5월 국회 본회의를 통과하여 2021년부터 제도가 시행되고 있다.

국민취업지원제도 도입 배경은 고용안전망 역할을 담당해야 할 고용보험제도의 사각지대가 광범위하게 존재하는 상황에서 취업 취약계층의 소득보장을 위한 지원의 한계와 코로나19 위기 등의 충격에 노출될 가능성이 높은 취약계층의 취업지원 및 생계지원이 시급한 정책과제로 떠오른데 있다. 그동안 고용보험과 함께 취업 취약계층의 지원을 담당했던 취업성공패키지 사업은 소득지원에 대한 법적 근거가 부족하여 위기 시 저소득층에 대한 소득지원이 사실상 결여되어 코로나19 위기 등의 상황에 즉각적으로 대처하는 데 한계가 있었다.

현재 기존 제도인 취업성공패키지 사업을 통합한 국민취업지원제도가 도입됨에 따라 고용안전망의 제도적 사각지대에 놓인 취업 취약계층의 취업지원 및 소득지원을 강화하는 동시에, 법적 근거를 통해 위기 시에 보다 탄력적으로 소득지원을 운영할 수 있는 제도가 마련되었다고 할 수 있다. 다만 도입된 제도가 정책 목표에 맞게 운영되기 위해서는 시행 상의 문제점과 한계를 점검하고, 고용안전망의 사각지대 해소를 위한 정책 목표가 제대로 수행되고 있는지 검토하여 제도를 수정해 나갈 필요가 있다.

그러나 현재 2021년부터 시행된 제도효과를 구체적으로 확인하기 위한 자료가 부족한 실정이다. 특히 국민취업지원제도 Ⅱ유형으로 통합하여 운영될 예정인 취업성공패키지사업을 제외한 한국형 실업부조라 불리는 Ⅰ유형의 경우에는 처음 도입된 제도로 구체적인 지원 현황도 없을 뿐 아니라 선행연구도 미미한 상황이다.

이 연구에서도 자료의 한계로 2021년 세부적인 현황과 효과를 분석하는데 한계가 있었다. 다만 새롭게 도입된 Ⅰ유형 사업을 중심으로 제도 현황과 고용안전망의 사각지대에 놓은 실업자 및 불완전취업자의 잠재적 대상 규모 추정 및 특성 파악을 통해 제도 개선 방안을 살펴보고자 한다.

2. 국민취업지원제도 현황

국민취업지원제도는 고용 및 소득안전망 역할을 담당하던 고용보험과 기초생활보장제도의 사각지대였던 근로능력 및 의사가 있지만 고용보험 제도의 밖에 있고, 생계급여 수급 기준을 벗어난 저소득 구

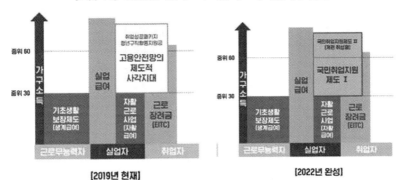

[그림 4-9] 국민취업지원제도와 기존 제도의 지원 대상 범위

출처: 일자리위원회·관계부처 합동자료(2019).

직자 등을 주요 대상으로 한다. 기존 사업인 취업성공패키지와 청년구직활동지원금을 통합하여 취업 취약계층에 대한 취업 및 소득을 지원하는 제도로 운영하고 있다.

국민취업지원제도는 두 유형으로 크게 구분되어 있다. Ⅰ유형은 저소득 구직자 등 취업 취약계층을 대상으로 취업지원 및 생계안정을 위한 소득지원을 병행하여 고용안전망 사각지대를 해소하는 것에, Ⅱ유형은 미취업 청·장년층 및 특정 계층을 대상으로 통합적인 취업지원 프로그램 및 취업활동비용을 지원하여 이들의 노동시장 진입을 촉진하는데 목적을 두고 있다.

각 유형별로 지원 대상을 세분화하여 지원요건 및 지원내용도 상이하다. Ⅰ유형은 기존 제도인 청년구직활동지원금의 수급 대상 연령을 18~34세에서 15~69세(청년은 18~34세)까지로 확대하여 고용보험의 사각지대에 있는 전 국민을 대상으로 하지만 소득 및 재산요건을 충족해야 된다.[5] Ⅰ유형은 요건심사형과 선발형으로 구분되며, 요건심사형은 지원 대상 요건을 심사하여 이에 해당하는 자를 수급자로 선정하며 중위소득 60% 이하, 재산 4억 원 이하와 2년 이내 100일 이상의 취업 경험 요건을 두고 있다.[5]

소득 및 재산요건을 충족하지만 취업경험요건을 충족하지 못한 경우에는 선발형에 지원 가능하며 지원 대상자들 중에서 상대적으로 지원이 더 필요한 대상을 선발하여 대상자를 선정한다. 선발형에서 청년특례는 중위소득을 120%까지 확대하고 취업경험을 요구하지 않아 잠재적 대상 규모가 클 것으로 예상된다. 청년특례는 2019년부터 시행하던 청년구직활동지원금에 해당하며, 졸업 이후 일정 기간 등의 요건을 제외하면 지원 대상자 및 지원 수준이 유사하다.

선발형 비경활특례는 취업경험이 2년 이내 100일이 되지 않아 요건심사형에서 탈락한 비경제활동인구가 지원 대상이 될 것으로 보인다. 선발형의 경우에는 취업경험 요건이 완화되어 대상 규모가 클 수 있어 명확한 선발기준이 마련되어 제시될 필요가 있다.

Ⅱ유형은 기존 취업성공패키지 사업을 통합·정비한 사업으로 저소득층(특정계층 포함), 청년, 중장년층으로 구분하여 지원하며, 기존 취업성공패키지 구직촉진수당은 지급되지 않지만 취업활동비용 및 취업지원서비스가 제공된다. 2021년까지는 취업성공패키지 사업으로 운영되고 있으나 2022년에는 국민취업지원제도로 통합되어 기존 사업과 유사한 방식으로 운영될 예정이다. 직업훈련 참여 시 최대 195.4만 원의 취업활동비용이 제공되며, 취업 성공 시에는 취업성공수당을 최대

---

5 청년구직활동지원금의 경우는 2019년 3월 도입되었고 졸업 후 2년 이내의 18~34세 이하, 기준중위소득 120% 이하, 취업준비 중인 청년을 대상으로 하였다.

150만 원을 지급받을 수 있다.

〈표 4-42〉 국민취업지원제도 유형별 지원 대상 및 내용

구 분		I 유형			II 유형			
		요건심사형	선발형		저소득층 등		청년	중장년
			청년[1]	비경활	저소득층	특정계층[2]		
지원 대상	연령	15~69세(청년: 18~34세, 중장년: 35~69세)						
	소득	중위소득 60% 이하	중위소득 120% 이하	중위소득 60% 이하	중위소득 60% 이하	무관	무관	중위소득 100% 이하
	재산	4억 원 이하	4억 원 이하	4억 원 이하	무관			
	취업경험	2년 이내 100일 (800시간) 이상	무관	2년 이내 100일 (800시간) 미만	무관			
지원 내용	취업지원 서비스	○						
	소득 지원	구직촉진 수당	○			×		
		취업활동 비용	×			○		

주: 1) 2021년 7.27일부터 I 유형 선발형 청년은 취업 경험과 무관하게 소득·재산 요건만으로 참여 가능하며, 재산요건을 완화함(7.21일 이전 요건: 가구원 재산-3억 이하, 취업경험요건-2년 이내 100일 또는 800시간 이상).
2) 2021년 9.7일부터 I 유형 요건심사형, 비경활 선발형의 소득요건이 중위소득 50%에서 중위소득 60%로, 재산요건은 3억 이하에서 4억 이하로 확대됨.
3) 특정계층 - 노숙인등비주택거주자, 북한이탈주민, 여성가장, 결혼이민자, 중도입국자녀, 신용회복지원자, 위기청소년 등, FTA 피해실직자, 건설일용근로자, 국가유공자 가구원 중 취업지원 대상자, 미혼모(부)·한부모, 구직단념청년, 영세 자영업자, 특수형태 근로종사자, 집합금지·영업제한 업종 종사자.

I 유형의 경우 근로능력 및 구직의사가 있는 대상자를 기준으로 하며, 생계급여 및 실업급여 수급자, 정부 재정지원 사업에 참여하고 있거나 참여한 지 6개월이 지나지 않는 경우에는 참여할 수 없는 대상을

지정하여 중복 지원을 받지 못하도록 규정하고 있다. 신청인 본인 소득도 1인가구 기준 중위임금 60%를 넘지 않도록 상한을 두어 저소득층 지원 대상을 분명히 하고 있다. 또한 구직촉진수당 수급액 이상 소득이 발생하면 구직촉진수당을 지급받을 수 없도록 제한하고 있다.

기존 제도의 중복 및 반복 지원을 방지하고 저소득층이 아닌 자가 수급받는 문제를 해소하기 위한 제한 규정이지만 일정 수준 이상의 소득 발생에 따른 지원 중단으로 구직 촉진을 저해할 수 있다는 지적도 제기되고 있다.

〈표 4-43〉 국민취업지원제도에 참여할 수 없는 대상(Ⅰ유형)

- 근로능력, 취업 및 구직의사가 없는 사람
- 상급 학교 진학 및 전문자격증 취득을 목적으로 각종 학교에 재학 또는 학원 등에서 수강 중인 사람
- 군 복무 등으로 즉시 취업이 어려운 사람(단, 2개월 이내 전역 예정인 자 제외)
- 국민기초생활보장법 생계급여 수급자(단, Ⅱ유형에는 참여할 수 있음)
- 실업급여를 받고 있거나 수급 종료 후 6개월이 지나지 않은 사람
- 국가 또는 지방자치단체가 구직활동에 필요한 비용을 지원하는 수당이 월평균 지원 금액 50만 원 이상이거나 총 지원액 300만 원 이상인 사업에 참여 중이거나 수급 종료 후 6개월이 지나지 않은 사람
- 정부 재정지원 직접일자리에 참여하고 있거나 참여 종료 후 6개월이 지나지 않은 사람
- 신청인 본인의 월평균 총소득이 1인가구 기준 중위소득의 60%('21년 913,916원)를 넘는 사람
  ※ 매월 정기적으로 구직촉진수당 수급액(50만 원) 이상 소득(근로, 사업, 재산, 이전)이 발생하는 자는 Ⅰ유형 수급자격이 인정되더라도 구직촉진수당을 지급받을 수 없음에 유의(매월 50만 원 이상 정기적인 소득이 있으면 반드시 상담창구에 문의)

유형별 소득지원 내용을 보면 다음과 같다.[6] Ⅰ유형은 참여자의 생

---

6 국민취업지원제도 홈페이지 참조.

활 안정을 위해 최대 300만 원(월 50만 원×6개월)의 구직촉진수당이 지급된다. 다만 고용센터가 마련한 취업지원 관련 구직활동을 성실히 이행한 참여자만 구직촉진수당을 받을 수 있다. 지급 기간은 수급자격자로 결정된 날부터 6개월이 되는 날까지이며, 최장 1년까지 연장할 수 있다. 월 50만 원씩 6개월 동안 받는 것이 원칙이지만, 지원 총액인 300만 원 안에서 나누어 받을 수도 있다. 분할지급액도 가능하며, 20만 원부터 5만 원 단위로 신청할 수 있다.

취업성공수당 지원은 소득요건 및 근로조건을 모두 충족한 수급자가 취업에 성공하여 일정 요건을 갖춘 경우에 1년 동안 2회에 걸쳐 최대 150만 원의 취업성공수당이 지급된다. 지원 대상은 Ⅰ유형 요건심사형 및 선발형 비경제활동 특례, 선발형 청년특례 중 중위소득 60% 이하인 자, Ⅱ유형 저소득층 수급자 및 특정계층, 중장년 및 청년 중 중위소득 60% 이하인 자이다. 지급방식 및 신청은 6개월간 계속 근무하면 1회차에 50만 원을 지급하고, 12개월 동안 계속 근무하면 2회차에 100만 원을 지급한다.

취업성공수당은 임금근로자뿐 아니라 특수형태근로종사자와 창업자도 안정적인 소득 발생 등 일정 조건을 충족하면 받을 수 있고, 임금근로자로 주 30시간 이상 일자리에 취업, 고용보험에 가입하여 6개월 이상 근무한 경우에도 취업성공수당을 지원 받을 수 있다.

취업활동비용 지원은 Ⅱ유형 참여자가 취업지원서비스 기간에 개별 취업지원 프로그램을 성실히 이행하면 최대 195만 4천 원의 수당을 지원받을 수 있다.

〈표 4-44〉 취업활동비용 지급요건 및 금액

(1단계) 상담·진단(3~4주)	(2단계) 직업능력 향상(최대 6개월)	(3단계) 취업 알선(3개월)
• 초기 상담 • 직업심리검사 • 집단상담 • 개인별 취업계획 수립	• 국민내일배움카드 발급	• 취업 알선 • 직업정보 제고 • 이력서, 자기소개서 클리닉
참여수당 (15~25만 원)	훈련참여 지원수당 (월 최대 28.4천 원)	참여수당 (최대 6만 원)

일자리위원회·관계부처 합동자료(2019)에 따르면, 국민취업지원제도를 2020년 하반기에 조기 시행하여 35만 명을 지원하고, 2021년 50만 명에서 2022년까지 지원 규모를 60만 명(I 유형 50만 명, II 유형 10만 명)으로 확대하는 방안이 완료되는 2022년에는 1차 안전망 실업급여, 2차 안전망 국민취업지원제도, 3차 안전망 재정지원 직접일자리사업의 중층적 고용안전망 구축이 완료될 것으로 계획하였다.

국민취업지원제도의 추진 실적을 보면 세부 현황이 공개되어 있지 않지만, 2021년 1월부터 시행된 이후 4개월 동안 272,374건의 신청 건수가 접수됐고, 251,786명이 수급자격을 인정받은 것으로 보도되었다(고용노동부, 2021). I 유형 173,531명 중 148,688명에 대해 개인별 취업활동계획을 수립하였고, 143,107명에게 구직촉진수당을 지급하여 목표 인원 50만 명 중에서 1/4 이상이 4개월 동안 수당을 지급받아 고용보험 사각지대에 놓인 구직자의 이용이 빠르게 이루어지고 있는 것으로 보인다.

<표 4-45> 2022년 고용안전망 전망 계획

구 분	1차 안전망	2차 안전망		3차 안전망
	실업급여	국민취업지원제도 I	국민취업지원제도 II	재정지원 직접일자리
대상	특수고용형태근로자, 예술인 등 적용 확대 추진 중	중위소득 30~50% 저소득층 저소득 비경활 인구, 중위소득 50~120% 청년	국민취업지원제도 I 의 지원을 받지 못하는 폐업 영세 자영업자, 조건부 수급자, 청년 등	1차, 2차 안전망의 지원을 받지 못하는 취약계층, 조건부 수급자 등
연간 규모	140만 명 + α	50만 명	10만 명	35만 명 + α

출처: 일자리위원회·관계부처 합동자료(2019).

고용노동부 2022년 예산안 사업설명 자료에 따르면 I 유형의 목표 인원을 2021년 40만 명에서 2022년 50만 명으로 확대하고, II 유형의 목표 인원을 2021년 19만 명에서 10만 명으로 축소하는 예산안이 제출되었으며, 초기 추진방안에 진행되고 있는 것으로 보인다.

<표 4-46> 국민취업지원제도 유형별 지원예산 규모

(단위: 십 억)

구 분	수당	2021예산	2022예산
I 유형	구직촉진수당	665	1,003
	취업성공수당	19	72
II 유형	참여자수당	180	73
	취업성공수당(저소득층)	27	16

출처: 국회예산결산특별위원회(2021).

지급 규모를 보면 I 유형의 총예산은 2021년에 약 1조 2천억 원에서 2022년에는 약 1조 5천억 원으로 확대되고, 실업부조 기능을 담당하는 구직촉진수당은 2021년에 약 6천 6백억 원에서 2022년에는 약

1조억 원으로 크게 확대될 것으로 계획하고 있다. 2022년 취업성공수당도 약 190억 원에서 약 710억 원으로 크게 증가할 것으로 예상된다.

〈표 4-47〉 주요 국가의 실업부조 비교

구 분	지급기간	임금 대체율[1]	취업경험 요건 유무	신규 노동시장 진입자 참여제한 유무
스웨덴	60주	23.7%	최근 12개월 간 6개월 이상	△ (신규 진입자라도 학업, 육아, 질병, 군복무한 경우 지원 가능)
핀란드	지속	20.6%	최근 28개월 간 6개월 이상 (자영업은 최근 4년 간 15개월 이상)	× (17~24세 신규 진입자는 직업훈련 필수 또는 5개월의 대기 기간)
호주	지속	17.2%	×	×
영국	지속	11.3%	×	×
독일	지속	10.2%	×	×
오스트리아	12개월 (갱신가능)	–	고용보험 실업급여 소진자만 가능	○
스페인	6개월 (최대 2회 갱신가능)	18.5%	고용보험 실업급여 소진자 대상 (비자발적 실업자는 고용보험 수급자격 없어도 지원가능)	×
한국	6개월	15.2 ~ 20.4%	요건심사형: 최근 2년 간 6개월 이상 선발형: 취업경험 요건 없음	× (단, 예산 범위 내 선발 방식)
프랑스	6개월 (갱신가능)	16.1%	최근 10년 간 5년 이상 (직업훈련 포함)	○

주: 임금 기준은 전일제 임금근로자의 평균임금 기준으로 산정.
출처: 일자리위원회·관계부처 합동자료(2019).

기존에 시행하던 청년구직활동지원금과 취업성공패키지 사업의 현황을 간략히 살펴보면, 청년구직활동지원금은 2017~2018년까지 취업성공패키지 3단계와 연계한 청년구직촉진수당(30만 원×3개월)을 개편한 것으로 2019년 한 해 동안 76,793명이 청년구직활동지원금을 수급받았다.

2020년에는 국민취업지원제도의 시행을 염두에 두고 5만 명을 지원 목표 인원으로 설정하였으나 국민취업지원제도 시행이 연기되고 코로나19 등으로 청년취업난이 심화됨에 따라, 어려워진 청년들의 구직활동 지원을 강화하기 위해 예산 전용 및 예비비 편성을 통하여 지원 목표 인원이 5만 명에서 10만 명으로 두 배 확대되었으며, 2021년 1월에 국민취업지원제도 청년특례로 통합되었다(고용노동부, 2020).

구직촉진수당을 주요 국가와 비교하면, 임금대체율은 전일제 임금근로자의 평균임금 기준으로 15.2~20.4%로 주요 국가들과 유사한 수준이다. 반면 지급 기간은 핀란드, 호주, 영국 등 지급 기간을 두지 않는 국가가 있는 반면, 우리나라는 6개월로 가장 짧은 특징을 보인다. 취업경험 요건은 국가마다 조금씩 상이하며 취업요건이 없는 호주, 영국, 독일의 경우에는 상대적으로 임금대체율이 낮은 특징을 보인다.

3. 국민취업지원제도 잠재적 대상자 규모 추계 및 특성 분석

1) 국민취업지원제도(Ⅰ유형) 잠재 대상자 규모 추정

한국복지패널 15차 년도(2019년 소득기준) 자료를 이용하여 국민취업지원제도 유형 중에서 한국형 실업부조에 해당하는 Ⅰ유형의 잠재적 대상자 규모를 추정하였다.

Ⅰ유형에 해당하는 지원 대상은 앞 절에서 설명한 바와 같이 연령, 가구요건(소득, 재산), 취업경험 등의 요건을 충족해야 되며, 참여할 수

없는 대상이 지정되어 있다. 이러한 요건을 충족하는 잠재적 대상자를 추정하기 위해 다음과 같은 기준을 적용하였다.

연령은 Ⅰ유형 요건심사형 및 선발형(비경활)은 15~69세로, 선발형(청년)은 18~34세로 제한하였고, 소득기준은 복지패널자료의 가구원별 근로소득의 총합을 가구소득으로 계산하여, 2019년 기초생활보장제도 가구원수별 중위소득의 60% 및 120%를 기준으로 요건심사형(선발(비경활)) 및 선발형(청년) 대상자를 각각 구분하였다.

재산은 4억 원 미만을 기준으로 하였고, 취업경험은 지난 1년 간 근로소득이 있는 자를 기준으로 하였다. 현재 시행 중인 제도의 취업경험 요건은 2년 이내 100일 또는 800시간 이상으로 규정하고 있지만 복지패널자료에서 조사하는 근무월(일)수는 연말(12월 31일) 기준으로 취업 상태에 있는 가구원만 조사하고 있기 때문에 실업 및 비경제활동 가구원의 근로일수를 파악할 수 없는 한계가 있다. 따라서 대안으로 연간 근로소득은 미취업자(실업·비경활)의 경우에도 파악되므로 근로소득이 있는 경우를 취업경험으로 간주하였다. 다만 일정 기간 이상 취업일수(시간) 요건이 명확히 구분되지 않는 한계가 있으며, 취업경험이 있는 경우를 가정한 최대 추정치로 볼 수 있다.

취업자의 경우에는 연간 근무월수가 12개월 미만인 경우에는 불완전한 취업 상태에 있을 가능성이 높은 자로 간주하여 잠재적 대상자 추계 대상에 포함하였다.

Ⅰ유형에 참여할 수 없는 대상자로 학원, 군복무 등으로 즉시 취업이 어려운 사람을 지정하고 있으며, 추정에는 근로능력이 없는 자, 군복무, 학업, 진학 준비자를 제외하였다. 또한 생계급여 수급자는 제외하며, 실업급여 수급자도 제외하되 연간 6개월 미만 수급한 경우에는

대상자에 포함하였다. 현행 기준에는 수급 중 또는 6개월이 지나지 않는 자로 규정하고 있다.

시행 중인 제도의 참여 제한 규정에는 신청인 본인의 월평균 총소득이 1인가구 기준 중위소득 60%를 초과한 자를 제한하고 있다. 이를 반영하기 위해, 추정에는 취업경험자 중에서 연평균 총소득이 1100만 원 이상인 자를 제외하였다. 이는 2019년 1인가구 중위소득의 60%를 연소득으로 환산하여 연간 최대 11개월까지(불완전취업 가정) 일한 경우를 기준선으로 하였다.

〈표 4-48〉 추정 대상 및 방법

연령		• 요건심사형: 15~69세 • 선발형: 청년 18~34세, 비경활 15~69세
소득		• 가구원별 근로소득(임금소득+사업 및 부업소득)의 합으로 계산 • 2019년 기초생활보장제도 가구원수별 중위소득을 기준으로 적용
재산		• 재산 4억 원 미만 자(재산=소유·점유부동산+금융자산+농기계 및 농축산물+자동차+기타 재산)
취업경험		• 미취업자: 연말 미취업자 중 지난 1년 간 근로소득이 있는 자 • 취업자: 연말 취업자 중 취업기간이 12개월 미만인 자 = 불완전 취업자
참여 제한 요건	근로능력자	• 비경제활동인구 중 근로능력이 없는 경우 제외 • 비경제활동 사유 중 근로무능력, 군복무, 정규교육기관 학업, 진 학 준비는 제외
	생계급여	• 생계급여 수급 응답자는 제외
	실업급여	• 지난 1년 간 실업급여 수급 응답자는 제외(단, 6개월 미만 수급 으로 응답한 자는 포함)
	신청자 월평균 임금	• 취업경험자 중에서 연평균 총소득이 1,100만 원 이상자 제외 • 2019년 1인 가구 중위소득의 60%를 연소득으로 환산하여 연간 최대 11개월까지 일한 경우를 기준선으로 함

이와 같은 기준을 적용하여 국민취업지원제도 Ⅰ유형에 해당하는 잠재적 대상자를 2019년 기준으로 추정하면, 연말 미취업자는 38.3

만 명, 취업자는 19.5만 명으로 총 잠재적 대상자는 57.8만 명이다.[7] 2019년 연말 시점에 Ⅰ유형 대상자 중 요건심사형을 선정한다면 미취업자로 구분된 38.3만 명이 구직취업수당 수급 가능한 대상 규모로 추정해 볼 수 있다.[8]

명확한 소득 및 취업 자료에 기반한 추정 결과가 아니며 실제 참여를 원하는 사람이 어느 정도일지 가늠할 수 없지만, 2021년 현재 Ⅰ유형에 책정된 사업 규모 50만 명 중에서 요건심사형에 계획된 배정 인원 30만 명과 비교하면, 추정된 요건심사형 잠재적 대상자 규모가 약 8만 명 정도가 더 많다. 다만 취업자 잠재적 규모가 19.5만 명 정도임을 고려하면 요건심사형의 잠재적 대상자는 57.8만 명 정도로 더 큰 규모로 추산된다.

추정 규모가 취업요건 등의 기준을 넓게 설정하여 과다 추정된 결과일 수 있음을 고려하면, 시행 초기 단계이므로 지급실적을 확인하여 현재 할당된 배정 인원에서 단계적으로 확대하는 방안을 검토할 필요가 있다. 다만 현재 요건기준에서 배제된 대상자를 제외한 규모로 한정할 때의 평가이며, 실업부조를 도입하고 있는 몇몇 국가들(호주, 영국, 독일)에서 취업요건을 요구하지 않은 것을 고려하면 규모는 달라질 수

---

7 추정인원에서 미취업자와 취업자 구분은 2019년 12월 31일 기준 미취업자(실업, 비경제활동)인지, 취업자(임금근로자, 자영자 및 고용주, 무급가족종사자)에 해당하는지 기준이다. 취업자는 2019년 1년 동안 취업기간이 12개월 미만이고, 월평균소득이 Ⅰ유형 제한 기준인 1인가구 기준 중위소득 60%를 초과하지 않는 사람인 경우로 미취업의 가능성이 높은 불완전취업자에 해당한다.

8 미취업자의 근로일수가 기입되어 있지 않은 자료의 한계로 취업경험요건으로 설정한 연간 근로소득이 0인 경우를 포함하고, 연간 구직활동을 하였다고 응답한 가구원을 대상으로 추정한 규모도 38만 명 수준으로 유사하게 도출되었다.

있다. 특히 코로나19 등의 고용 및 소득충격에 취약한 잠재적 대상자를 보호하기 위해서는 일시적으로 취업요건을 완화하는 대응 조치를 취하는 국가들이 증가하고 있다. 현재 우리나라는 시행 초기 단계에서 취업요건 등의 수급자격을 완화하고 있지 않지만 위기 상황의 점검들을 통해 향후 변경을 검토할 필요가 있으며, 근로일수 요건을 크게 완화한다면 57.8만 명을 잠재적 대상자로 볼 수 있다.

<표 4-49> 국민취업지원제도(I 유형) 잠재적 대상자 추정(요건심사형)

(단위: 천 명)

구분			전체	미취업자	취업자
15~69세 가구원			37,875	11,173	26,702
and 중위 60% 이하 가구원			5,841	3,582	2,259
and 재산 4억 원 미만			4,308	2,578	1,729
and 근로능력자			4,061	2,331	1,729
- 생계급여 수급자 및 고용보험 수급종료 후 6개월 미경과자 제외			2,922	1,497	1,425
취업 경험 있는 자	미취업자	연간 근로소득 있는 자 + 연소득 1,100만 원 이하	383	383	-
	불완전 취업자	연간 근로월수 11개월 이하 + 연소득 1,100만 원 이하	195	-	195
잠재적 대상자 총계			578	-	-

주: 미취업자 및 취업자는 2019년 12월 말 기준 경제활동 상태이며, 취업자는 임금, 자영·고용주, 무급가족종사자이며, 미취업자는 실업과 비경제활동인구임.
출처: 한국복지패널 15차 자료.

선발형에 해당하는 잠재적 대상자 규모는 청년특례 20.2만 명, 비경제활동특례 9.4만 명으로 총 잠재적 대상자는 29.6만 명으로 추정되었다. 현재 선발형에 배정된 총 예정 인원인 20만 명에 비해 약 10만 명 정도 많은 규모로 추정되었다.

배정 인원은 청년특례와 비경활특례에 각각 10만 명씩 할당되어 있다. 비경제활동특례의 경우 요건심사형의 기준에 충족하는 자가 다수 제외되어 상대적으로 청년특례의 잠재적 대상 규모가 더 크게 추정된 것으로 보인다.

청년특례 규모를 청년구직활동지원의 연간 지원 규모(2020년 기준)였던 10만 명이었던 것과 비교하면, 요건심사형 대상자에 해당하는 청년 대상자가 제외된 추정 규모이지만 약 2배 정도 많은 것으로 추정되었다. 청년구직활동지원은 졸업(졸업유예·수료 등 포함) 이후 2년 이내 미취업자를 대상으로 제한하고 있어 직접적인 비교는 불가능하다.

다만 요건심사형에 다수의 청년이 포함되어 있다고 볼 때, 선발형에서도 많은 수의 잠재적 대상자가 정책 수급 대상자로 존재하고 있음을 확인할 수 있고, 최소요건에 충족하지만 선발되지 못한 청년층이 실제 지원 대상 규모 수준만큼 존재할 수 있음도 확인할 수 있다. 한편, 적시에 구직촉진수당이 필요한 경우가 비경제활동 대상자임을 고려하면, 선발형에 비경활특례에 10만 명이 배정된 부분도 적정한 수준으로 볼 수 있지만 청년특례의 규모의 비중을 늘리는 방안도 검토할 필요가 있다. 특히 잠재적 규모의 특성 분석에서 60대의 고령자 비중이 높음을 감안하면 비중 변화의 필요성이 있지만, 추후 지급실적을 확인하여 비중 조정을 고려할 필요가 있다.

요건심사형과 선발형을 종합한 Ⅰ유형 전체 잠재적 대상자 추정 규모는 87.4만 명으로 일자리위원회·관계부처 합동자료인 「국민취업지원제도 추진 방안」에서 잠재적 대상자를 추정한 53.6만 명과 비교할 때 34만 명 정도 더 큰 규모로 추정되었다. 합동자료 추정 시에는 재산 6억 원 미만을 기준으로 추정한 결과이기 때문에 재산요건을 6억 원 미만으로 가정하면 추정 규모가 더 확대될 수 있다.

<표 4-50> 국민취업지원제도(Ⅰ유형) 잠재적 대상자 추정(선발형)

(단위: 천 명)

구 분		청년	비경활
15~69세 가구원(청년: 18~34세)		10,971	37,875
and 중위 60% 이하 가구원 (청년: 120% 이하)		4,010	5,841
and 재산 4억 원 미만		3,111	4,308
and 근로능력자		2,556	4,061
- 생계급여 수급자 및 고용보험 수급종료 후 6개월 미경과자 제외		2,258	2,922
and 연간 구직경험자		382	440
취업요건 무관	(단, 요건심사형 대상자 및 연소득 1,100만 원 초과 제외)	202	94
잠재적 대상자 총계		296	

출처: 한국복지패널 15차 자료.

지원 대상 요건 중 재산 기준을 6억 원 이하로 가정하여 추정하면, 요건심사형의 경우 63.3만 명, 선발형은 30.2만 명으로 Ⅰ유형의 잠재적 대상자 총 규모는 93.8만 명으로 추정된다. 유형별로 보면 요건심사형의 규모 증가율이 9.5%로 선발형 3.2%보다 더 크게 확대되고, 선발형 중에서는 청년특례가 주로 확대되는 것으로 추정되었다. 비경활자는 요건심사형의 확대로 규모 변화가 거의 없는 것으로 보인다.

다만 추정 결과는 2019년 기준이며, 주택가격의 상승을 고려하면 2021년 잠재적 대상자의 규모는 축소되었을 가능성이 있다.

〈표 4-51〉 재산 요건 6억 원 미만 가정 시 잠재적 대상자 규모(Ⅰ유형)

(단위: 천 명)

구 분	요건심사형			선발형		
	미취업자	취업자	전체	청년	비경활	전체
재산 4억 원 이하(a)	383	195	578	202	94	296
재산 6억 원 이하(b)	411	222	633	211	94	305
증가율= (b-a)/a×100	7.1	14.2	9.5	4.8	0.0	3.2

출처: 한국복지패널 15차 자료.

2) 국민취업지원제도(Ⅰ유형) 잠재대상자 특성 분석

국민취업지원제도(Ⅰ유형)의 잠재적 대상자 연령 특성을 살펴보면, 현행 요건인 재산 4억 원 이하를 기준으로 추정한 잠재적 대상자 중에서 60대가 40% 이상으로 가장 높은 비중을 차지하고 있다.

60대를 제외하면 연령대별로 고르게 분포되어 있지만 20대와 50대가 10% 중반대로 상대적으로 높다. 주요 잠재적 대상자가 20대와 50대 이상에 분포되어 있으며 요건심사형 미취업자의 경우에 두드러진다. 선발형 청년특례는 20대에 주로 분포되어 있고, 선발형 비경활특례는 50대를 제외하고 고른 분포를 보인다. 다만 재산 6억 원 이하를 가정한 결과는 뚜렷한 연령별 변화가 발견되지 않는다.

가구원수별 특징을 보면, 가구원이 1명인 단독가구의 비중이 30~40%로 가장 높다. 고연령 비중이 높게 측정된 결과가 반영된 것으로 추정된다. 반면 선발형의 경우에는 1인가구의 비중이 낮다. 청년특례의 경우 2명이 60.6%로 가장 높고, 비경활특례는 3명이 51.2%로 가장 높다.

재산요건을 6억 원 이하로 가정하면, 요건심사형의 경우 가구원수가 2명인 경우의 비중이 증가하고, 청년특례의 경우에는 3명인 경우의 증가가 크게 나타난다. 즉 2인 이상이 거주할 수 있는 주택의 경우, 1인가구에 비해 상대적으로 규모가 커서 재산가액이 높게 측정될 가능성이 있다. 이로 인해 배제되었던 잠재적 대상자가 편입된 것으로 추정된다.

〈표 4-52〉 연령별 국민취업지원제도(Ⅰ유형) 잠재적 대상자 추정

(단위: 천 명, %)

구 분		요건심사형						선발형			
		미취업자		취업자		전체		청년		비경활	
재산 4억 원 이하		인원	비중	인원	비중	인원	비중	인원	비중	인원	비중
10대		2	0.5			2	0.3	11	5.5		
20대		71	18.5	27	13.8	98	16.9	149	73.9	19	20.2
30대		47	12.1	25	12.8	71	12.4	42	20.7	20	21.5
40대		35	9.2	24	12.4	59	10.3	-	-	29	31.2
50대		69	18.1	27	14.0	97	16.7	-	-	4	4.0
60대		160	41.6	92	47.0	251	43.5	-	-	22	23.1
전체		383	100	195	100	578	100	202	100	94	100
재산 6억 원 이하		인원	비중	인원	비중	인원	비중	인원	비중	인원	비중
10대		2	0.4	2	0.8	4	0.6	-	-	-	-
20대		71	17.3	27	12.1	98	15.5	11	5.2	19	20.2
30대		50	12.1	25	11.2	75	11.8	159	75.1	20	21.5
40대		36	8.7	37	16.6	72	11.5	42	19.7	29	31.2
50대		77	18.7	28	12.7	105	16.6			4	4.0
60대		176	42.9	104	46.6	280	44.2			22	23.1
전체		411	100	222	100	633	100	211	100	94	100

출처: 한국복지패널 15차 자료.

(단위: 천 명, %)

구 분	요건심사형						선발형			
	미취업자		취업자		전체		청년		비경활	
재산 4억 원 이하	인원	비중	인원	비중	인원	비중	인원	비중	인원	비중
1명	133	34.7	89	45.6	222	38.4	14	6.8	29	31.2
2명	110	28.8	47	24.3	157	27.3	122	60.6	14	15.0
3명	85	22.2	48	24.7	133	23.0	34	16.9	48	51.2
4명	44	11.4	4	2.0	47	8.2	24	11.8	3	2.7
5명	11	2.9	1	0.7	13	2.2	8	3.9	-	-
6명	-	-	5	2.3	5	0.8	-	-	-	-
7명	-	-	1	0.6	1	0.2	-	-	-	-
전체	383	100	195	100	578	100	202	100	94	100
재산 6억 원 이하	인원	비중	인원	비중	인원	비중	인원	비중	인원	비중
1명	133	32.4	89	39.9	222	35.1	14	6.5	29	31.2
2명	131	31.9	56	25.1	187	29.5	122	57.9	14	15.0
3명	92	22.3	52	23.6	144	22.7	44	20.6	48	51.2
4명	44	10.6	6	2.9	50	7.9	24	11.3	3	2.7
5명	12	2.8	13	6.0	25	3.9	8	3.8	-	-
6명	-	-	5	2.0	5	0.7	-	-	-	-
7명	-	-	1	0	1	0	-	-	-	-
전체	411	100	222	100	633	100	211	100	94	100

출처: 한국복지패널 15차 자료.

지난 5년 간 고용보험 수급횟수별 특징을 보면, 대부분의 잠재적 대상자가 고용보험을 수급한 경험이 없는 것으로 나타났다. 특히 요건심사형 미취업자의 경우에 수급 경험이 없는 경우의 비중이 높다. 재산 기준 변경에 따른 뚜렷한 변화는 발견되지 않는다. 즉 고용보험 사각지대에 오랫동안 놓여있던 취약계층이 새로운 제도의 수급 대상으로 편입된 것으로 보여진다.

<표 4-54> 지난 5년 간 고용보험 수급횟수별 특성

(단위: 명, %)

구 분	요건심사형						선발형			
	미취업자		취업자		전체		청년		비경활	
재산 4억 원 이하	인원	비중	인원	비중	인원	비중	인원	비중	인원	비중
0번	355	92.6	157	80.6	512	88.6	167	83.0	50	53.2
1번	8	2.0	25	13.1	33	5.7	23	11.5	36	38.4
2번	13	3.3	8	4.2	21	3.6	11	5.6	1	1.6
3번	8	2.2	3	1.4	11	1.9			6	6.9
4번			1	0.7	1	0.2				
전체	383	100	195	100	578	100	202	100	94	100
재산 6억 원 이하	인원	비중	인원	비중	인원	비중	인원	비중	인원	비중
0번	382	93.1	185	83.1	567	89.6	167	79.2	50	53.2
1번	8	1.8	25	11.4	33	5.2	33	15.5	36	38.4
2번	13	3.1	8	3.7	21	3.3	11	5.3	1	1.6
3번	8	2.0	3	1.3	11	1.8			6	6.9
4번			1	0.6	1	0.2				
전체	411	100	222	100	633	100	211	100	94	100

출처: 한국복지패널 15차 자료.

성별 특징을 보면 요건심사형의 경우에는 남성의 비중이 높지만, 선발형의 경우에는 여성의 비중이 높다. 이는 취업경험 요건과 관련된 것으로 볼 수 있으며, 상대적으로 남성의 취업경험이 더 많아 요건심사형의 비중이 높아진 것으로 보인다.

재산기준을 6억 원 이하로 가정하면 큰 변화는 없지만, 요건심사형 취업자와 선발형 청년특례의 여성 비중이 상대적으로 더 증가하였다. 이는 요건심사형 취업자는 12월 31일 기준 취업 상태에 있지만 연중 12개월 미만을 근무한 불완전노동자를 의미하며, 2인가구 이상에서 2차 근로소득 가구원이 불완전 노동시장에 진입한 경우로 추정해 볼 수도 있다.

〈표 4-55〉 성별 국민취업지원제도(Ⅰ유형) 잠재적 대상자 추정

(단위: 명, %)

구 분	요건심사형						선발형			
	미취업자		취업자		전체		청년		비경활	
재산 4억 원 이하	인원	비중	인원	비중	인원	비중	인원	비중	인원	비중
남성	232	60.5	99	50.9	331	57.3	93	45.9	44	47.0
여성	151	39.5	96	49.1	247	42.7	109	54.1	50	53.0
전체	383	100	195	100	578	100	202	100	94	100
재산 6억 원 이하	인원	비중	인원	비중	인원	비중	인원	비중	인원	비중
남성	253	61.7	105	47.3	359	56.7	93	43.8	44	47.0
여성	157	38.3	117	52.7	274	43.3	119	56.2	50	53.0
전체	411	100	222	100	633	100	211	100	94	100

출처: 한국복지패널 15차 자료.

근로형태별 특성을 보면, 요건심사형 취업자의 잠재적 대상자 중에서 비정규직 비중이 90% 이상으로 대부분을 차지한다. 불완전노동을 가정하였기 때문에 고용이 상대적으로 불안정한 비정규직이 높게 추정된 것으로 보이며, 비정규직 중에서도 시간제의 비중이 높게 나타났다. 재산기준 6억 원 가정 시에는 큰 변화를 보이지 않지만 기타 비정규직의 비중이 상대적으로 크게 증가하였다.

〈표 4-56〉 근로형태별 잠재적 대상자 추정(요건심사형-취업자에 해당)

(단위: 명, %)

구 분	정규직		비정규직		기타 비정규직		시간제		간접고용		특수고용	
	인원	비중	인원	비중	인원	비중	인원	비중	인원	비중	인원	비중
재산 4억 원 이하	12	7.2	159	92.8	60	37.9	55	34.9	34	21.7	9	5.6
재산 6억 원 이하	12	6.5	177	93.5	73	41.2	57	32.3	38	21.5	9	5.0

주: 요건심사형 취업자 대상 중 근로 형태를 파악할 수 있는 경우만 구분함.
출처: 한국복지패널 15차 자료.

가구소득별로 비교하면, 요건심사형 미취업자는 중위 30%보다 상위에 상대적으로 더 많이 분포되어 있고, 선발형 청년특례의 경우에는 잠재적 대상자의 88%가 60% 이상에 분포되어 있다. 청년특례의 경우 요건심사형의 요건에서 탈락한 청년이 주요 대상자이며, 가구소득요건 완화에 따라 대상자 확대가 크게 나타난 것을 확인할 수 있다. 재산 기준 변화에 다른 뚜렷한 특징이 발견되지 않는다.

〈표 4-57〉 가구소득별 국민취업지원제도(Ⅰ유형) 잠재적 대상자 추정

(단위: 명, %)

구 분	요건심사형						선발형			
	미취업자		취업자		전체		청년		비경활	
재산 4억 원 이하	인원	비중	인원	비중	인원	비중	인원	비중	인원	비중
중위 30% 이하	144	37.5	99	50.7	242	41.9	3	1.3	44	46.9
중위 30~60%	240	62.5	96	49.3	336	58.1	22	10.7	50	53.1
중위 60~120%	-	-	-	-	-	-	178	88.0	-	-
전체	383	100	195	100	578	100	202	100	94	100
재산 6억 원 이하	인원	비중	인원	비중	인원	비중	인원	비중	인원	비중
중위 30% 이하	170	41.4	112	50.2	282	44.5	3	1.2	44	46.9
중위 30~60%	241	58.6	111	49.8	351	55.5	22	10.2	50	53.1
중위 60~120%	-	-	-	-	-	-	187	88.5	-	-
전체	411	100	222	100	633	100	211	100	94	100

출처: 한국복지패널 15차 자료.

잠재적 대상자의 개인 근로소득과 가구 총근로소득을 보면, 연평균 근로소득을 12개월로 나누어 월평균으로 계산할 때, 요건심사형의 경우에는 개인 월평균근로소득은 42~44만 원 수준이며, 청년특례는 34만 원이다. 가구 총근로소득을 보면, 요건심사형과 선발형 비경활특례의 경우에는 가구 총근로소득이 월평균 90만 원대 수준이지만, 선발

형 청년특례의 경우에는 384만 원으로 3인가구 기준으로 중위소득 수준(376만 원)과 유사하다. 청년특례의 가구소득 기준이 완화된 결과로 볼 수 있다. 소득대체율을 보면 잠재적 대상자 대부분이 미취업 상태로 연간 근로일수가 짧은 경우가 많아 개인 월평균 근로소득의 100%를 초과한다. 가구 월평균 총근로소득의 대체비율로 보면 50% 수준이며, 가구 경상소득 대비로는 약 30%에 해당한다.

〈표 4-58〉 잠재적 대상자 근로소득과 구직촉진수당 비교

(단위: 만 원, %)

구 분	요건심사형			선발형	
	미취업자	취업자	전체	청년	비경활
개인 월평균 근로소득	44	42	43	34	0
가구 월평균 총근로소득	99	95	98	364	91
가구 월평균 경상소득	182	169	177	384	158
개인 근로소득 대비 비율	112.7	120.4	115.2	146.8	-
가구 총근로소득 대비 비율	50.7	52.4	51.3	13.8	55.0
가구 경상소득 대비 비율	27.5	29.7	28.2	13.0	31.7

출처: 한국복지패널 15차 자료.

잠재적 대상자에게 구직촉진수당을 6개월 또는 12개월 지급되었을 때 균등화 가구 경상소득 50% 기준으로 빈곤율 감소효과를 보면, I 유형에 요건심사형 30만 명, 선발형 20만 명(청년 10만, 비경활 10만)을 합해 50만 명을 수급 대상자로 적용한 경우 빈곤율을 0.08%p 낮춰 빈곤감소효과가 0.5% 증가하여 1.7만 가구가 빈곤선을 넘어서는 것으로 추정된다. 12개월 지급 시에는 감소효과는 2.9%로 크게 증가하여 6개월 지급 시보다 감소효과는 5.8배 증가한다.

잠재적 대상자의 상당수가 취약계층에 속한 단독 및 고연령의 특징

이 있으며, 구직촉진수당의 빈곤율 감소효과가 매우 큰 것으로 분석되고 있다. 이러한 효과는 고용 및 소득의 충격 시에 더욱 크게 영향을 미칠 수 있으며, 위기 시 소득보장에 매우 중요한 역할을 할 것으로 보인다.

〈표 4-59〉 구직촉진수당 지급의 빈곤율 감소효과

(단위: %, 가구)

지원 대상	300만 원 (6개월×50만 원) 지원			600만 원 (12개월×50만 원) 지원		
	빈곤율	감소분	감소율	빈곤율	감소분	감소율
실업부조 적용 이전	15.37	–	–	15.37	–	–
잠재적 대상자 중에서 예정 규모(총 50만 명) • 요건심사형 30만 명 • 선발형 20만 명(청년 10만, 비경활 10만)	15.29	0.08 (1.7만 가구)	0.5	14.93	0.44 (8.6만 가구)	2.9
잠재적 대상자 중에서(총 47.7만 명) • 요건심사형 비경활 전부(38.3만 명) • 선발형 비경활 전부(9.4만 명)	15.23	0.14 (2.9만 가구)	0.9	14.97	0.40 (7.8만 가구)	2.6
잠재적 대상자 중에서(총 67.2만 명) • 요건심사형(57.8만 명) • 선발형 비경활(9.4만 명)	15.15	0.22 (4.4만 가구)	1.4	14.79	0.58 (113만 가구)	3.77
잠재적 대상자 전부 지급(총 87.4만 명) • 요건심사형(57.8만 명) • 선발형 청년(20.2만 명) • 선발형 비경활(9.4만 명)	15.15	0.22 (4.4만 가구)	1.4	14.78	0.59 (11.4만 가구)	3.83

출처: 한국복지패널 15차 자료.

4. 요약 및 정책적 시사점

그동안 고용보험과 함께 취업 취약계층의 지원을 담당했던 취업성공패키지 사업은 소득지원에 대한 법적 근거가 부족하여 위기 시 저소득층에 대한 소득지원이 사실상 결여되어 코로나19 위기 등의 상황에 즉각적으로 대처하는 데 한계가 있었다.

그러나 현재 기존 제도인 취업성공패키지 사업을 통합한 국민취업 지원제도가 도입됨에 따라 고용안전망의 제도적 사각지대에 놓인 취업 취약계층의 취업지원 및 소득지원을 강화하는 동시에, 법적 근거를 통해 위기 시에 보다 탄력적으로 소득지원을 운영할 수 있는 제도가 마련되었다고 할 수 있다.

2021년 첫 도입되어 구체적인 현황과 실태를 확인할 수 없지만 코로나19 위기 상황에서 고용보험 사각지대에 놓은 상당수의 구직자들이 사회안전망으로 포함되어 보호를 받을 수 있게 되었다는 측면에서 제도 도입은 긍정적으로 평가할 수 있다.

다만 구직자 취업촉진 및 생활안정지원에 관한 법률에 규정된 기준보다 강화된 요건(재산총액, 중위소득 기준) 등을 설정하여 수급 대상자의 범위가 좁아진 측면은 코로나19 위기 상황을 고려하면 조금 아쉬운 측면이 있다. 물론 제도 도입 첫해의 예산 범위 및 잠재적 대상자를 고려하여 설정되었을 것으로 보이며, 시행 중간에 요건심사형과 비경활의 재산총액과 소득요건을 일부 완화하여 수급자 범위를 확대한 것은 긍정적으로 볼 수 있다. 다만 자산규정을 두고 있지 않거나 코로나19 상황에서 요건을 완화한 외국 사례와 비교한다면 미흡한 측면이 있다고 할 수 있다.

특히나 영세 자영자 및 특수고용근로자의 고용보험 혜택이 확대되었다고 하지만 최근에 확대되어 여전히 고용보험의 사각지대가 넓은 우리나라의 실정을 고려하면 코로나19 시기에 한정하여 재산요건을 법 규정 상한까지 확대하거나 취업요건 및 소득요건을 완화하여 실업상태에 놓은 구직자의 안정적인 소득을 적극적으로 지원할 필요가 있다. 관대한 실업급여로 인한 구직 촉진의 문제가 가장 큰 문제로 제기될 수 있으나 구직의 어려움이 증가한 위기 상황을 고려하여 소득안정 측면에 초점을 두고 한시적으로 운영하는 동시에 구직 촉진 저하에 따른 지적을 설득하는 노력도 함께 할 필요가 있다.

이 절에서는 제도 현황이 구체적으로 파악하기 어려운 한계로, 한국복지패널 15차 년도(2019년 소득기준) 자료를 이용하여 구직촉진수당이 지급되는 Ⅰ유형의 잠재적 대상자 규모를 추정하여 수급자 특성 등을 살펴보고 소득효과를 잠정 추정해 보았다.

추정 결과, 요건심사형은 57.8만 명의 잠재적 대상자가 추정되었고, 선발형 청년특례는 20.2만 명, 비경활특례는 9.4만 명으로, Ⅰ유형의 총 잠재적 대상자 수의 규모는 87.4만 명으로 추정되었다. 2021~2022년에 예산 반영된 배정 규모는 약 60만 명으로, 분석된 잠재적 대상자 수의 규모가 약 25만 명 이상 많은 것으로 분석되었다.

분석자료와 실제 제도요건이 정확히 일치하지는 않아 잠재적 대상 규모가 최대치로 추정되었을 가능성을 고려하면, 대상 인원수에 비해 요건심사형과 선발형 청년특례의 잠재적 대상자 규모는 약 2배, 그리고 선발형 비경활특례는 유사한 수준이다.

현재 제도 도입 첫해에 있으며 많은 홍보를 통해 수급 대상자가 늘어나고 있으며, 앞으로 제도가 정착되면 제도로 유입되는 인원이 더 늘어날 가능성이 있다. 이를 고려하면 현재 수준에서 점진적으로 규모 확대를 고려할 필요가 있어 보인다. 다만 규모 확대 시에 잠재적 대상자의 규모를 감안하여 선발형 비경활특례의 비중을 줄이고 청년특례의 비중을 높이는 방안을 검토할 필요가 있다.

연령별 특성을 보면, 잠재적 대상자가 고연령층에 많이 집중되어 있는 특징이 있다. 높은 노인빈곤율의 문제가 심각한 상황에서 소득지원이 절실한 저소득계층을 지원하는 장점은 있지만 장기적인 측면에서 보면 60대 이상에 지나치게 집중되어 있는 부분은 문제로 보여진다. 특히 정책 방안 마련 시 64세로 제한됐던 연령을 69세로 높인 것도 영향을 준 것으로 보인다. 65세 이상 고연령의 경우에는 소득보장제도의 강화를 통해 지원을 확대하고, 국민취업지원제도는 장기적으로 연령에 대한 조정을 고려할 필요가 있어 보인다. 다만 현재 고용 및 소득 충격 상황을 감안하면 경제위기가 완화된 시점에 고려할 상황이다.

가구소득별 잠재적 대상자의 특성을 보면 지원요건인 중위소득 60% 이하보다 낮은 30% 이하의 가구에도 40% 이상의 가구가 존재하여 구직촉진수당지급의 체감도가 높을 것으로 보인다. 잠재적 수급 대상자의 가구당 월평균 총근로소득이 100만 원 미만인 가구가 많은 것으로 조사되어 실질적인 생계비에 큰 비중을 차지하여 위기 상황에서 소득보장에 크게 기여할 것으로 보인다.

빈곤율 감소효과를 보면, 현행 계획대로 Ⅰ유형에 50만 명(요건심사형 30만 명, 선발형 20만 명)을 수급 대상자로 적용한 경우 6개월 지급의 경우 빈곤감소효과가 0.5% 증가하였고, 12개월 지급 시에는 감소효과가 2.9% 증가하여 6개월 지급 시보다 감소효과는 5.8배 증가하였다. 이는 잠재적 대상자의 상당수가 취약계층에 속한 단독 및 고연령의 특징이 있기 때문에 구직촉진수당의 빈곤율 감소효과가 매우 큰 것으로 추정된다. 이러한 효과는 고용 및 소득의 충격 시에 더욱 크게 영향을 미칠 수 있다는 점을 고려하면, 코로나19 위기 시 소득보장에 매우 중요한 역할을 했을 것으로 추정할 수 있다.

구직촉진수당의 지급기간과 지급액 수준은 고용 인센티브를 저하하는 요인으로 지적될 수 있는 핵심 요소이다. 앞서 언급했듯이 경제

충격 시에 소득감소에 따른 생계 위협이 큰 상황에서는 좀 더 관대한 지급을 통해 소득보장을 강화할 필요가 있다. 이에 따른 소득효과는 분석결과보다 더 크게 나타날 가능성이 있다.

재산요건을 4억 원에서 6억 원 이하로 가정하여 추정한 잠재적 대상자 규모는 약 10만 명 정도 증가하는 것으로 추정되었고, 단독 가구보다는 2인 이상, 여성, 그리고 요건심사형의 불완전 취업자의 규모를 확대하는 효과가 상대적으로 큰 것으로 나타났다.

마지막으로 가구요건과 일치하는 변수를 활용할 수 없는 자료의 제약으로 인해 취업경험 요건기준을 근로일수 기준 대신 취업요건을 확인할 수 있는 대리 변수를 활용하여 취험경험 요건기준 변화에 따른 잠재적 대상자 규모 변화를 확인하지 못한 한계가 있다. 이러한 측면에서 잠재적 대상자 규모가 현재 요건보다는 완화된 요건 하에서 추정되었음을 밝힌다.

위기 대응 재직자 고용유지·직업훈련 정책

제1장 서론

이 장은 우리나라 재직자 고용유지·직업훈련 지원제도의 특징과 개선 방안을 살펴본다. 제2절은 제도 현황을 정리하고, 제3절은 코로나19 대응 집행 실적을 살펴본다. 제4절은 코로나19 기간 중 고용 충격 완화효과를 분석하며, 제5절은 분석결과를 요약하고 정책적 시사점을 제시한다.

고용위기 대응 특별대책의 초점은 경영 상의 일시적 어려움으로 고용조정이 불가피한 사업주에게 기존 고용관계를 유지할 수 있도록 정부지원금을 제공함으로써 대량 실직을 예방하는 데 있다. 재직자 직업훈련 정책은 사업 자체의 중요성은 매우 높고 중장기적 시간 차원에서 고용 안정성을 높이는 데 큰 도움을 줄 수 있지만, 단기적 위기 국면의 대량 실직 예방에 주된 목적이 있다고 보기는 어렵고, 경영 상 곤란으로 고용조정이 불가피한 기업뿐 아니라 경제 내 모든 기업을 대상으로 하는 사업이다. 특히 코로나19 확산 상황에서는 대면·집체훈련 제한으로 원활히 수행되기도 어려웠다.

따라서 이 장은 고용유지지원제도를 중심으로 논의를 진행하고, 재직자 직업훈련 정책은 일반적 특징과 개선 과제를 논의하기보다 고용유지지원 정책과의 연관성을 중심으로 간략히 살펴본다.

제2장 제도 현황

1. 고용유지지원제도 개요

코로나19 위기 대응을 위해 실시된 한국의 고용유지지원제도는 유급휴업·휴직지원금, 무급휴업·휴직지원금, 고용안정협약지원금, 고용유지비용 대부사업, 특별고용지원업종지정제도 등이 있다.

〈표 5-1〉과 〈표 5-2〉는 고용유지지원제도 유형별 지원 요건과 지원 내용을 정리해 보여준다.

〈표 5-1〉고용유지지원제도 지원 요건

구 분		유급휴업·휴직지원금
고용유지조치계획 수립 및 신고		• 고용유지조치 계획서 • 실시 하루 전까지 신고 • 단, 부득이한 경우 3~30일 이내 신고 허용·('20.12.29 개정)
고용 조정 불가피 요건	재고량	50% 이상 증가
	생산량	15% 이상 감소
	매출액	
	재고량·매출액 추이	재고량·매출액 계속 증감 추세
	업종·지역경제 여건	직업안정기관장 인정
사전절차 요건	휴업	근로자대표 협의
	휴직	
휴업·휴직 기간 및 규모 요건	휴업	• 1개월 단위 전체 피보험자 소정 근로시간 합계 20% 초과 단축 • 단, 연장근로가 반복적인 경우 직전 3개월 월평균 근로시간 적용
	휴직	1개월 휴직 부여

무급휴업·휴직지원금	무급휴직 신속 지원 프로그램 ('20.7.1 ~ '20.12.31)	고용안정협약지원금
• 고용유지조치 계획서 • 직업능력 개발·향상 계획서 • 실시 30일 전까지 신고	• 좌동 • 실시 7일 전까지 신고	• 고용안정협약지원금 참여 신청서 • 고용안정협약지원금 사업 계획서 • 지원 직전 달 말일까지
좌동	좌동	유급휴업·휴직과 동일
30% 이상 감소	좌동	
재고량·매출액 20% 이상 계속 증감 추세	좌동	
직업안정기관장 인정	좌동	
• 근로자대표 협의 • 노동위원회 승인	-	• 근로자대표 합의 • 불이익 변경 시 단체협약, 취업규칙, 근로계약서 변경
• 근로자대표 합의 • 무급휴직 전 3개월 이상 유급휴업 또는 피보험자 20% 이상 유급휴직* 실시 * '20.12.29 개정	• 근로자대표 합의 • 무급휴직 전 1개월 이상 유급휴업 실시	
• 30일 이상 실시 • 피보험자 수 일정 규모 이 상 실시 - 50% 이상(19인 이하) - 10명 이상(20~99명) - 10% 이상(100~999명) - 100명 이상(1,000명 이상)	-	여타 고용유지지원금과 중복 수급 불가
• 30일 이상 실시('20.9.29 개정, 기존 90일) • 피보험자 수 일정 규모 이 상 실시 - 10명 이상(99명 이하) - 10% 이상(100~999명) - 100명 이상(1,000명 이상) * 단, 10인 미만 사업장은 유급휴업·휴직지원금 180일 소진 시 1명 이상 무급휴직 허용('20.12.29 개정)	• 30일 이상 실시 • 피보험자 수 - 10명 이상(99명 이하) - 10% 이상(100~999명) - 100명 이상(1,000명 이상)	

구 분	유급휴업·휴직지원금	
	일반업종	특별고용지원업종
근로기준법 상 휴업·휴직 수당 관련 사용자 의무 규정	평균임금 70% 또는 통상임금 이상 수당 지급(제46조 제1항)	좌동
고용보험법 시행령 상 휴업·휴직 수당 관련 지원요건	상동(제19조)	상동

정부 지원비율 및 금액	• 우선지원 기업 2/3
	• 대규모 기업 1/2 또는 2/3*
	  * 단축률 50% 이상 시
	• 코로나19 기간에는 특별 고시 비율 적용
		• 우선지원 기업 9/10
		• 대규모 기업 2/3 또는 3/4*
		  * 단축률 50% 이상 시

정부지원금 상한액	1일 6.6만 원	• 우선지원 기업 1일 7만 원 • 대규모 기업 1일 6.6만 원
지원 기간	• 연간 최대 180일 • 단, 2020년은 최대 240일	• 연간 최대 180일 • 단, 2020년은 최대 240일, 2021년은 최대 270일

2. 유급휴업·휴직지원금

한국의 「근로기준법」 제46조 제1항은 상시 근로자 5명 이상 사업장의 휴업수당 지급의무와 관련해 "사용자의 귀책사유로 휴업하는 경우에 사용자는 휴업기간 동안 그 근로자에게 평균임금의 100분의 70 이상의 수당을 지급하여야 한다. 다만, 평균임금의 100분의 70에 해당하는 금액이 통상임금을 초과하는 경우에는 통상임금을 휴업수당으로 지급할 수 있다"라고 규정하고 있다. 같은 법 제109조는 이상의 의무를 위반한 사용자를 "3년 이하의 징역 또는 3천만 원 이하의 벌금에

무급휴업·휴직지원금	무급휴직 신속 지원 프로그램 ('20.7.1 ~ '20.12.31)	고용안정협약지원금
평균임금 70% 또는 통상임금 미만 수당 지급 가능(제46조 제2항)	좌동	별도 규정 없음(제46조 제1~2항 모두 적용 가능)
• 휴업수당 미지급 또는 평균임금 50% 미만 지급 • 휴직 수당 미지급(제21조의 2~3)	좌동	고용조정 불가피 사업주가 임금 감소를 포함한 고용유지 노사합의를 한 경우
• 평균임금 50% 범위 내에서 심사위원회 결정 • 직업능력개발·향상지원금 1인당 매월 10만 원 범위 내	월 50만 원 심사위원회 승인 없이 직업안정기관장 결정 가능	심사위원회가 승인한 임금 감소액의 50%
1일 6.6만 원	최대 150만 원	• 예산 범위 내 • 1인당 최대 월 50만 원 • 사업(장)별 최대 20억 원
• 최대 180일 • 특별고용지원업종은 평균임금 50% 범위 내 90일 연장 + 월 50만 원 90일 연장 허용	최대 90일	최대 6개월

처한다"라고 규정하고 있다. 단「근로기준법」제11조에 따라 상시 근로자 5명 미만 사업장의 사용자는 이러한 휴업수당 지급의무에서 제외된다.

이상의 법 조항에 따라 상시 근로자 5명 이상 사업장의 사용자는 코로나19 기간 중 코로나19 감염 확산 우려 또는 매출감소(고객 감소, 예약취소) 등의 사유로 사업의 일부 또는 전체 휴업 결정을 하여 근로자에게 일정 기간 휴업 또는 휴직 명령을 내리는 경우 해당 근로자에게 휴업 시작일부터 종료일까지 매월 임금지급일에 근로자가 지정한 급여통장으로 평균임금 70% 이상의 휴업수당을 지급해야 한다(고용노동부, 2020).[1] 사업장 내 근로자 중 코로나19 감염 확진환자 및 의사환자, 조사 대상 유증상자 등의 발생으로 보건당국의 격리조치로 인하여 불가항력적으로 사업장이 휴업하게 된 경우에는 사용자의 귀책사유로 인한 휴업으로 볼 수 없어 휴업수당 지급 의무가 발생하지 않고, 취업규칙 등 근로조건 변경 절차나 당사자 간 동의를 거쳐 소정근로시간을 단축한 경우에도 휴업으로 볼 수 없어 수당 지급의무가 발생하지 않지만, 사업주가 일방적으로 소정근로시간을 변경하여 근로시간이 단축된 경우에는 단축된 근로시간도 휴업(부분휴업)에 해당하는 것으로 판단해 휴업수당 지급 대상에 포함된다.

고용유지지원금 제도는 고용조정이 불가피한 사용자가 근로자를 감원하는 대신 휴업·휴직 및 인력 재배치 등의 고용 안정 조치를 취할 경우 해당 사용자와 근로자에게 지원금을 지원함으로써 사용자의 경영 부담을 완화하고 근로자 실직을 예방하려는 제도를 말한다. 「고용보험법」 제21조 제1항은 이와 관련해 "경기의 변동, 산업구조의 변화 등에 따른 사업 규모의 축소, 사업의 폐업 또는 전환으로 고용조정이 불가피하게 된 사업주가 근로자에 대한 휴업, 휴직, 직업 전환에 필요한 직업능력개발 훈련, 인력의 재배치 등을 실시하거나 그밖에 근로자의 고용안정을 위한 조치를 하면 대통령령으로 정하는 바에 따라 그 사업주에게 필요한 지원을 할 수 있다"라고 규정하고 있다.

구체적인 지급 대상과 지원 요건, 지원금액 등은 「고용보험법 시행령」 제19조, 제20조, 제21조, 「고용보험법 시행규칙」 제24조, 제25조, 제28조, 제28조, 제29조, 제31조에 규정되어 있다. 주요 내용을 정리

---

1 신종 코로나바이러스 관련 지원제도 등 안내.

하면 다음과 같다.

1) 고용조정 불가피 요건

고용조정이 불가피하게 된 사업주는 다음 각 호의 어느 하나에 해당하는 사업주를 말한다(고용보험법 시행규칙 제24조).

① 고용유지조치를 실시하는 첫 날이 속하는 달의 직전 달(이하 '기준달') 말일 해당 사업의 재고량이 직전 연도 월평균 재고량에 비하여 100분의 50 이상 증가한 사업의 사업주

② 기준달의 생산량이 기준달이 속하는 연도 직전 연도의 같은 달의 생산량, 기준달 직전 3개월의 월평균 생산량 또는 기준달이 속하는 연도 직전 연도의 월평균 생산량 중 어느 하나에 비하여 100분의 15 이상 감소한 사업의 사업주

③ 기준달의 매출액이 기준달이 속하는 연도 직전 연도의 같은 달의 매출액, 기준달 직전 3개월의 월평균 매출액 또는 기준달이 속하는 연도 직전 연도의 월평균 매출액 중 어느 하나에 비하여 100분의 15 이상 감소한 사업의 사업주

④ 기준달의 재고량과 기준달 직전 2분기의 분기별 월평균 재고량이 계속 증가 추세에 있거나 기준달의 매출액과 기준달 직전 2분기의 분기별 월평균 매출액이 계속 감소 추세에 있는 사업의 사업주

⑤ 사업의 일부 부서의 폐지·감축이나 일부 생산라인의 폐지 등으로 사업 규모를 축소한 사업의 사업주

⑥ 자동화 시설 등을 설치하거나 작업 형태나 생산방식을 변경한

사업의 사업주

⑦ 경영이 악화된 사업을 인수한 사업주로서 종전 사업 근로자의 100분의 60 이상이 그 사업에 재배치되고 종전 사업의 근로자가 그 사업 지분의 100분의 50을 초과하여 취득하고 있는 사업의 사업주

⑧ 해당 업종, 지역경제 상황의 악화 등을 고려하여 고용조정이 불가피하다고 직업안정기관의 장이 인정한 사업의 사업주

2) 고용유지조치계획 신고 및 근로자대표 사전 협의 요건

고용유지지원금을 받으려는 사업주는 근로자대표와의 협의를 거친 후 고용노동부령으로 정하는 요건을 갖춘 고용유지조치계획을 1개월 단위로 수립하여 고용유지조치 실시 예정일 전날까지 소재지 관할 직업안정기관의 장에게 신고하여야 한다. 고용유지조치 실시 예정일, 대상자, 지급액 등을 변경하는 경우에도 변경 예정일 전날까지 그 내용을 신고해야 한다. 단「고용보험법 시행령」제20조 제2항 2에서 정하는 부득이한 사유가 있는 경우에는 고용유지조치 실시일 또는 변경일로부터 3~30일 이내의 기한까지 신고할 수 있다('20.12.29 개정).

휴업, 근로시간 조정, 교대제 개편 등을 통한 고용유지조치 계획 및 계획변경 신고서에는 아래의 내용을 기재해야 한다.

- 사업장 일반 정보: 관리번호, 명칭, 피보험자 수, 대규모 기업 해당 여부, 소재지, 연락처, 담당자 등
- 파견·수급 사업장 여부: 사용(도급) 사업장 관리번호, 사용(도급) 사업장 근무 피보험자 수

- 근로시간 정보: 고용유지조치를 실시한 날이 포함된 달의 소정·연장·총근로시간, 직전 1, 2, 3개월 연장근로시간(연장근로시간은 반복적 연장근로가 있는 경우에만 해당)
- 고용유지조치 내용: 고용유지조치기간(소정근로일수), 해당 월 전체 피보험자수와 고용유지조치 대상 피보험자 수, 고용유지조치기간 중 총근로시간, 단축 근로시간, 근로시간 단축률, 고용유지단축기간 중 단축 근로시간에 대한 임금보전 지급기준
- 고용조정 불가피 사유 및 고용유지조치 사유
- 대상자 명단: 성명, 생년월일, 대상자별 고용유지조치 예정(변경)일자, 기존 근로시간, 단축시간

첨부 서류는 다음과 같다.

- 매출 장부, 생산·재고대장, 손익계산서, 세금계산서, 부가가치세 과세표준 증명 등 고용조정이 불가피함을 증명할 수 있는 서류
- 노사협의회 회의록, 대상자 명단, 노사협의서, 근로자대표 선임서 등 사업주가 근로자대표와 협의했음을 증명할 수 있는 서류
- 취업규칙, 단체협약 등 사업장 소정근로시간 기준을 확인할 수 있는 서류
- 연장근로시간을 확인할 수 있는 서류(고용보험법 시행규칙 제25조 제2항의 경우만 제출)
- 파견 또는 도급 관계에 있음을 증명할 수 있는 서류(고용보험법

제19조 제4항에 따라 파견사업주 또는 도급을 받은 사업주가 고용유지 조치를 실시하는 경우만 제출)

근로자 휴직을 통한 고용유지조치 계획 및 계획변경 신고서에는 아래의 내용을 기재해야 한다.

- 사업장 일반 정보: 관리번호, 명칭, 피보험자 수, 대규모 기업 해당 여부, 소재지, 연락처, 담당자 등
- 파견·수급 사업장 여부: 사용(도급) 사업장 관리번호, 사용(도급) 사업장 근무 피보험자 수
- 고용유지조치(휴직) 내용: 조치 기간, 대상자 수, 휴직수당지급 기준
- 고용유지조치(휴직) 사유
- 대상자 명단: 성명, 주민등록번호, 휴직 예정(변경) 기간

첨부 서류는 다음과 같다.

- 매출 장부, 생산·재고대장, 손익계산서, 세금계산서, 부가가치세 과세표준 증명 등 고용조정이 불가피함을 증명할 수 있는 서류
- 노사협의회 회의록, 대상자 명단, 노사협의서, 근로자대표 선임서 등 사업주가 근로자대표와 협의했음을 증명할 수 있는 서류
- 파견 또는 도급 관계에 있음을 증명할 수 있는 서류(고용보험법

제19조 제4항에 따라 파견사업주 또는 도급을 받은 사업주가 고용유지 조치를 실시하는 경우만 제출)

이상의 고용유지조치계획과 다르게 고용유지조치를 이행한 사업주에게는 고용노동부령으로 정하는 바에 따라 해당 사실이 발생한 날이 속한 달에 대한 고용유지지원금의 전부 또는 일부를 지급하지 않을 수 있다(시행령 제20조의2).

3) 피보험자격, 휴업·휴직 규모 및 기간, 이직 제한 요건

고용유지지원금 지급 대상 노동자는 고용조정이 불가피하게 된 사업주가 그 사업에서 고용하여 고용보험 피보험자격 취득 후 90일이 지난 피보험자이다(2020.12.29. 개정). 일용근로자, 「근로기준법」 제26조에 따라 해고가 예고된 자와 경영 상 이유에 따른 사업주의 권고에 따라 퇴직이 예정된 자는 지원 대상에서 제외된다. 특별고용조정 지원 대상으로 지정된 지역에 위치하는 사업주와 「재난 및 안전관리 기본법」에 따라 재난 등으로 인한 고용 사정의 급격한 악화가 인정되는 사업주의 경우에는 피보험자의 피보험자격 취득 기간을 고용노동부 장관이 고시하는 기간으로 달리 정할 수 있다.

근로시간 조정, 교대제 개편, 휴업 등의 조치를 취하는 경우에는 시행령 제19조 제1항 제1호에 따라 1개월 단위 기간 동안 당해 사업장 전체 피보험자 총근로시간의 100분의 20을 초과하여 근로시간을 단축해야 한다. 전체 피보험자 총근로시간은 사업주가 고용유지조치를 시작한 날이 속한 달의 전체 피보험자의 소정근로시간 합계를 말하며(시행규칙 제25조 제1항), 연장근로가 반복적으로 이루어진 경우에는 사업주가 고용유지조치를 시작한 날이 속한 달의 직전 3개월부터 직전 1개월까지의 기간 동안 전체 피보험자가 근로한 시간의 합계를 월 평균한 값을 전체 피보험자 총근로시간으로 본다(시행규칙 제25조 제2항).

휴직을 통한 고용유지조치를 취하는 경우에는 시행령 제19조 제1항 제2호에 따라 휴직 기간을 1개월 이상 실시해야 한다.

고용유지지원금을 받은 사업주는 고용유지조치 기간과 이후 1개월 동안 피보험자를 이직시킬 수 없다(시행령 제19조 제1항). 고용유지조치 기간 동안 근로자를 새로 고용하거나 3년 이상 연속하여 같은 달에 고용유지조치를 실시하는 경우에도 관할 직업안정기관의 장이 불가피하다고 인정하는 경우를 제외하고는 해당 달에 대한 고용유지지원금을 지급하지 않는다(시행령 제19조 제2항).

파견사업주 또는 도급을 받은 사업주(수급사업주)가 다음의 사항 중 어느 하나에 해당하는 경우에도 사용사업주 또는 도급을 주는 사업주의 사업장에 종사하는 피보험자를 대상으로 단축 근로시간 또는 휴직 기간을 산정하여 파견사업주 또는 수급사업주에게 고용유지지원금을 지급한다(신설 2020.12.29.).

> ① 「파견근로자 보호 등에 관한 법률」에 따른 파견사업주가 고용유지조치를 실시하고 있는 사용사업주의 사업장에서 종사하는 파견근로자를 대상으로 고용유지조치를 취하여 그 고용유지조치 기간과 이후 1개월 동안 고용조정으로 해당 피보험자를 이직시키지 않은 경우
> ② 수급사업주가 고용유지조치를 실시하고 있는 도급을 주는 사업주의 사업장에서 종사하는 피보험자를 대상으로 고용유지

조치를 취하여 그 고용유지조치 기간과 이후 1개월 동안 고용조정으로 해당 피보험자를 이직시키지 않은 경우

4) 지원 금액과 지원 기간

이상의 요건을 충족한 사업주에게는 고용유지조치기간 중 지급한 금액(평균임금 70% 이상)의 1/2~2/3에 해당하는 고용유지지원금이 지급된다. 지급 비율은 구체적으로 다음과 같이 구분된다.

- 근로시간 조정, 교대제 개편, 휴업 또는 휴직 등으로 단축된 근로시간이 1개월의 기간 동안 100분의 50 미만인 경우: 단축된 근로시간 또는 휴직 기간에 대하여 사업주가 피보험자의 임금을 보전하기 위하여 지급한 금품의 3분의 2(대규모기업의 경우에는 2분의 1)에 해당하는 금액
- 근로시간 조정, 교대제 개편, 휴업 또는 휴직 등으로 단축된 근로시간이 1개월의 기간 동안 100분의 50 이상인 경우: 단축된 근로시간 또는 휴직 기간에 대하여 사업주가 피보험자의 임금을 보전하기 위하여 지급한 금품의 3분의 2에 해당하는 금액

이상의 조항에도 불구하고 고용노동부 장관이 실업의 급증 등 고용사정이 악화되어 고용안정을 위하여 필요하다고 인정할 때에는 1년의 범위에서 고용노동부 장관이 정하여 고시하는 기간에 사업주가 피보험자의 임금을 보전하기 위하여 지급한 금품의 3/4 이상 9/10 이하로서 고용노동부 장관이 정하여 고시하는 비율[우선지원 대상기업에 해당하

지 않는 '대규모기업'의 경우에는 2/3)에 해당하는 금액을 지원한다. 이러한 예외 조항에 따라 2020년에는 우선지원 대상 기업에 대해서는 최대 9/10, 대규모 기업에 대해서는 최대 2/3까지 인건비 지원 비율을 일시적으로 상향 조정하는 조치가 취해졌다.

지원금 상한액은 2021년 현재 1일 6.6만 원이며, 최대 지원 기간은 연 180일이다. 단, 2020년에는 고용유지지원금 최대 지원 기간을 일시적으로 240일까지로 연장했다.

3. 무급휴업·휴직지원금

앞서 설명한 대로 경영 상의 이유로 휴업·휴직을 실시하는 사업주는 「근로기준법」 제46조 제1항에 따라 대상 근로자에게 평균임금 70% 이상의 수당을 지급해야 한다. 그러나 같은 법 제46조 2항은 "제1항에도 불구하고 부득이한 사유로 사업을 계속하는 것이 불가능하여 노동위원회의 승인을 받은 경우에는 제1항의 기준에 못 미치는 휴업수당을 지급할 수 있다"라고 규정함으로써 평균임금 70% 미만 수당 지급도 허용하고 있다.

무급휴업·휴직은 사업주가 고용보험 피보험자에 대하여 휴업·휴직수당을 지급하지 않거나 평균임금의 50/100 미만에 해당하는 금품을 지급하는 휴업·휴직을 말한다. 「고용보험법」 제21조 제1항 후단은 "이 경우 휴업이나 휴직 등 고용안정을 위한 조치로 근로자의 임금이 대통령령으로 정하는 수준으로 감소할 때에는 대통령령으로 정하는 바에 따라 그 근로자에게도 필요한 지원을 할 수 있다"고 정함으로써 무급휴업·휴직에 대해서도 고용유지지원금을 지급할 수 있는 근거를 마련하고 있다. 여기서 '대통령령으로 정하는 수준'이란 지급되는 임금이 없는 경우를 포함하여 평균임금의 50/100 미만으로 임금 또는 수당이 지급되는 경우를 말한다.

이러한 무급휴업·휴직 지원금의 지급 대상과 지원 요건, 지원금액 등은 「고용보험법 시행령」 제21조 2부터 제21조의 4, 시행규칙 제34조, 고용노동부고시 제2021-60호 무급휴업·휴직 고용유지지원금 지급규정 등에 규정되어 있다. 주요 내용을 정리하면 다음과 같다.

1) 고용조정 불가피 요건

무급휴업·휴직의 경우에는 유급휴업·휴직보다 엄격한 고용조정 불가피 사유 기준이 적용된다. 재고량 50% 이상 증가 규정은 같지만, 생산량 및 매출액 30% 이상 감소 규정과 재고량·매출액 20% 이상 계속 증감 추세 규정은 더 엄격하다.

① 사업주가 고용유지조치계획을 수립하여 고용노동부 장관에게 제출한 날이 속하는 달의 직전 달(이하 기준달) 말일의 해당 사업의 재고량이 직전 연도 월평균 재고량에 비하여 100분의 50 이상 증가한 경우

② 기준달의 생산량이 기준달이 속하는 연도 직전 연도의 같은 달의 생산량, 기준달 직전 3개월의 월평균 생산량 또는 기준달이 속하는 연도 직전 연도의 월평균 생산량 중 어느 하나에 비하여 100분의 30 이상 감소한 경우

③ 기준달의 매출액이 기준달이 속하는 연도 직전 연도의 같은 달의 매출액, 기준달 직전 3개월의 월평균 매출액 또는 기준

달이 속하는 연도 직전 연도의 월평균 매출액 중 어느 하나에 비하여 100분의 30 이상 감소한 경우

④ 기준달의 재고량과 기준달 직전 2분기의 분기별 월평균 재고량이 계속하여 각각 100분의 20 이상 증가 추세에 있거나, 기준달의 매출액과 기준달 직전 2분기의 분기별 월평균 매출액이 계속하여 각각 100분의 20 이상 감소 추세에 있는 경우

⑤ 해당 업종, 지역경제 상황의 악화 등을 고려하여 고용조정이 불가피하다고 직업안정기관의 장이 인정한 경우

⑥ 제1항 제1호부터 제3호까지의 규정에도 불구하고 「재난 및 안전관리 기본법」 제3조 제1호에 따른 재난 등으로 급격히 악화된 고용사정이 6개월 이상 계속되는 경우 고용노동부 장관은 재고량 증가, 생산량 감소 또는 매출액 감소를 비교하는 시점을 각각 달리 정하여 고시할 수 있다(2021.7.1. 신설).

2) 고용유지조치계획 신고 및 사전 승인·합의 요건

무급휴업·휴직의 경우에도 사업장 소재지 관할 직업안정기관의 장에게 고용유지계획서를 제출해야 하며, 추가적으로 직업능력 개발·향상 계획서 등도 제출해야 한다. 무급휴업은 노동위원회 승인이 필요하고, 무급휴직은 근로자 대표와의 합의가 필요하다는 점도 근로자대표 협의만 필요한 유급휴업·휴직의 경우보다 엄격하다. 무급휴업·휴직 지원금 지급규정 제3조에 규정된 지원금 신청을 위한 제출 서류는 다음과 같다.

① 매출액, 생산량, 재고량 현황 등 시행규칙 제34조에 따른 고용

유지조치가 불가피하게 된 사유를 확인할 수 있는 자료

② 무급휴업의 경우 근로자대표와의 협의 내용 및 「근로기준법」
제46조 제2항에 따른 노동위원회의 승인결과

③ 무급휴직의 경우 근로자대표와의 합의 내용

계획서에는 다음 각 호의 '고용유지조치 계획'과 '근로자 직업능력
개발·향상 계획'이 포함되어야 한다.

① 고용유지조치 계획
- 고용유지조치가 불가피한 사유 및 필요성
- 무급휴업·휴직 대상자(사업장, 부서, 직종) 선정 기준
- 고용유지조치 기간, 대상업무(부서) 및 대상자
- 무급휴업·휴직 대상자 업무복귀 기준 및 복귀 예정일

② 고용유지조치 기간 중 근로자 직업능력 개발·향상 계획
- 직업능력 개발·향상 내용, 실시 기간 및 대상자
- 직업능력 개발·향상에 소요되는 비용
- 기타 피보험자에 대한 사회공헌 활동 등 지원 사항

계획서는 고용유지조치를 실시하고자 하는 날의 30일 전까지 제출
하여야 한다. 다만 노동조합이 있는 사업장에서 노사합의 직후 고용유
지조치가 실시되는 등 30일 전까지 계획서 제출이 곤란하다고 직업안
정기관의 장이 인정하는 경우에는 동 신청 기한 이후에도 계획서를 제
출할 수 있다.

3년 이상 계속하여 같은 달에 고용유지조치를 실시한 경우, 고용보험료를 체납하거나 임금 지급 의무를 위반하고 시정되지 않은 경우, 지원금 심사위원회의 평가 점수가 평균 60점 미만인 경우에는 지원금이 승인되지 않는다.

3) 피보험자격, 휴업·휴직 규모 및 기간, 이직 제한 요건

무급휴업·휴직의 경우에도 1개월 미만 고용되는 일용근로자, 「근로기준법」 제26조에 따라 해고가 예정된 자와 경영 상 이유에 따른 사업주의 권고에 따라 퇴직이 예정된 자는 고용보험 피보험자라 하더라도 지원 대상에서 제외된다.

무급휴업 지원금을 지원받기 위해서는 아래의 피보험자 수 범주별로 30일 이상 휴업을 실시해야 한다.

- 전체 피보험자 수가 19명 이하인 경우: 전체 피보험자 수의 100분의 50 이상
- 전체 피보험자 수가 20명 이상 99명 이하인 경우: 피보험자 10명 이상
- 전체 피보험자 수가 100명 이상 999명 이하인 경우: 전체 피보험자 수의 100분의 10 이상
- 전체 피보험자 수가 1000명 이상인 경우: 피보험자 100명 이상

무급휴직 지원금을 지원받기 위해서는 휴직 기간이 시작되기 전 1년 이내에 3개월 이상 총근로시간 20% 초과 단축 유급휴업 또는 피보험자 20% 이상 유급휴직을 실시한 후 아래의 피보험자 수 범주별로

30일 이상 휴직을 실시해야 한다.

- 전체 피보험자 수가 99명 이하인 경우: 피보험자 10명 이상
- 전체 피보험자 수가 100명 이상 999명 이하인 경우: 전체 피보험자 수의 100분의 10 이상
- 전체 피보험자 수가 1000명 이상인 경우: 피보험자 100명 이상

단, 피보험자 10인 미만 사업장의 사업주는 휴직 기간이 시작되기 전 1년 이내에 총근로시간 20% 초과 단축 유급휴업 또는 피보험자 20% 이상 유급휴직을 실시한 후 30일 이상 무급휴직을 실시하면서 아래 요건을 모두 갖춘 경우에는 지원금을 지급할 수 있다.

- 「재난 및 안전관리 기본법」에 따른 재난 등으로 고용사정이 급격히 악화된 경우
- 유급휴업·휴직지원금을 180일까지 지급받은 경우

4) 지원 금액과 지원 기간

무급휴업·휴직 지원금은 평균임금의 50/100 범위 내에서 심사위원회가 결정한다. 2021년 기준 1일 지원 상한액은 6.6만 원이다. 사업주에게 지급하는 근로자 직업능력 개발·향상 지원금은 피보험자 1인당 매월 10만 원 범위 내에서 결정한다. 지원금 지급 기간은 피보험자 1인에 대해 연간 총 180일을 초과할 수 없다.

5) 무급휴직 신속 지원 프로그램

2020년 4~12월에는 긴급한 경영 상의 사유로 무급휴직을 실시하려 하지만 무급휴직 지원 요건을 충족하기 어려워 제도 이용을 포기하는 사업주를 돕기 위해 무급휴직 신속 지원 프로그램을 한시적으로 운용했다. 4월부터 6월까지는 특별고용지원업종에 대해서만 허용했고, 7월부터는 전 업종으로 확대했다.

기존의 일반적 절차에 의하면, 유급휴업 3개월 실시 후 90일 이상 무급휴직을 실시해야 하고, 실시 30일 전까지 '무급휴직 고용유지 계획서'를 제출해야 하지만, 신속 지원 프로그램을 이용하면 노사합의에 따라 1개월 유급휴업 후 30일 이상 무급휴직을 실시하면 되고, 실시 7일 전까지 신고서를 제출토록 했다.

지원 금액은 심사위원회 승인 없이 직업안정기관장의 결정만으로 근로자 1인당 최대 90일 한도에서 월 50만 원씩 최대 150만 원을 지원했다.

4. 고용안정협약지원금

고용안정협약지원금은 2020년 6월 코로나19 위기 대응 목적으로 처음 도입된 제도로서 고용조정이 불가피하게 된 사업주가 「고용보험법 시행령」 제22조의 2에 따라 단체협약 체결, 취업규칙 변경, 근로계약 변경 또는 그 밖의 상호 합의를 통해 임금 감소를 포함한 고용유지 조치를 노사 간에 합의한 경우 예산 범위 내에서 사업주에게 인건비 감소분의 일부를 지원하는 제도이다.

1) 고용조정 불가피 요건

재고량, 생산량, 매출액, 재고·생산 감소 추세 등 고용조정 불가피 사유 인정 기준은 앞서 살펴본 유급휴업·휴직의 경우와 같다. 단, 부동산업, 일반유흥업, 무도·유흥주점업, 베팅업, 복권발행업 등 일부 업종과 공공기관, 공기업, 정부 출연·출자기관, 학교, 임금 체불 사업주 등은 지원 대상에서 제외한다.

2) 고용유지조치계획 신고 및 사전 승인·합의 요건

지원을 희망하는 사업주는 아래 내용을 기재한 고용안정협약 지원금 신청서를 사업 소재지 관할 지방고용노동관서의 장에게 제출해야 한다.

- 고용조정이 불가피한 사유
- 노조 구성 현황 및 근로자대표
- 노사합의 유형 및 내용, 합의 일자, 고용유지조치 기간
- 임금감소 기준 및 내용, 임금감소액
- 도급업체·수급업체 등 현황(공동참여 시에 한함)
- 지원 필요성 등

신청서 제출 시에는 아래의 서류들이 첨부되어야 한다.

- 고용조정 불가피 사유를 증명하는 서류
- 근로자대표 선임서
- 노사합의서(고용안정 보장 및 지원금의 사용 용도 등 고용유지 협약

을 확인할 수 있는 자료)

- 단체협약, 취업규칙, 근로계약서의 근로조건 변경 등을 확인
  할 수 있는 자료(근로조건 불이익 변경 시에 한함)
- 감소 전 임금 산정에 대한 증빙 자료(단체협약, 취업규칙, 근로계
  약서, 임금대장 등)

무급휴업·휴직과 마찬가지로 고용안정협약 지원금도 심사위원회
심사를 거쳐 평균 60점 이상의 점수를 얻어야 승인받을 수 있다.

3) 지원자 요건, 휴업·휴직 규모 및 기간, 이직 제한 요건

고용안정협약 지원금을 지원받기 위해서는 노사합의에 의한 고용
유지 조치에 따라 사업장 피보험자의 임금이 감소하는 경우여야 한다.
고용유지조치는 1개월 단위로 실시되어야 한다. 지원금을 받은 기간
과 그 이후 1개월 동안 피보험자의 자발적 퇴직, 단체협약·취업규칙
등에 의한 제도화된 퇴직을 제외한 고용조정 등 피보험자의 비자발적
퇴직으로 인한 이직이 발생하는 경우에는 지원금을 지급하지 않는다.
유급휴업·휴직, 무급휴업·휴직 지원금을 받고 있는 피보험자에 대한
중복 지원은 허용되지 않는다.

4) 지원 금액과 지원 기간

지원 금액은 노사합의에 따른 고용유지조치로 임금이 감소한 피
보험자 평균 1개월당 임금감소액 중 심사위원회 승인을 받은 금액의
50%이다. 피보험자 1인당 상한액은 1개월에 50만 원, 사업 또는 사업
장별 상한액은 총액 20억 원이다. 전체 사업장에 대한 지원금 총액은

당해연도 예산 범위 내로 제한된다. 최저임금 미만의 임금을 지급받는 근로자, 노동위원회 승인 없이 평균임금의 70%에 미달하는 휴업수당을 지급받는 근로자, 비상근 촉탁근로자, 1개월 미만 고용되는 일용근로자, 「근로기준법」 제26조 규정에 의하여 해고가 예고된 자와 경영상 이유에 의한 사업주의 권고에 따라 퇴직이 예정된 자는 제외하고 지원금이 산정된다. 최대 지원 기간은 6개월이다.

5. 고용유지비용 대부사업

고용유지비용 대부사업도 2020년 6월 코로나19 위기 대응을 위해 신설된 제도로서, 유급휴업·휴직 방식의 고용유지조치를 실시하는 우선지원 대상 기업의 사업주에게 시행령 제37조의 3과 고용노동부고시 제2021-35호 고용유지 비용의 대부 규정에 따라 임금보전 비용의 일부를 대부하는 사업을 말한다. 사업수행 주체는 근로복지공단이다. 사업 기간은 예산 범위 내에서 2020년 6월부터 2021년 12월 31일까지 시행하되, 2021년 12월 10일까지 대부신청서를 제출한 경우까지 적용한다.

대부 대상 금액은 고용유지조치 기간 동안 고용유지 비용의 범위 내에서 대부 대상자가 고용유지 비용 대부신청서를 통해 신청한 금액이며, 사업수행기관의 심사를 통해 조정 결정할 수 있다. 대부 신청금액은 1만 원 단위로 1회차당 최소 100만 원 이상이어야 하고, 월별 대부 신청 시 각 5억 원을 초과할 수 없다. 대부금액에 대한 이율은 연 1/100(1%)이며, 이자 납부일은 매월 15일이고, 대부금액 중 고용유지지원금으로 상환된 금액에 대해서는 이자를 부과하지 않을 수 있다. 대부 거치기간은 1년이고, 대부금액을 받은 자가 희망하는 경우에는 해당 상환일이 도래하기 전에도 대부금액을 상환할 수 있다. 대부 잔액이 1억 원을 초과하는 경우에는 근로복지공단의 장이 인정하는 경우에 한하여 최종 대부 실행일로부터 2년 이내 분할하여 상환할 수 있다.

6. 특별고용지원업종 지정 제도

특별고용지원업종 지정 제도는 「고용정책 기본법」 제32조에 따라 경기의 변동, 산업구조의 변화 등으로 인한 사업 규모의 축소, 사업의 전환 또는 폐업으로 고용사정이 급격히 악화되거나 악화될 우려가 있는 업종을 특별고용지원업종으로 지정하여 사업주와 근로자를 지원하는 제도이다. 지원 대상은 지정업종에 속하는 사업의 사업주 및 근로자(퇴직자 포함)이며, 사업주의 고용조정 및 고용안정, 근로자의 실업 예방, 실업자의 재취업 촉진 및 생활안정 등을 지원한다. 최초 지원 기간은 최대 2년이고, 1년의 범위에서 2회 연장이 가능하다(최대 4년).

코로나19 위기 대응 고용유지지원금과 관련해서는 유급휴업·휴직 시 재고량·생산량·매출액 등의 증빙 없이 고용조정이 불가피한 사업주로 인정했다. 단, 조선업은 소정근로시간 합계 10% 초과 단축부터 지원 요건을 충족한 것으로 인정했다. 무급휴직의 경우에는 휴직 기간이 시작되기 전 1년 이내에 1개월 이상 유급휴업을 실시하거나 피보험자 20% 이상 유급휴직을 실시할 경우 지원 요건을 인정했다.

특별고용지원업종으로 지정된 사업주의 휴업수당 지원 비율은 우선지원기업이 최대 9/10, 대규모 기업이 2/3~3/4(단축률 50% 이상 시)을 적용받았다. 정부 지원금 상한액은 우선지원기업이 1일 7만 원, 대

규모 기업이 1일 6.6만 원이다. 지원 기간은 연간 최대 180일이며, 단 2020년은 최대 240일, 2021년은 최대 270일까지 허용되었다.

코로나19 기간 중 특별고용지원업종으로 지정된 업종은 조선업, 여행업, 관광숙박업, 공연업, 항공기 취급업, 면세점, 전시·국제회의업, 공항버스, 영화업, 수련시설·유원시설, 외국인 전용 카지노, 항공기부품제조업, 노선버스 등 총 15개이다.

한편, 코로나19 기간에는 「감염병예방법」에 따라 여러 사람의 집합을 제한하거나 금지하는 식당/카페/유흥시설 등 15개 업종을 집합제한·금지 업종으로, 2020년 부가가치세 신고매출액이 2019년 대비 20% 이상 감소한 업종(중소벤처기업부 장관 지정·고시, 특별고용지원 업종과 집합·제한금지 업종 제외)을 경영위기 업종으로 추가 지정해 고용유지지원을 확대했다.

7. 코로나19 기간 중 고용유지지원제도 변경 사항

코로나19 기간 중 고용유지지원제도 개선 및 신설 사항은 다음과 같다.

첫째, 지원금 지원 요건을 완화했다. 파견·용역 사업주는 사용사업주 또는 원청업체가 고용유지조치를 실시할 경우 해당 사업장에 근무하는 피보험자를 대상으로 고용유지조치를 실시할 수 있게 했고, 휴업규모율, 신규채용, 감원방지도 사용사업주 또는 원청 사업장에서 근무하는 피보험자에 한해 적용토록 했다('20.12월). 무급휴직 최소 실시 기간을 기존 90일(3개월)에서 30일로 단축했고('20.9월), 기존에는 지원 대상에서 제외되었던 10인 미만 기업도 '22년 12월까지 유급 고용유지지원금을 180일 이상 소진한 경우 1명 이상에 대해 무급휴직을 허용했다('20.12월). 무급휴직 전 3개월 이상 유급휴업 실시 규정을 완화해 피보험자 20% 이상 유급휴직을 실시한 경우도 사전 요건을 충족한 것으로 변경했고, 2020년 4월부터 12월까지 무급휴직 신속 지원 프로그램을 신설해 무급휴직 지원 사전 요건을 완화했다. 고용유지지원금을 받기 위해서는 사업주의 매출액 등이 전년 동월, 전년 월평균 또는 직전 3개월 월평균 대비 일정 수준 이상 감소해야 하지만, '21년의 경우에는 '20년 매출액 감소 영향 등을 고려해 '19년 월평균 또는 '19년 같은 달과 비교해 일정 수준 이상 감소한 경우에도 지원 대상으로 인정했다. 기존에는 휴업 관련 고용유지지원금을 지원받기 위해서는 6~4개월 전 3개월 간 월평균 실근로시간의 20%를 초과 단축해야 했으나 자료 증빙 등의 어려움과 행정 부담 등을 고려해 소정근로시간을 기준으로 근로시간을 단축하도록 관련 기준을 변경했다.

둘째, 유급휴업·휴직 관련 고용유지지원금 지원 수준을 상향 조정하고 지원 기간을 연장했다. 코로나19 기간 중 일반 업종에 적용된 지원 비율은 다음과 같다.

〈표 5-3〉 일반 업종 유급휴업·휴직수당 지원 비율 추이

구 분	'20.1.1~1.31	'20.2.1~3.31	'20.4.1~9.30	'20.10.1~현재
우선지원 대상 기업	2/3	3/4	9/10	2/3
대규모 기업	1/2	2/3	2/3	1/2~2/3

특별고용지원업종('20.1.1~현재), 집합제한·금지업종('20.11.24~), 경영위기업종('21.4.1~6.30)의 지원 비율은 우선지원 대상 기업의 경우 최대 9/10, 대규모 기업의 경우 2/3~3/4까지 확대했다. 고용유지지원금

지원 기간도 연간 최대 180일에서 2020년에 한해 최대 240일로 60일 연장했고, 특별고용지원업종의 경우에는 추가적으로 2021년에 한해 최대 270일로 연장했다.

셋째, 무급휴직 신속 지원 프로그램, 고용안정협약 지원금, 고용유지비용 대부사업 등의 제도를 신설했다.

8. 재직자 직업훈련 제도

우리나라의 재직자 직업훈련 정부 지원정책은 국민내일배움카드(근로자 능력개발지원), 사업주 직업능력개발 및 유급휴가훈련 지원, 국가 인적자원개발 컨소시엄 지원, 지역·산업 맞춤형 일자리 창출 지원, 산업현장 일학습병행 지원, 중소기업 학습조직화 사업, 직업훈련 생계비 대부사업 등이 있다.

국민내일배움카드 제도는 국민 스스로 고용노동부 훈련비 지원 대상으로 공고된 훈련 과정을 수강할 경우 훈련비 등을 지원하는 제도이다. 지원 대상은 현직 공무원, 교직원, 졸업 예정 이외 재학생, 고소득 자영업자와 대규모 기업 종사자(45세 미만), 특수형태근로종사자 등을 제외한 모든 국민이며, 1인당 300~500만 원 한도로 훈련비의 45~85%를 지원한다(사업 유형 및 계층에 따라 차등 지원). 140시간 이상 훈련 과정을 수강하고 출석률이 80% 이상인 경우에는 월 최대 11.6만 원('21년은 한시적으로 월 최대 30만 원)의 훈련장려금도 지원한다(실업급여 수급 중이거나 소득이 있는 경우는 일부 또는 전액 미지급).

사업주 직업능력개발 지원금은 사업주가 소속 근로자에게 실시하는 훈련비를 지원한다. 집체훈련을 기준으로 우선지원 대상 기업은 1

일 8시간 이상, 그 외 대규모 기업은 2일 16시간 이상 훈련해야 하며, 훈련비 지원 비율은 우선지원 대상 기업은 90~100%, 그 외 대규모 기업 중 상시 근로자 1000인 이상 기업은 60%(원격훈련은 80%), 1000인 이상 기업은 40%이다.

유급휴가훈련 제도는 사업주가 소속 근로자에게 유급휴가를 부여해 실시하는 직업능력개발훈련의 훈련비 및 숙식비뿐 아니라 훈련생 및 대체 인력의 인건비도 지원한다. 우선지원 대상 기업은 5일 이상 유급휴가를 부여해 20시간 이상 훈련해야 하고, 그 외 대규모 기업은 60일 이상 유급휴가를 부여해 180시간 이상 훈련해야 한다. 훈련생 인건비 지원액은 '소정 훈련시간 × 최저시급 150%(대기업은 100%)'이며, 우선지원 대상 기업이 소속 근로자에게 30일 이상 유급휴가를 부여하고 120시간 이상 훈련하면서 대체 인력을 고용하면 '소정근로시간 × 최저시급'에 해당하는 대체 인력 인건비도 지원한다.

국가 인적자원개발 컨소시엄 지원제도는 다수의 중소기업과 컨소시엄을 구성하고 자체 우수 훈련시설을 이용하여 중소기업 노동자 등에게 맞춤형 공동훈련을 제공하는 기업 또는 사업주단체의 훈련비를 지원한다. 지원금액은 연간 최대 20억 원 한도 내에서 시설·장비 비용은 대응투자 20%를 조건으로 연간 최대 15억 원, 프로그램 개발비는 연간 최대 1억 원, 인건비와 일반 운영비는 인건비 대응투자 20%를 조건으로 연간 최대 4억 원을 지원하고, 훈련비는 수료 인원에 따라 차등 지급하며, 훈련수당은 1개월 120시간 이상의 채용 예정자 훈련 수강생만 지원한다.

지역·산업 맞춤형 일자리 창출 지원제도는 지역 노동시장 특성을 반영한 교육·훈련사업, 창업·창직 지원사업, 취업연계사업, 기업지원

사업 등을 지원한다. 이 사업의 교육·훈련 프로그램은 원칙상 미취업자를 대상으로 하지만, 재직자 직업능력개발사업 등과 중복되지 않고 지역 특성을 반영하여 지원 필요성이 있는 경우에는 재직자에 대한 교육·훈련 지원도 가능하다.

산업현장 일학습병행 지원제도는 독일과 스위스 등에서 활용하고 있는 일터기반학습(work based learning)을 한국 현실에 맞게 설계한 현장 기반 훈련을 지원하는 사업이다. 기업이 청년 등을 먼저 채용하여 국가직무능력표준(NCS)을 기반으로 체계적으로 현장훈련을 하고, 학교·공동훈련센터 등에서 이론교육을 보완하면 정부 또는 산업계가 평가해서 자격을 주는 제도이다. 지원 내용은 훈련 과정 개발, 학습도구 컨설팅 지원, 현장(외)훈련 훈련비, 훈련지원금 등이며, 재직자 지원사업 중 단독기업형 사업은 개별 기업에서 실시하는 현장훈련(OJT) 및 현장 외 훈련(OFF-JT)을 지원하고, 공동훈련센터형 사업은 대기업·대학·산업 단체 등이 여러 중소기업을 대상으로 공동훈련센터에서 실시하는 현장 외 훈련(OFF-JT)을 지원한다.

중소기업 학습조직화 지원사업은 우선지원 대상 중소기업의 작업장 내 지식과 경험의 축적 및 확산 활동을 돕기 위해 학습조직 운영, 우수사례 확산, 외부 전문가 활용, 학습 인프라 구축 프로그램 등을 지원한다. 비용의 70%는 선지급하고 평가에 따라 30%를 후지급한다.

직업훈련 생계비 대부사업은 고용노동부가 지원하는 훈련 과정에 3주(21일) 이상(원격훈련은 32시간 이상) 참여하는 고용보험 가입 비정규직과 무급휴직자, 산재보험 가입 특수형태근로종사자, 피보험자격 상실 실업자, 폐업·휴업한 자영업자 중 가구원 합산 소득이 중위소득 100% 이하인 이들에게 장기 저리로 생계비를 대부한다. 실업급여 수급자는 지원 대상에서 제외되며, 특별고용지원업종, 고용위기지역, 특별재난지역은 소득 수준과 상관없이 지원한다. 지원 한도는 월 최대 200만 원, 총액 2,000만 원이며, 특별고용지원업종, 고용위기지역, 특별재난지역은 월 최대 300만 원 총액 3,000만 원까지 지원한다. 대부금은 연리 1%(신용보증료 별도)의 금리로 최대 3년 거치 최대 5년 간 매월 균등 분할 상환해야 한다.

코로나19 위기 대응 직업훈련 제도 관련 변경 사항은 다음과 같다.

첫째, 유급휴가훈련 지원 요건을 2020년 9~12월 동안 한시적으로 완화했다. 최소 유급휴가일수 요건은 우선지원 대상 기업 또는 상시근로자 150명 미만 사업주의 경우 5일에서 3일, 그 외 기업은 60일에서 30일로 단축했고, 최소 훈련시간 요건은 우선지원 대상 기업의 경우 20시간에서 18시간, 그 외 기업의 경우 180시간에서 120시간으로 단축했다.

둘째, 직업훈련 생계비 대부 지원 요건을 한시적으로 완화했다. 지원 대상을 실업자와 비정규직에서 무급휴직자, 산재보험 가입 특수형태근로종사자, 휴업·폐업 중인 자영업자까지 확대했고, 가구소득 요건을 중위소득 100% 이하에서 150% 이하로 완화했다. 대출한도도 월 200만 원에서 월 300만 원으로 확대했고, 대부 기간을 훈련 기간까지에서 훈련 종료 후 90일까지로 연장했다.

셋째, 지역특화형 장기유급휴가훈련 제도를 확대 시행했다. 경상남도('20.9.28), 부산광역시, 인천광역시 중구('21.9.8)와 업무협약을 체결해 최소 4주 이상 유급휴가훈련을 실시하는 지역 내 우선지원 대상 사업주에게 고용노동부는 훈련비와 인건비를 지급하고, 지역자치단체는 사업주 부담 사회보험료의 50%를 지원했다.

제3장 코로나19 대응 집행 실적

고용노동부(2021c)에 따르면 2020년 한 해 동안 총 7.2만 개 사업장의 77.3만 명에게 2.3조 원의 고용유지지원금이 지급되었다. 2021년에도 5월 18일까지 총 3.6만 개 사업장의 25.2만 명에게 5,992억 원의 고용유지지원금이 지급되었다. EIS 고용행정통계에 따르면, 2020년 3월부터 2021년 9월까지의 누적 지급액은 3조 3,417억 원이다.

2020년의 지급 실적을 2019년과 비교하면 연인원 기준으로는 31배, 지급액 기준으로는 34배에 달했다. 고용유지지원금 제도는 1995년 고용보험제도의 하부 사업으로 처음 도입되었는데, 경제위기 등 특별한 사건이 없으면 연간 지원 인원은 10만 명 내외, 지급액은 300억 원대에서 안정적으로 유지됐다. 글로벌 금융위기의 영향으로 지원 실적이 큰 폭 증가한 2009년과 비교해도 2020년의 지원 인원과 지급액은 각각 2.4배와 7.4배에 달했다.

1인당 지급액은 2015년 이후 빠른 속도로 증가했는데, 코로나19 기간에도 2020년 100만 원, 2021년 101만 원으로 2019년의 90만 원보다 10만 원 정도 증가했다.

코로나19 기간 중 월별 지급실적 추이를 보면, 2020년 4월부터 큰 폭으로 증가하기 시작해 같은 해 7월에 정점에 도달한 후 2021년 9월 현재까지 점진적으로 감소 중이다. 지급 건수는 2020년 7월 4.6만 건까지 증가한 후 2021년 9월 현재 1.1만 건으로 줄었고, 지원 인원은

[그림 5-1] 고용유지지원금 지원 인원 및 지급액의 연도별 추이

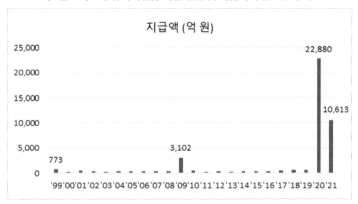

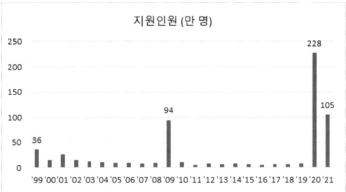

주: 2021년은 9월까지의 실적임. 2020년 이후 자료는 고용안정협약 지원금 포함.
지원 인원은 연인원 기준.
출처: 한국고용정보원 고용보험통계연보, EIS 고용행정통계.

[그림 5-2] 월별 고용유지지원금 지원 실적 추이, 2019.10~2021.9

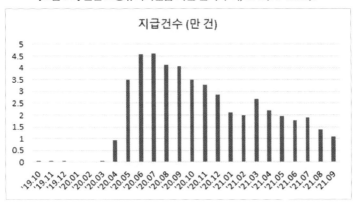
지급건수 (만 건)

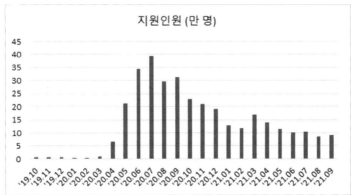
지원인원 (만 명)

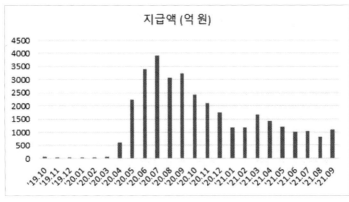
지급액 (억 원)

출처: 한국고용정보원, EIS 고용행정통계.

같은 기간 39만 명까지 증가한 후 9만 명으로 줄었다. 지급액은 3,928
억 원까지 증가한 후 1,085억 원으로 감소했다.

2020년 3월부터 2021년 9월까지의 사업 유형별 누적 지급액 비중
은 유급휴직이 62.1%로 가장 높고, 유급휴업이 34.0%로 두 번째로 높
았다. 두 유형의 비중을 합하면 96.1%에 달한다. 무급휴업·휴직과 고
용안정협약 지원금의 지급액 비중은 각각 3.0%와 0.8%에 그쳤다.

〈표 5-4〉 지원금 종류별 고용유지지원금 지원 실적, 2020.3~2021.9 누계

구 분	지급 건수		지원 인원		지급액	
	건	(비중)	만 명	(비중)	억 원	(비중)
유급휴업 지원금	170,202	(35.1)	179.8	(54.2)	11,375	(34.0)
유급휴직 지원금	311,998	(64.3)	134.6	(40.6)	20,758	(62.1)
무급휴업·휴직 지원금	1,184	(0.2)	7.1	(2.1)	1,001	(3.0)
고용안정협약지원금	1,779	(0.4)	10.3	(3.1)	284	(0.8)
합계	485,163	(100.0)	331.8	(100.0)	33,417	(100.0)

출처: 한국고용정보원, EIS 고용행정통계.

2020년 처음 도입되어 2021년까지 한시적으로 운용되는 고용유
지비용 대부사업은 2020년 7월부터 2021년 6월까지의 누적 실적이
4,067개 기업, 노동자 23,531명, 지급액 439.9억 원에 그쳤다.

〈표 5-5〉 고용유지비용 대부사업 집행 실적

구 분	2020년('20.7.30~12.31)	2021년('21.1.1~6.30)
예산	95,199백만 원 (대부액 93,500, 운영 1,699)	15,000백만 원 (대부액 13,900, 운영 1,100)
신청	3,991개사 22,755명, 41,920백만 원	1,433개사 7,566명, 15,665백만 원
집행	2,976개사 17,511명, 32,855백만 원	1,091개사 6,020명, 11,134백만 원

출처: 윤자영·김현경(2021), 원자료는 '21년 제2차 고용보험위원회 안건 자료(고용노동부,
2021b).

구 분	지급 건수		지원 인원		지급액	
	건	(비중)	만 명	(비중)	억 원	(비중)
농림어업	475	(0.1)	0.2	(0.1)	20	(0.1)
광업	109	(0.0)	0.1	(0.0)	14	(0.0)
제조업	115,502	(23.8)	115.6	(34.8)	8,901	(26.6)
전기·가스·증기	76	(0.0)	0.0	(0.0)	2	(0.0)
수도·하수·폐기물	727	(0.1)	0.3	(0.1)	27	(0.1)
건설	11,381	(2.3)	3.9	(1.2)	543	(1.6)
도매·소매	101,549	(20.9)	46.2	(13.9)	4,304	(12.9)
운수·창고	19,273	(4.0)	55.4	(16.7)	7,161	(21.4)
숙박·음식	49,361	(10.2)	27.3	(8.2)	2,840	(8.5)
정보통신	15,554	(3.2)	7.4	(2.2)	831	(2.5)
금융·보험	778	(0.2)	0.2	(0.1)	26	(0.1)
부동산	2,950	(0.6)	1.1	(0.3)	123	(0.4)
전문·과학·기술	22,318	(4.6)	9.7	(2.9)	1,148	(3.4)
사업시설관리·사업지원	66,020	(13.6)	30.3	(9.1)	4,123	(12.3)
공공행정·국방	26	(0.0)	0.0	(0.0)	2	(0.0)
교육	33,962	(7.0)	10.8	(3.2)	1,107	(3.3)
보건·사회복지	15,997	(3.3)	8.2	(2.5)	606	(1.8)
예술·스포츠·여가	18,075	(3.7)	10.4	(3.1)	1,165	(3.5)
협회·단체·개인 서비스	11,023	(2.3)	4.7	(1.4)	473	(1.4)
가내 고용·자가소비	7	(0.0)	0.0	(0.0)	0	(0.0)
합계	485,163	(100.0)	331.8	(100.0)	33,417	(100.0)

출처: 한국고용정보원, EIS 고용행정통계.

산업별 고용유지지원금 지급액 비중은 제조업 26.6%, 운수·창고업 21.4%, 도·소매업 12.9%, 사업시설관리·사업지원·임대 12.3%, 숙박·음식점업 8.5% 순으로 높았다. 지급 건수나 지원 인원을 기준으로 산업별 비중을 비교해도 순위는 대체로 유사했다. 단, 운수·창고업은 지급액 및 지원 인원 비중보다 지급 건수 비중이 작았는데, 해당 산업의 지원금 수혜 기업의 규모가 상대적으로 컸기 때문으로 보인다.

기업 규모별 지급액 비중은 10~29명 20.1%, 1~4명 19.5%, 1000명 이상 16.4%, 5~9명 14.4%, 30~99명 14.1% 순으로 높았다. 지급 인원을 기준으로 하면 10~29명 21.0%, 30~99명 17.4%, 1~4명 15.7% 순으로 높았다. 지급 건수를 기준으로 하면 1~4명 기업의 비중이 56.2%를 차지하는 등 기업 규모가 작을수록 비중이 높았다.

〈표 5-7〉 기업 규모별 고용유지지원금 지원 실적, 2020.3~2021.9 누계

구 분	지급 건수		지원 인원		지급액	
	건	(비중)	만 명	(비중)	억 원	(비중)
1~4명	272,769	(56.2)	52.1	(15.7)	6,510	(19.5)
5~9명	99,610	(20.5)	42.3	(12.8)	4,818	(14.4)
10~29명	79,604	(16.4)	69.8	(21.0)	6,723	(20.1)
30~99명	24,804	(5.1)	57.7	(17.4)	4,699	(14.1)
100~299명	5,782	(1.2)	36.8	(11.1)	2,987	(8.9)
300~499명	924	(0.2)	11.9	(3.6)	943	(2.8)
500~999명	635	(0.1)	16.1	(4.9)	1,274	(3.8)
1000명 이상	1,035	(0.2)	44.8	(13.5)	5,464	(16.4)
합계	485,163	(100.0)	331.8	(100.0)	33,417	(100.0)

출처: 한국고용정보원, EIS 고용행정통계.

고용노동부(2021a) 2020년 일자리 사업 성과평가 보고서에 따르면, 성별로는 남성의 지원 인원 비중이 61.2%로 여성의 38.8%보다 20%p 이상 높았고, 연령대별로는 중년(35~54세)이 52.1%로 가장 높고, 청년(15~34세) 32.0%, 장년(55~64세) 13.6%, 고령(65세 이상) 2.3% 순으로 높았다.

[그림 5-3] 성별·연령대별 지원 인원 비중

[그림 5-3] 성별·연령대별 지원 인원 비중

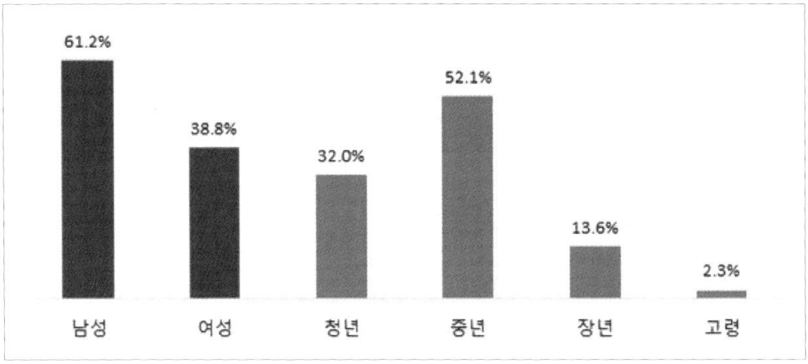

출처: 고용노동부(2021a), 2020년 일자리 사업 성과평가 보고서.

재직자 직업능력개발 지원 실적은 2018년부터 감소하기 시작했는데 2020년에는 코로나19에 따른 대면·집체훈련 제한으로 더욱 큰 폭으로 감소했다. 지원 인원은 연인원 기준으로 2019년 397만 명에서 2020년 247만 명으로 감소했고, 지원 예산은 같은 기간 7,908억 원에서 5,965억 원으로 감소했다. 이와 반대로, 실업자 및 취약계층 직업훈련 지원은 전년 대비 증가했다. 지원 인원은 20만 명에서 36만 명으로 증가했고, 지원금액은 2,920억 원에서 3,061억 원으로 증가했다.

[그림 5-4] 직업능력개발 지원 실적 추이

연 인원 (만 명)

예산 (억 원)

출처: e-나라지표, 직업능력개발훈련 실시 현황, 원 자료는 고용노동부(HRD-Net, EIS 자료).

제4장 코로나19 기간 중 고용 충격 완화효과

1. 기업 및 실업자 지원 대비 고용유지지원 예산 비중

고용유지지원금 자체는 역대 최대 규모로 증가했지만 기업 지원 및 실업자 지원 실적과 비교하면 코로나19 위기 대응 예산 전체에서 차지하는 비중은 상당히 작았다.

IMF의 2021년 10월 버전 Fiscal Monitor Database에 따르면, 한국 정부에서 코로나19 대응을 위해 2020년 1월부터 2021년 9월까지 집행한 직·간접 재정지출은 총 319조 6천억 원이다.[2] 같은 기간 지급된 고용유지지원금 3조 3493억 원은 그러한 위기 대응 예산 총액의 1.05%에 해당한다. 출자·융자·보증 등 기업 유동성 지원액과 비교해도 1.71%에 그쳤다. 기업 유동성 지원액 중 고용유지 의무를 연계한 경우는 기간산업 안정기금 등 일부에 불과했다.

국회예산정책처(2021)에 따르면, 2020회계연도 재정지원 일자리 사업 집행액은 총 31조 원이다. 사업 유형별로는 실업소득 유지 및 지원 비중이 41.9%로 가장 컸고, 고용유지지원금의 비중은 전체 대비 7.4%를 차지했다. 이는 우리나라의 고용위기 대응 정책이 기존 고용 관계

---

2 지출확대 및 조세감면(additional spending and forgone revenue) 총 123조 7천억 원, 출자·융자·보증 등(equity, loans, and guarantees) 총 195조 9천억 원.

보호보다 실업자 생계 안정에 더 큰 비중을 두고 있음을 보여준다.

〈표 5-8〉 2020회계연도 재정지원 일자리 사업 유형별 집행

(단위: 억 원)

구 분	본예산(당초)	추경(수정)	예산현액	집행액
직접일자리	28,598	29,800	29,448	26,984
직업훈련	22,434	23,531	23,767	20,067
고용서비스	11,994	13,640	12,809	12,176
고용장려금	64,950	86,315	98,634	91,368
고용유지지원금	351	19,214	26,826	22,881
창업지원	23,585	24,263	29,618	29,221
실업소득 유지 및 지원	103,447	140,348	142,142	129,685
합계	255,008	317,897	336,419	309,501

주: 예산현액은 전년도 이월액 등을 모두 합한 금액임.
출처: 국회예산정책처(2021).

2. OECD 회원국 간 제도 이용률 비교

OECD(2021)의 〈Employment Outlook 2021〉에 따르면, 코로나 19 기간 중 대부분의 OECD 국가에서 고용유지지원 규모가 대폭 증가했다. 2020년 1분기 임금노동자 대비 이후 각 시점 고용유지지원금 지원 인원 비율은 2020년 4월에 OECD 평균적으로 약 20%까지 증가했는데, 이는 2008년 글로벌 금융위기 때의 10배 이상이며, 이 제도를 통해 약 6천만 개의 일자리를 보호했음을 의미한다.

국가별로는 각 국가의 정점 실적을 기준으로 뉴질랜드 66.4%, 네덜란드 35.4%, 프랑스 35.2%, 캐나다 33.4%, 스위스 33.3%, 영국 31.7%, 오스트리아 30.7%, 이탈리아 30.0% 순으로 높았다. 우리나라의 2020년 1분기 임금노동자 대비 이후 각 시점 고용유지지원금 지급

[그림 5-5] 고용유지지원금 지원 인원 비율 국제 비교

(단위: 2020년 1분기 임금노동자 대비 %)

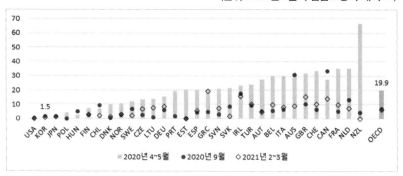

출처: OECD(2021).

인원 비율은 2020년 9월에 1.5%로 가장 높게 집계되었는데, 이는 조사 대상 31개국 중 미국(0.2%)에 이어 두 번째로 낮았다.

3. OECD 회원국 간 사용주 비용 부담률 비교

코로나19 위기 초기 국면에 여러 OECD 회원국에서 단축된 노동

[그림 5-6] 단축된 노동시간에 대한 사용자 비용 부담률 국제 비교

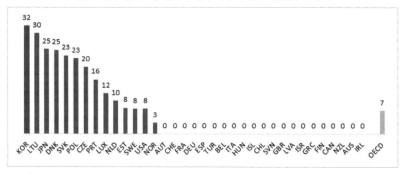

주: 평균임금 기준.
출처: OECD(2021).

시간에 대한 사용자의 비용(임금과 사회보험료) 부담률을 0%로 낮추는 조치가 취해졌다. OECD(2021)에 따르면, 코로나19 기간 중 OECD 평균 사용자 비용 부담률은 6.9%였고, 그러한 부담률을 0%로 유지한 국가도 조사 대상 35개국 중 21개에 달했다. 반면 한국의 평균임금 기준 사용자 비용 부담률은 약 32%로 OECD 회원국 중 가장 높았다.

4. 생산 및 고용 감소 대비 지원 실적

코로나19 확산이 실질GDP 증가율과 고용에 미친 영향이 다른 국가보다 작았기 때문에 우리나라의 고용유지지원금 지원 인원 비율도 낮은 것이 아니냐는 의문이 들 수 있다. 우리나라의 인구 100만 명 당 사망자 기준 코로나19 방역 실적은 OECD 전체 38개국 중 2위, 확진자 기준 방역 실적은 3위이다. 2019년 4분기 대비 2020년 각 분기 평균 실질GDP 증가율은 OECD 37개국 기준 6위였지만 임금노동자 증가율은 OECD 36개국 기준 14위에 그쳐 다른 지표에 비해 저조한 실적을 보였다.

〈표 5-9〉 2020년 코로나19 방역 및 생산·고용 증가율 국제 비교

구 분	실적	순위	비고
코로나19 사망자 수(인구 100만 명당)	18명	2위(38)	오름차순
코로나19 확진자 수(인구 100만 명당)	1,205명	3위(38)	오름차순
구글 야외 이동성 증가율	-12.3%	1위(38)	내림차순
실질GDP 증가율(A)	-2.2%	6위(37)	내림차순
임금노동자 증가율(B)	-1.5%	14위(36)	내림차순

주: 실질GDP 증가율과 임금노동자 수 증가율은 2019년 4분기 대비 2020년 각 분기 증가율 평균임. 두 자료 모두 계절조정계열 이용.

[그림 5-7] 실제 고용 감소 규모 대비 고용유지지원금 지원 인원 배율 국제 비교

(단위: %)

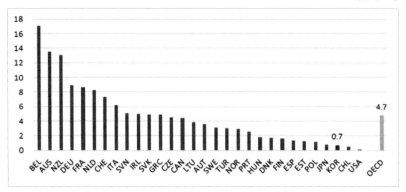

출처: OECD(2021).

　다음과 같은 두 가지 방법으로 우리나라의 고용 감소폭 대비 고용유지지원금 지원 실적을 다른 OECD 회원국과 비교해 보았다. 첫 번째 지표는 OECD(2021) 보고서를 통해 자료 입수가 가능한 2020년 2분기와 3분기, 2021년 1분기의 고용유지지원금 지원 인원을 해당 분기의 2019년 4분기 대비 실제 임금노동자 수 감소 규모로 나눈 후 세 시점 간 평균을 구한 값이다. 이는 실제 고용 감소 대비 지원 인원 배율을 의미한다. 우리나라의 해당 배율은 0.7배로 OECD 평균 4.7배에 훨씬 못 미쳤다. 해당 기간 고용 감소가 없었던 영국을 제외한 OECD 30개국 중 28위로, 미국과 칠레에 이어 세 번째로 낮았다.

　두 번째 방법은 고용유지지원이 없었을 경우의 가상적 고용 경로를 가정해 고용유지지원금의 고용 감소 완화효과를 추정하는 것이다. [그림 5-8]은 OECD(2021)에 보고된 우리나라 자료를 이용해 그러한 계산을 어떻게 수행했는지를 보여준다. 고용유지지원을 받은 임금노동자가 그러한 지원이 없어서 모두 일자리를 잃었다면 우리나라의 2019

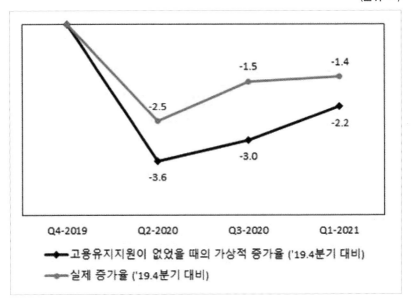

[그림 5-8] 고용유지지원금이 없었을 때의 가상적 고용증가율: 한국의 경우

(단위: %)

-1.5
-1.4
-2.5
-2.2
-3.0
-3.6

Q4-2019　　　　Q2-2020　　　　Q3-2020　　　　Q1-2021

◆ 고용유지지원이 없었을 때의 가상적 증가율 ('19.4분기 대비)
실제 증가율 ('19.4분기 대비)

년 4분기 대비 2020년 2분기 임금노동자 증가율은 -3.6%까지 떨어졌을 것이다. 이를 해당 시점의 실제 고용증가율 -2.5%와 비교하면 고용유지지원금 지급이 추가적 고용증가율 하락을 약 30% 정도 억제했다고 평가할 수 있다.[3] 같은 방식으로 2020년 2분기부터 2021년 1분기까지의 각 분기 가상적 고용증가율을 계산해 실제 고용증가율과 비교하면 해당 기간 평균적으로 우리나라 고용유지지원금의 고용 감소 완화효과가 38.5%로 추정된다. 이는 자료 이용이 가능한 OECD 31개국 평균 64.4%에 크게 못 미치고, 전체 26위에 해당하는 성과로, 미국, 폴란드, 에스토니아, 칠레, 일본에 이어 여섯 번째로 낮았다.

3　계산방법은 [그림 5-9]의 주를 참조.

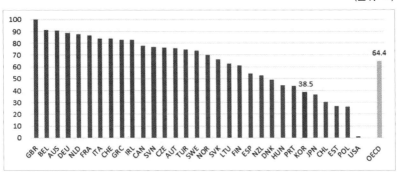

[그림 5-9] 고용유지지원금의 고용 감소 완화효과 국제 비교

(단위: %)

주: 고용 감소 완화효과는 '(가상적 고용증가율 - 실제 고용증가율) / 가상적 고용증가율 × 100'으로 계산함

앞서 우리나라는 코로나19 기간 중 실질GDP 증가율의 OECD 회원국 내 순위보다 임금노동자 증가율 순위가 훨씬 낮다는 것을 확인했다. 이는 같은 크기의 실질GDP 증가율 변화에 대해 우리나라의 고용이 다른 나라보다 민감하게 조정되었음을 의미한다. [그림 5-10]은 2019년 4분기 대비 2020년 각 분기 취업자 수 증가율을 같은 시점 실질GDP 증가율로 나눈 고용 탄력성과 2020년 4~5월 고용유지지원금 지원 인원 비율 간의 관계를 보여준다. 그러한 지원 인원 비율이 낮은 국가일수록 생산 변화에 고용이 민감하게 조정되었고, 우리나라가 그러한 유형에 속하는 대표적 사례 중 하나임을 확인할 수 있다.

이상의 결과들은 코로나19 위기 중 고용유지지원금을 더욱 확대했다면 우리나라의 고용 감소폭을 실제보다 훨씬 더 줄일 수 있었음을 시사한다. 〈표 5-10〉은 OECD 회원국 평균 수준으로 고용유지지원금 지원 인원 비율이 확대되었다면 우리나라의 일자리를 얼마나 더 보호할 수 있었는지를 보여주는데, 2020년 2분기의 경우 실제 감소한

[그림 5-10] 고용유지지원금 지원 인원 비율과 고용 탄력성 국제 비교

(단위: %)

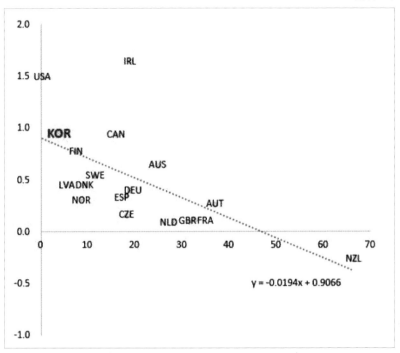

출처: 황선웅(2021a).

52.5만 개의 일자리 중 33.7만 개(64.3%)를 유지할 수 있었을 것으로 추정된다.[4]

---

4 이 표의 OECD 평균 지원율 가정 고용 감소 인원은 다음과 같이 계산하였다.
   - 우리나라 및 OECD 평균 가상적 고용 감소 인원 = 실제 고용 감소 인원 + 고용유지지원금 지원 인원
   - 우리나라의 OECD 평균 지원율 가정 지원 인원 = 우리나라의 가상적 고용 감소 인원 × (OECD 평균 지원 인원 / OECD 평균 가상적 고용 감소 인원)
   - 우리나라의 OECD 평균 지원율 가정 고용 감소 인원 = 우리나라의 가상적 고용 감소 인원 − 우리나라의 OECD 평균 지원율 가정 지원 인원

(단위: 만 명, %)

구 분	Q2 2020	Q3 2020	Q1 2021	평균
실제 고용 감소(A)	52.5	31.0	28.6	37.4
OECD 평균 지원율 가정 고용 감소(B)	18.8	24.7	19.0	20.8
예상효과(A-B)	33.7	6.3	9.5	16.5
	(64.3)	(20.4)	(33.4)	(39.4)

5. 위기 국면 초기 정책 시차

고용유지지원 정책이 효과를 거두기 위해서는 일시휴직 또는 고용 관계 종료 전에 신속한 지원이 이루어져야 한다. 임금노동자 중 경영 악화 등의 비자발적 사유에 의한 당월 이직 및 일시휴직자 수는 2020 년 3월과 4월에 각각 82만 명과 75만 명으로 급등했지만, 고용유지지 원금 유급휴직 지원 인원은 같은 해 4월부터 증가하기 시작해 7월에 이르러서야 15만 명의 정점에 도달했다. 고용위기 정점과 특별지원대 책의 정점 간에 약 3~4개월의 시차가 발생한 것으로 볼 수 있다.

[그림 5-11] 임금노동자 중 비자발적 사유에 의한 당월 이직 및 일시휴직자 추이

(단위: 만 명)

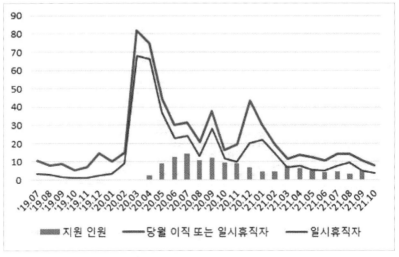

주: 현재 종사상지위가 임금노동자인 일시휴직자와 전직 종사상지위가 임금노동자인 당월 이직자를 대상으로 계산한 결과임. 당월 이직자는 매월 15일이 속한 주까지의 실적만 조사하기 때문에 표본 가중치에 2를 곱해 해당 월 전체 규모를 추산했음. 경제활동인구조사 문항 중 일시휴직자의 비자발적 사유는 '⑦ 사업부진, 조업 중단'을 의미하고, 당월 이직자의 비자발적 사유는 '⑦ 직장의 휴업·폐업, ⑧ 명예·조기퇴직·정리해고, ⑨ 임시 또는 계절적 일의 완료, ⑩ 일거리가 없어서 또는 사업부진'을 의미함. 경제활동인구조사에서 노동시간 단축 또는 휴업 인원은 따로 조사하지 않기 때문에 고용유지지원금 지원 인원도 유급휴직 지원 인원만 고려하였음.
출처: 경제활동인구조사, EIS 고용행정통계.

6. 산업별·규모별 당월 이직 및 일시휴직 대비 지원 실적

〈표 5-11〉은 산업별로 2020년 3월부터 2021년 9월까지의 임금노동자 중 비자발적 사유에 의한 당월 이직 및 일시휴직자 수와 휴직지원금 지급 인원을 누적 합산한 후 두 인원 간 비율을 계산한 결과를 보여준다. 그러한 산업별 지원 인원 비율은 운수·창고 193.2%, 광업 89.5%, 정보통신 70.6%, 전문·과학·기술 62.4%, 사업시설관리·사업지원 61.2%,

도매·소매 46.8%, 제조업 37.6% 순으로 높았다. 코로나19로 인한 고용 감소 규모가 가장 컸던 업종 중 하나인 숙박·음식점업은 24.2%, 예술·스포츠·여가 서비스업은 16.3%, 교육업은 8.8%에 그쳤다.

〈표 5-11〉 산업별 당월 이직 및 일시휴직자 수와 휴직지원금 지원 인원

구 분	당월 이직 및 일시휴직 (만 명)		지원 인원 (만 명)	지원율(%)	
	합계 (A)	일시휴직 (B)	(C)	C/A×100	C/B×100
농림어업	5.8	2.4	0.1	1.6	3.9
광업	0.1	0.0	0.1	89.5	0.0
제조업	59.6	43.2	22.4	37.6	51.9
전기·가스·증기	0.5	0.3	0.0	2.2	3.5
수도·하수·폐기물	1.5	1.0	0.1	7.8	12.4
건설	54.0	18.6	2.7	5.0	14.4
도매·소매	34.3	18.9	16.0	46.8	84.9
운수·창고	19.4	15.4	37.4	193.2	243.5
숙박·음식	54.0	35.5	13.0	24.2	36.8
정보통신	5.1	2.7	3.6	70.6	134.9
금융·보험	5.4	4.1	0.1	2.6	3.5
부동산	2.9	1.4	0.7	22.7	47.7
전문·과학·기술	8.8	5.9	5.5	62.4	93.6
사업시설관리·사업지원	30.8	20.2	18.9	61.2	93.3
공공행정·국방	44.0	32.7	0.0	0.0	0.0
교육	51.9	44.7	4.6	8.8	10.2
보건·사회복지	108.6	95.8	2.4	2.2	2.5
예술·스포츠·여가	30.8	27.0	5.0	16.3	18.7
협회·단체·개인 서비스	19.2	14.7	2.0	10.2	13.4
가내 고용·자가소비	1.3	0.4	0.0	0.1	0.4
합계	538.2	384.9	134.6	25.0	35.0

주: 2020년 3월부터 2021년 9월까지의 누계 기준. 당월 이직 및 일시휴직자는 비자발적 사유에 의한 경우만 고려함.
출처: 경제활동인구조사, EIS 고용행정통계.

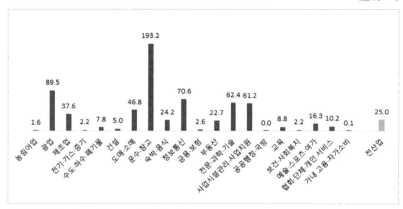

[그림 5-12] 산업별 휴직지원금 지원 인원 비율

(단위: %)

출처: 경제활동인구조사, EIS 고용행정통계.

〈표 5-12〉 규모별 당월 이직 및 일시휴직자 수와 휴직지원금 지원 인원

구 분	당월 이직 및 일시휴직(만 명)		지원 인원 (만 명) (C)	지원율(%)	
	합계 (A)	일시휴직 (B)		C/A×100	C/B×100
1~4명	157.7	105.2	33.9	21.5	32.2
5~9명	116.5	78.2	20.7	17.8	26.5
10~29명	131.3	97.7	23.7	18.0	24.2
30~99명	82.9	67.1	13.5	16.3	20.1
100~299명	25.5	19.7	8.6	33.6	43.5
300명 이상	24.4	17.1	34.3	140.5	200.6
합계	538.2	384.9	134.6	25.0	35.0

주: 2020년 3월부터 2021년 9월까지의 누계 기준. 당월 이직 및 일시휴직자는 비자발적 사유
에 의한 경우만 고려함.
출처: 경제활동인구조사, EIS 고용행정통계.

〈표 5-12〉는 같은 분석을 종사자 규모별로 실시한 결과를 보여준
다. 경제활동인구조사는 사업체 단위, EIS 고용행정통계는 기업 단위

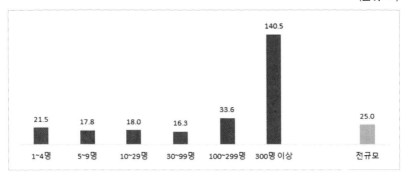

[그림 5-13] 규모별 휴직지원금 지원 인원 비율

(단위: %)

출처: 경제활동인구조사, EIS 고용행정통계.

로 종사자 규모를 구분해 정확한 관계를 추정하기는 불가능하지만, 사업체 또는 기업 규모가 작을수록 당월 이직 및 일시휴직자 대비 고용유지지원금 지원 인원 비율이 낮았을 가능성이 크다는 것을 대략적으로 유추해 볼 수 있다.

7. 산업별 노동력 구성 특징과 지원율의 관계

기업이 경영 상의 어려움에도 신속한 감원 및 경기 회복 시 신규채용 전략을 선택하기보다 기존 고용 관계를 유지하려는 이유는 (기업 특수) 숙련 상실 방지, 해고·채용·훈련 비용 절감, 노사갈등 예방 및 직장만족도 제고를 통한 생산성 향상, 기업 이미지 제고 등의 이점이 있기 때문이다(한국개발연구원, 2010). 우리나라의 고용유지지원제도는 고용보험 피보험자만을 지원하기 때문에 대상 노동자의 고용보험 가입 여부도 중요하다. 아울러 정규직과 비정규직 등의 고용 형태와 노동조합 가입 여부 등에 따른 제도적 보호 수준 차이도 기업의 고용조정과 휴

[그림 5-14] 산업별 노동력 구성 비율과 유급휴직지원금 지원 인원 비율

(단위: %)

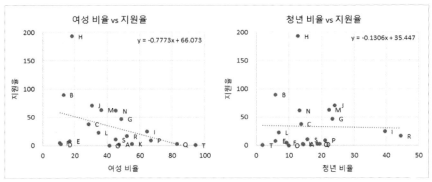

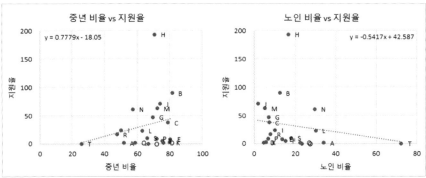

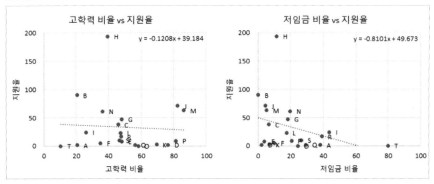

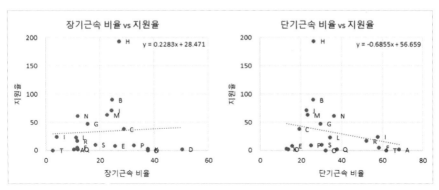

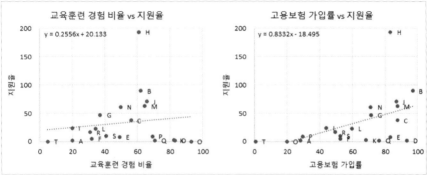

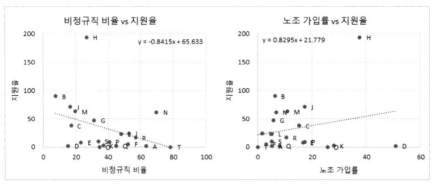

출처: 경제활동인구조사 2019년 8월 근로형태별 부가조사, 경제활동인구조사, EIS 고용행정통계.

업·휴직 간 선택에 큰 영향을 미칠 수 있다.

[그림 5-14]는 산업별 노동력 구성 비율과 일시휴직 및 이직자 대비 휴직지원금 지원 인원 비율 간 관계를 보여준다. 상술한 이론적 예상과 부합되게, 여성, 노인(60세 이상), 저임금(중위임금 2/3 이하), 근속 1년 미만, 비정규직 노동자 비율이 높은 산업일수록 일시휴직·이직자 대비 휴직지원금 지원 인원 비율이 낮았고, 중년(30~59세), 근속 10년 이상, 교육·훈련 경험자, 고용보험 가입률, 노동조합 가입률이 높은 산업일수록 그러한 고용유지지원금 지원율이 높았다.

코로나19 위기 시 우리나라의 고용유지지원금 집행 실적이 다른 OECD 국가보다 낮고 생산 충격 대비 고용 탄력성이 컸던 이유는 우

[그림 5-15] 비정규직·자영업자 비중과 코로나19 기간 중 고용 탄력성 국제 비교

(단위: %)

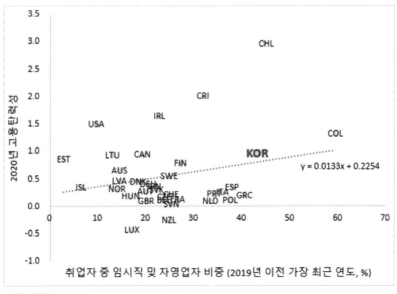

출처: 황선웅(2021a).

리나라의 비정규직 비중이 콜롬비아, 칠레 등과 함께 OECD 회원국 중 가장 높기 때문이다. [그림 5-15]는 비정규직과 자영업자 비중이 높은 국가일수록 코로나19 위기 동안 생산 대비 고용 충격이 컸고, 우리나라가 그러한 유형에 속하는 대표적 사례 중 하나임을 보여준다.

제5장 분석결과 요약 및 정책 시사점

1. 분석결과 요약

이 장은 우리나라 재직자 고용유지·직업훈련지원 제도의 현황과 코로나19 위기 대응 집행 실적 및 성과를 살펴보고 개선 방안을 논의하였다. 고용유지지원금 제도는 매출액·생산량 감소 등 경영 상의 이유로 고용조정이 불가피한 사업주가 근로시간 단축 및 휴업·휴직 등의 조치를 통해 근로자를 퇴직시키지 않고 계속 고용할 경우 인건비 부담의 일부를 지원함으로써 근로자의 실직을 예방하고 기업의 경영 부담을 완화하려는 제도이다. 대표적인 예로는 유급휴업·휴직 지원금, 무급휴업·휴직 지원금, 고용안정협약 지원금, 고용유지비용 대부사업, 특별고용지원업종 지정 제도 등이 있다.

재직자 직업능력개발 지원제도는 사업주 또는 노동자 스스로 실시하는 직업능력개발 훈련의 소요비용을 지원해 인적자원개발 및 기업 경쟁력을 강화하기 위한 제도이다. 대표적인 예로는 국민내일배움카드(근로자능력개발지원), 사업주 직업능력개발 및 유급휴가훈련 지원, 국가 인적자원개발 컨소시엄 지원, 지역·산업 맞춤형 일자리 창출 지원, 산업현장 일학습병행 지원, 중소기업 학습조직화 사업, 직업훈련 생계비 대부사업 등이 있다. 이 장의 분석 내용을 정리하면 다음과 같다.

1) 코로나19 대응 집행 실적

2020년 한 해 동안 총 7.2만 개 사업장의 77.3만 명에게 2.3조 원의 고용유지지원금이 지급되었고, 2021년에도 5월 18일까지 총 3.6만 개 사업장의 25.2만 명에게 5,992억 원의 고용유지지원금이 지급되었다. 2020년 3월부터 2021년 9월까지의 누적 지급액은 3조 3,417억 원으로 집계된다. 2020년의 지급 실적을 2019년과 비교하면 연인원 기준으로는 31배, 지급액 기준으로는 34배에 달했다. 글로벌 금융위기의 영향으로 지원 실적이 큰 폭 증가한 2009년과 비교해도 2020년의 지원 인원과 지급액은 각각 2.4배와 7.4배에 달했다.

월별 추이를 보면, 2020년 4월부터 큰 폭으로 증가하기 시작해 그해 7월에 정점에 도달한 후 2021년 9월 현재까지 점진적으로 감소 중이다. 2020년 3월부터 2021년 9월까지의 누적 지급액을 기준으로 사업 유형별 비중을 보면, 유급휴직이 62.1%로 가장 높고, 유급휴업이 34.0%로 두 번째로 높았다. 두 유형의 비중을 합하면 96.1%에 달한다. 무급휴업·휴직 지원금과 고용안정협약 지원금의 비중은 각각 3.0%와 0.8%에 그쳤다. 산업별 누적 지급액 비중은 제조업 26.6%, 운수·창고업 21.4%, 도·소매업 12.9%, 사업시설관리·사업지원·임대업 12.3%, 숙박·음식점업 8.5% 순으로 높았다.

기업 규모별 지급액 비중은 10~29명 20.1%, 1~4명 19.5%, 1000명 이상 16.4%, 5~9명 14.4%, 30~99명 14.1% 순으로 높았다. 성별로는 남성의 비중이 61.2%로 여성(38.8%)보다 20%p 이상 높았고, 연령대별로는 중년(35~54세)이 52.1%로 가장 높고, 청년(15~34세) 32.0%, 장년(55~64세) 13.6%, 고령(65세 이상) 2.3% 순으로 높았다.

재직자 직업능력개발 지원 실적은 2018년부터 감소하기 시작했고, 2020년에는 코로나19에 따른 대면·집체훈련 제한으로 더욱 큰 폭으로 감소했다. 지원 인원은 연인원 기준으로 2019년 397만 명에서 2020년 247만 명으로 감소했고, 지원 예산은 같은 기간 7,908억 원에서 5,965억 원으로 감소했다. 이와 반대로, 실업자 및 취약계층 직업훈련 지원사업은 지원 인원이 20만 명에서 36만 명으로 증가했고, 지원 금액은 2,920억 원에서 3,061억 원으로 증가했다.

2) 코로나19 기간 중 고용 충격 완화효과

역대 최대 규모의 집행 실적으로 코로나19의 고용 충격을 상당 부분 완화한 점은 분명해 보이지만, 해결 필요성이 시급한 다양한 도전 과제도 제기되었다. 위기 대응 정책의 최우선 과제를 기업 살리기에서 일자리 지키기로 전환하겠다는 정부의 강한 의지 표명에도 2020 ~2021년 고용유지지원금 집행액은 코로나19 대응 직·간접 재정지출 대비 1.05%, 출자·융자·보증 등 기업 유동성 지원액과 비교해도 1.71%에 그쳤다. 2020년 재정지원 일자리 사업 집행액에서 차지하는 비중도 7.4%에 그쳐 실업소득 유지 및 지원 비중 41.9%와 큰 차이를 보였다. 이는 우리나라의 고용위기 대응 정책이 여전히 재직자 고용 안정보다 실업자 생계안정 및 재취업 지원에 더 큰 비중을 두고 있음을 의미한다.

다른 OECD 회원국과 비교해도 우리나라의 고용유지지원금 정책은 다소 소극적으로 운용되었던 것으로 평가된다. 우리나라의 2020년 1분기 임금노동자 대비 2020년 2분기~2021년 1분기의 고용유지지원금 지원 인원 비율은 최대 1.5%로 OECD 평균 19.9%에 크게 못 미쳤다. 조사 대상 31개국 중 순위는 30위로, 미국에 이어 두 번째로 낮았고, 뉴질랜드 66.4%, 네덜란드 35.4%, 프랑스 35.2% 등과 상당한 차이를 보였다. 근로시간 단축분에 대한 사용자 비용 부담률은 32%로 OECD 회원국 중 가장 높았다.

우리나라의 코로나19 방역 실적은 OECD 최상위권이었고, 실질 GDP 증가율도 OECD 37개국 기준 6위의 성과를 거두었지만, 임금노동자 증가율은 조사 대상 36개국 중 14위에 그쳐 다른 부문의 성과에 못 미쳤다. 우리나라의 2020년 2분기~2021년 1분기 실제 고용 감소 규모 대비 고용유지지원금 지원 인원 배율은 0.7배로 OECD 평균 4.7배에 크게 못 미쳤고, 조사 대상 30개국 중 28위로, 미국과 칠레에 이어 세 번째로 낮았다. 우리나라 고용유지지원금의 고용 감소 완화효과는 38.5%로 추정되었는데, 이 역시 OECD 평균 64.4%와 큰 차이를 보였고, 조사 대상 31개국 중 26위로 여섯 번째로 낮았다. OECD 회원국의 코로나19 기간 중 고용유지지원금 지원 인원 비율과 고용 탄력성(=취업자 수 증가율 / 실질GDP 증가율) 간에는 뚜렷한 부(-)의 관계가 관찰되는데, 우리나라는 고용유지지원금 지원 인원 비율이 낮고 고용 탄력성이 높았던 대표적 사례에 속했다.

이상의 결과들은 코로나19 위기 중 고용유지지원금 지원 규모를 더욱 확대했다면 우리나라의 고용 감소폭을 실제보다 훨씬 더 줄일 수 있었음을 시사한다. 이 연구의 결과에 의하면, 2020년 2분기 당시 우리나라의 고용유지지원금 비율을 OECD 회원국 평균 수준으로 확대했다면 실제 감소한 52.5만 개의 일자리 중 33.7만 개(64.3%)를 유지할 수 있었을 것으로 추정된다.

우리나라의 임금노동자 중 경영 악화 등의 비자발적 사유에 의한 당월 이직 및 일시휴직자 수는 2020년 3월과 4월에 각각 82만 명과

75만 명으로 급등했지만, 고용유지지원금 유급휴직 지원 인원은 같은 해 4월부터 증가하기 시작해 7월에 이르러서야 15만 명의 정점에 도달했다. 이는 위기 초기 국면 정책 대응에 상당한 시차가 발생했음을 보여준다.

2020년 3월부터 2021년 9월 간의 일시휴직·이직자 수 대비 고용유지지원금 지원 인원 비율은 국내 산업 간에도 상당한 차이가 있었다. 운수·창고 193.2%, 광업 89.5%, 정보통신 70.6%, 전문·과학·기술 62.4%, 사업시설관리·사업지원 61.2%, 도매·소매 46.8%, 제조업 37.6% 순으로 높았고, 코로나19로 인한 고용 감소 규모가 가장 컸던 업종 중 하나인 숙박·음식점업은 24.2%, 예술·스포츠·여가 서비스업은 16.3%, 교육업은 8.8%에 그쳤다. 산업 간 고용유지지원금 지원율 차이는 산업 간 노동력 구성 비율 차이와 연관된 것으로 보인다.

여성, 노인(60세 이상), 저임금(중위임금 2/3 이하), 근속 1년 미만, 비정규직 노동자 비율이 높은 산업일수록 일시휴직·이직자 대비 휴직지원금 지원 인원 비율이 낮았고, 중년(30~59세), 근속 10년 이상, 교육·훈련 경험자, 고용보험 가입률, 노동조합 가입률이 높은 산업일수록 그러한 고용유지지원금 지원율이 높았다.

2. 정책 시사점

이 장의 정책 시사점을 정리하면 다음과 같다.

첫째, 코로나19 기간 중 고용유지지원금의 지원 요건을 완화하고 지원 금액, 지급 기간을 늘려 지원 규모를 역대 최대 수준으로 확대한 것은 긍정적으로 평가되며, 고용 충격을 완화하는 데 상당한 역할을 한 것으로 보인다.

둘째, 고용유지지원 제도의 고용 충격 완충(buffer) 및 자동안정화 장치(automatic stabilizer) 기능을 더욱 강화할 필요가 있다. 역대 최대 규모로 확대되었음에도 이번 위기 역시 고용유지지원을 위해 투입된 재정지출은 기업 유동성 지원액의 1.7%에 그쳤다. 생산 및 고용 감소 규모를 고려하더라도 다른 OECD 회원국보다 고용유지지원 정책이 소극적으로 운용되면서 코로나19 방역 및 생산 실적에 비해 일자리 지키기 실적이 부진한 결과를 얻었다. 이 연구의 결과에 의하면, 2020년 2분기에 우리나라의 고용유지지원금 지원 인원 비율을 OECD 회원국 평균 수준으로 확대했다면 실제 줄어든 일자리 중 60% 이상을 유지할 수 있었을 것으로 추정된다.

셋째, 코로나19와 같은 긴급 상황에서는 사업주 비용 부담을 더욱 낮춰 제도 활용률을 높일 필요가 있다. OECD 회원국 중 상당수는 이번 위기 중 단축된 노동시간에 대한 사용자 비용 부담분을 0%로 만드는 조치를 단행해 제도 이용률을 크게 높일 수 있었다. 우리나라도 특별고용지정업종 및 우선지원 기업의 정부 분담률을 한시적으로 90%까지 상향 조정하는 정책을 도입하기도 했지만, 우리나라의 사용자 비용 부담률은 여전히 OECD 회원국 중 가장 높은 수준으로 적용되었다. 오상봉(2020), 윤자영·김현경(2021) 등이 제안하듯이 사용자의 임금 비용 부담뿐 아니라 사회보험료 부담을 낮추기 위한 사후 환급 제도도 도입할 필요가 있다. 정부 지원금 상한액(1일 6.6만 원)을 인상하여 고임금 노동자의 고용유지 부담을 낮출 필요도 있다. 이번 위기 중 처음 도입되었으나 집행 실적이 저조했던 고용유지비용 대부사업의 접근성과 실효성을 높이고, 대출 기간과 고용유지의무 기간을 연계해 일정 기준을 충족할 경우 대부 상환 의무를 면제하는 방안 등도 검토할 필요가 있다.

넷째, 위기 국면 초기 정책 대응 신속성을 높여야 한다. 이번 고용위기 대응의 가장 중요한 정책인 2020년 4월 22일 제5차 비상경제회의 「고용안정특별대책」은 같은 달 17일 경제활동인구 조사 결과 발표를 통해 3월 고용 상황의 심각성이 확인된 직후 발표되었다. 취업자 수 감소와 일시휴직자 증가는 3~4월에 집중되었지만 행정 절차 등의 정책 시차로 인해 고용유지지원금 지급은 7~8월에 이르러 정점에 도달했다. 위기 국면 초기 정책 대응에 약 3~4개월의 시차가 발생한 것이다. 코로나19 추이와 고용 영향에 대한 불확실성이 크고 제도 준비가 미리 이루어지지 않았던 상황에서 더욱 신속한 대응에 어려움이 있던 것도 사실이지만, 고용유지지원금 제도는 기존 고용 관계가 이미 종료된 후에는 효과가 없다는 점에서 위기 국면 초기 신속한 정책 대응의 중요성을 확인하는 계기로 삼을 필요가 있다. 고용 동향에 대한 실시간 모니터링 체계를 더욱 강화해야 한다. 위기 발생 후 한시적 특별대책을 통해 사후적으로 대응하는 방식뿐 아니라 고용유지지원금의 자동안정화 기능을 강화하기 위한 제도 개선 노력이 필요하다.

다섯째, 고용유지지원금 사업 유형 간 정비가 필요하다. 무급휴업·휴직 제도는 유급휴업·휴직수당 사용주 부담분을 지급하기 어려운 사업주의 수당 지급의무를 면책하고 정부가 노동자에게 실업급여 수준의 지원금을 지급함으로써 추가적 고용 안정을 도모한다는 목적으로 2013년 도입되었다. 이 제도는 「근로기준법」에 명시된 사용자 휴업수당 지급의무 원칙과 상충하고, 사용주의 도덕적 해이 가능성이 크며, 어려운 경영 여건에도 유급휴업·휴직 원칙을 지키려는 기업과의 형평성에도 어긋나기 때문에 현행 법에서도 더 엄격한 고용조정 불가피 사유 기준을 적용하고 있고, 근로자대표 합의 및 노동위원회 승인, 유급휴업 사전 실시 규정 등의 요건도 추가 요구하고 있다. 이번 위기 중 전체 고용유지지원금 지급액의 3%, 지원 인원 기준으로도 2.1%에 불과할 정도로 제도 이용률도 낮은 실정이다.

노동자의 선택 유인도 작고, 근로자 간 형평성에도 어긋난다. 사용주의 비용 부담을 완화하려는 조치가 「근로기준법」에 규정된 노동자의 권리를 침해하는 것도 문제이다. 유급휴업·휴직은 평균임금의 70%, 무급휴업·휴직은 평균임금의 50%를 지급하기 때문에 노동자에게는 휴업·휴직이 불가피하다면 무조건 유급 방식의 지원제도가 유리하다. 2019년 10월 실업급여의 소득대체율을 평균임금의 60%로 인상하면서 무급휴업·휴직 지원금의 소득대체율은 인상하지 않고 평균임금의 50%를 유지함으로써 상당수 노동자에게는 경영위기에 처한 기업에서 무급휴업·휴직 상태로 있으며 상황이 나아지기를 기다리기보다 실업급여를 받으면서 다른 일자리를 탐색하는 게 유리해지기도 했다.

코로나19 기간 중 한시적으로 운용되었던 무급휴직 신속 지원 프로그램은, 고용보험 미가입 특고·프리랜서 지원을 위한 사회부조인 긴급고용안정지원과 마찬가지로, 고용보험 가입 무급휴직자에게 월 50만 원씩 최대 3개월 간 총 150만 원을 지급했는데, 노동자 스스로 이 제도를 통한 지원을 선택할 유인은 기존 무급휴업·휴직 제도보다 낮았을 것이다.

법 규정에 따른 사용자 비용 부담을 완화하기 위해 노동자에게 불이익을 주는 구조를 시급히 개선할 필요가 있다. 이번 위기와 같은 긴급 상황에서는 지원 대상 모든 사업주의 비용 부담을 0%로 낮추고, 그렇지 않은 일반적 상황에서는 고용유지비용 대부사업 등의 보완 정책을 활용하는 방안이 바람직해 보인다.

코로나19 위기 중 처음 도입된 고용안정협약 지원금도 노사합의 시「근로기준법」에 규정된 사용자 휴업수당 지급의무를 면책하고 정부 지원금만으로 임금감소액의 50%까지 1인당 최대 월 50만 원을 지급한다는 점에서 무급휴업·휴직 제도와 유사하다고 볼 수 있다. 고용조정 불가피 요건 충족 여부를 무급휴업·휴직이 아니라 유급휴업·휴직 지원 기준에서 판단한다는 점, 무급휴업·휴직 전 유급휴업·휴직 실시 의무를 면제해 준다는 점, 사업장 피보험자 수에 따른 최소 실시 인원 규정 등을 적용하지 않는다는 점에서 오히려 무급휴업·휴직의 경우보다 사용자 부담을 완화한 제도로 볼 수도 있다. 이 또한 소정근로시간 20% 이하 단축 허용 등 필요한 부분은 유급휴업·휴직 제도에 예외 조항으로 반영하고, 사용자 비용 부담은 노동자 휴업수당 삭감이 아니라 고용유지비용 대부사업 등의 보완 정책을 통해 완화할 필요가 있다.

고용유지비용 대부사업은 2021년 12월에 종료될 예정인데, 오히려 계속 유지하면서 접근성과 실효성을 강화해 유급휴업·휴직 지원금 제도의 보완 정책으로 활용할 필요가 있다. 사업 시행 첫해의 성과와 한계를 면밀히 검토해 보완책을 강구할 필요가 있다.

여섯째, 취약계층 고용보험 가입률 및 고용유지지원금 활용도 제고, 기업지원 프로그램과 고용유지지원 정책 간 연계, 기업의 고용 관계 안정성 제고 및 숙련 축적·활용 유인을 높이기 위한 산업·노동정책의 근본적 전환이 필요하다. 우리나라의 고용유지지원제도는 고용보험 피보험자만을 지원한다. 1995년 처음 도입된 후 1998년 외환위기를 거치며 지금의 모습을 갖춘 고용보험 제도는 정규직을 중심으로 설계된 반면, 코로나19 고용 충격은 비정규직에 훨씬 큰 영향을 미쳤다(황선웅, 2020, 2021b). 비정규직 노동자는 특수고용·플랫폼 노동자 등 일부 경우를 제외하고 대부분 고용보험 의무가입 대상임에도 2021년 현재 고용보험 가입률이 52.6%에 불과하다(통계청, 2021). 사용자 미신고 규제 강화 및 노동자 자율 신고 장려·보호 등 이번 위기를 계기로 고용보험 미가입 노동자들의 가입률을 획기적으로 개선하는 방안이 마련되어야 한다(조돈문, 2020; 정흥준, 2020).

코로나19 위기로 2020년 12월 시행령 개정을 통해 파견·용역 사업주에 대한 고용유지지원금 지원 요건을 사용사업주와 원청업체의 고용유지조치 실시 여부에 연계해 완화한 것은 긍정적으로 평가된다. 제도의 실효성을 높이기 위한 지속적 개선 노력이 필요하다. 사용사업주가 고용유지지원금을 신청할 때 간접고용 노동자까지 포함토록 하는 방안(이창근, 2021)과 기업 간 상생협력기금을 통해 파견·용역 사업주의 비용 부담을 완화하는 방안(오상봉·정영훈, 2021) 등을 적극적으로 검토할 필요가 있다.

이번 위기 역시 수백조 원에 달하는 기업 자금 지원이 이루어졌음에도 고용유지의무를 연계한 경우는 일부에 불과했고, 기간산업 안정기금 등 그러한 요건이 병행된 경우에도 실제 어느 정도의 고용유지효과가 있었는지에 대해서는 의문이 제기되고 있다. 미국식 급여보호프로그램(PPP)을 도입하거나 폴란드처럼 파격적인 금융 지원과 고용유지 의무를 연계하는 방안 등을 고민할 필요가 있다(장흥배, 2020; 이창근 2021; 윤자영·김현경, 2021).

기업이 경영 상의 어려움에도 신속한 감원 및 경기 회복 시 신규채용 전략을 선택하기보다 기존 고용 관계를 유지하려는 이유는 (기업 특수) 숙련 상실 방지, 해고·채용·훈련 비용 절감, 노사갈등 예방 및 직장 만족도 제고를 통한 생산성 향상, 기업 이미지 제고 등의 이점이 있기 때문이다. 우리나라의 비정규직 비중이 높고 고용 관계의 불안정성이 큰 근본적인 원인은 상술한 요인을 경쟁력의 원천으로 삼는 기업 비중이 높지 않기 때문으로 볼 수 있다. 기업의 고용 관계 안정성 제고 및 숙련 축적·활용 유인을 높이기 위한 산업·노동정책의 근본적 전환과 고용·노동 친화적 조세·재정정책 방향 전환이 필요하다.

일곱째, 고용유지지원정책과 직업훈련 정책 간의 연계성을 강화할 필요가 있다. 기업의 인적자원 경쟁력 제고는 단지 산업경쟁력 측면만이 아니라 노동시장의 안정성 제고 측면에서도 매우 중요하다. 우리나라의 직업훈련 참여 인원과 지급 규모는 최근 축소 추세가 이어지고 있고, 특히 코로나19 기간에는 대면·집체훈련 제한으로 더욱 큰 폭으로 감소했다. 고용노동부(2020d)의 2019년 기준 기업직업훈련 실태조사에 따르면, 우리나라 기업 중 재직자 교육·훈련을 실시하는 기업은 43.7%, 고용노동부의 직업훈련지원제도(훈련비 환급)를 이용하는 비율은 19.3%에 불과하다.

정부 지원제도를 활용하지 않는 이유에 대해서는 '필요성을 느끼지 못해서' 39.6%, '교육훈련을 실시하지 않아서' 24.8%, '절차가 까다로워서' 17.2%, '지원신청 등 행정업무를 담당할 내부 인력이 부족해서' 15.4%, '지원금이 적어서' 2.4% 순으로 응답률이 높았다. 개선 사항에 대해서는 교육훈련 기관들이 산업현장 수요에 맞는 훈련 과정을 개설할 수 있도록 유도해야 한다는 응답이 49.3%, 행정절차 간소화가 필요하다는 응답이 42.6%, 대체 인력에 대한 지원이 필요하다는 응답이 36.1%, 훈련비용 지원 수준 인상이 필요하다는 응답이 34.5%, 야간·

주말 등 수강이 용이한 훈련과정 개설이 필요하다는 응답이 28.7%를 차지했다.

코로나19 위기 대응 정책 중 하나로 활용된 유급휴가훈련 제도가 활성화되지 못한 이유에 대해서는 노동자의 휴가 결정권을 강조하는 국제 기준에 부합하지 않고, 1년 이상 숙련 재직자를 장기간 업무에서 배제하기가 쉽지 않으며, 사회 훈련기관들이 특정 기업의 소규모 수요에 맞춘 훈련프로그램을 설계·운영할 유인이 크지 않기 때문이라는 지적이 많다(한국산업인력공단·한국직업능력개발원, 2021). 기업의 직업훈련 투자와 정부 지원제도 참여를 저해하는 요인에 대한 면밀한 검토를 통해 사업 참여율을 제고하고 정책효과를 강화하기 위한 특단의 대책이 강구되어야 한다.

결론 및 정책 제언

코로나19 위기는 선·후진국 간 불균형과 더불어 국내의 다양한 부문과 계층 간 불균형을 발생시켰다. 선·후진국은 감염병 관리와 방역은 물론, 감염병 대응을 위한 재정 여건이 상이함으로써 위기 이후 회복세는 선진국을 중심으로 한다. 하지만 글로벌화된 현재 상황에서 이러한 불균형은 결국 선진국의 경제회복을 더디게 하고, 나아가 위기의 장기화로 인해 각 국가의 성장잠재력이 훼손될 우려가 적지 않다. 국내에서도 대면 접촉이 잦은 서비스 산업을 중심으로 고용 충격이 컸고, 경제위기로 인한 실물경제가 부진한 가운데, 주가와 자산가격의 빠른 반등은 실물과 금융 간 괴리를 확대시키고 있다.

이러한 국가 간·국내 부문 간 불균형은 경기회복을 지연시킬 가능성이 높고, 경기가 회복되더라도 취약계층의 고용 회복은 상대적으로 더디거나 자칫 영구적으로 회복되지 않을 위험이 작지 않다. 예를 들어, 제2장과 제3장에서 보듯이, 국내총생산은 이미 위기 이전 수준을 회복했음에도 노동시장은 여전히 위기 이전 수준을 회복했다고 판단하기 어렵다. 더욱이 산업·직종 등 일자리와 성·학력 등 인적 특성에 따른 취약 부문·계층의 고용 회복은 요원한 것 아닌가 하는 생각도 무리가 아닐 것이다.

앞서 살펴본 바와 같이 코로나19 위기는 그 이전부터 진행되고 있는 경제·사회구조 및 환경 변화의 속도를 가속화시키는 요인으로 작용하는데, 그 과정은 경제·사회의 다양한 측면에서의 불균형을 심화시켰다. 위기 이후 이러한 불균형은 지난 20~30여 년 간의 경험을 통해 궁극적으로 개인들의 효율적인 인적자본 축적을 어렵게 하고, 기업의 생산성 저하 및 경쟁력 하락을 가져옴으로써, 결국 전체 경제의 성장잠재력을 훼손시킬 위험이 높다는 것은 익히 알려져 있다(조영철·권혁진, 2020).

따라서 코로나19 위기의 충격이 집중되고 있는 취약 부문·계층의 고용을 빠르게 회복시키는 한편, 소위 4차 산업혁명으로 불리는 디지털 경제로의 변화 과정에서 발생하는 사회·경제적 이득이 사회 전반에 확산·공유될 수 있는 체제로 전환하기 위한 많은 노력이 필요하다. 이러한 맥락에서 주목할 필요가 있는 현상은 노동시장의 유연화가 코로나19 위기 이후 더욱 가속화될 가능성이 상당히 높다는 점이다.

코로나19 위기로 플랫폼 노동의 확산 및 재택근무 등과 같은 일하는 방식의 변화는 물론, 이 연구에서 살펴본 바와 같이 단시간 노동이 상용직 내부에서도 증가하는 등 노동시장은 더욱 유연해질 가능성이 높다. 또한 임시·일용직 등 고용취약계층과 비임금근로자 중심인 대면 서비스산업 분야는 코로나19 위기뿐 아니라 그 충격이 직접적이지 않은 다른 위기에서도 고용 감소가 컸고 이후 회복 속도도 느렸다는 점 역시 주목할 필요가 있다.

다시 말하면, 노동시장의 기존 사각지대가 위기 이후 더 넓어지는 것은 물론, 정책적으로 대응하기 어려운 새로운 고용 형태가 급증하는 상황에서 코로나19 위기로 인한 피해보상 차원의 단순한 소득지원 정책만으로는 향후 노동시장의 변화를 고려할 때 매우 제한적일 수밖에 없다. 물론 코로나19 위기 이후 고용보험의 적용 대상을 특고와 자영자까지 확대하는 성과가 있기는 했지만, 노동시장 사각지대를 해소하기 위한 좀 더 근본적인 제도·정책적 노력이 필요하다.

예를 들어, 그동안 많은 국가들에서 플랫폼 노동자들에 대한 고용상 지위에 대한 많은 논쟁이 있었다. 최근 프랑스, 스페인, 영국, 네덜란드 및 호주에서는 이들을 임금노동자로 인정하는 법적 판단이 이루어지고 있다(이영주, 2021). 즉 이들 국가에서도 플랫폼 노동자들은 기존에는 대부분 자영업자 지위였지만, 향후에는 임금노동자 지위로 인정되어 노동법을 적용받는 근거가 마련된 것으로써 우리에게 시사하는 바가 크다.

한편, 코로나19 위기를 포함해 경제위기 시 일자리를 잃어 소득이 없거나 혹은 축소된 개인/가구들에 대한 소득지원 정책의 필요성과 중요성은 의심의 여지가 없을 정도로 매우 분명하다. 하지만 단순한 소득지원을 넘어 소비 증가와 그에 따른 내수 회복까지 목적으로 한다면 다양한 정책 수단들 중에서 그 효과를 극대화할 수 있는 방안에 대해서는 많은 고민이 필요하다.

물론, '20년과 '21년 각각 2차 추경에 따른 전국민 재난지원금과 상생지원금과 관련하여 이슈화가 되었던 '보편 대 선별'이라는 논쟁이 정치적 성격이 강했고, 또한 정책의 긴급성 역시 매우 중요했다는 점에서 정부지원의 소비효과만을 놓고 평가하는 것은 무리일 수 있다. 그럼에도 이 연구에서 살펴본 바에 따르면 소비 증가를 목적으로 한 소득지원 정책, 특히 상생지원금의 효과는 제한적일 가능성이 높다는 점에서 향후 체계적인 정책적 평가가 필요하다.

사실, 정부지원금의 경우 사용 기간이 정해져 있었고, 따라서 개인/가구들이 해당 지원금을 소비로 지출했다는 점에서 아무런 영향이 없었다고 말하기는 힘들다. 하지만 이 연구에서 살펴본 바에 따르면, 코로나19 위기 이후 2·3분위에 속한 가구들은 이전의 소비를 줄여 예비적 저축을 강화했고, 소득 감소가 크지 않은 4·5분위 계층은 소비지출 감소보다는 소비 패턴을 변화(서비스 소비 감소, 내구재 소비 증가)시켰다.

다시 말하면, 만일 정부지원이 없을 때의 소비에 더해 정부지원으로 인한 소비가 단순히 추가되었는지가 정책 평가에서는 매우 중요하다. 만일 단순히 추가된 것이 아니라 일부가 대체, 즉 정부지원금에 의한 소비가 지원이 없을 때의 소비를 구축(crowding-out)했다면, 정부정책의 효과는 제한적일 수밖에 없다. 다른 한편, 1분위 계층은 정부의 소득지원으로 소비 축소폭이 완화되었다고 할 수 있지만, 이들이 주로 소비하는 음식료품 등과 같은 필수재의 물가상승이 다른 재화들에 비해 컸다는 점에서 정책의 소비효과는 제한적일 수밖에 없다는 점 역시 고려할 필요가 있다. 따라서 향후에는 이러한 점들을 고려해 위기에 대응하기 위한 정책 방안들을 수립할 필요가 있다.

이 연구는 향후 산업구조 변화 과정에서 예상되는 고용 취약계층의 소득보장과 고용을 안정적으로 유지하는데 중요한 제도들을 분석·검토한 바, 그에 따른 정책 제언들은 다음과 같다.

먼저, 근로장려금은 2018년 확대 개편으로 소득보장 기능이 강화되었다고 평가할 수 있지만, 위기 상황에서 적극적으로 대응하고 취약계층 소득보장의 체감을 높이기 위해서는 다음과 같은 개선 방안을 검토할 필요가 있다.

첫째, 코로나19 위기 등의 경제충격에서 고용 및 소득에 취약한 계층의 소득보장을 강화하기 위해서는 근로장려금의 가구 총급여액 및 재산총액 등의 수급요건을 한시적으로 조정하여 지급 대상에서 배제된 취약계층 지원을 확대할 필요가 있다. 위기 시 긴급 재난지원금 형태를 이용할 수 있지만 기존 제도인 근로장려금과 연계하여 지원하더라도 소득 감소를 경험한 취약계층의 긴급지원이 가능할 뿐 아니라 시간 및 행정비용 등의 추가적 비용도 줄일 수 있다.

둘째, 수급요건을 탄력적으로 조정하여 운영하기 위해서는 위기 시 예비비 등을 활용하거나 타 사업예산을 전용하여 운용할 수 있도록 근로장려금을 복지부에 이관하고 복지예산으로 통합 관리할 필요가 있다. 현행대로 운영한다면 구체적인 수급요건을 시행령에 위임하여 세법 개정이 아닌 시행령을 수정하는 것을 통해 적시에 한시적으로 조정할 수 있는 방안도 검토할 필요가 있다.

셋째, 소득 감소 혹은 상실에 따른 문제 해결을 위한 지원의 적시성을 제고할 필요가 있다. 이를 위해 소득이 감소한 지 1년이 지나 지원받는 세금 환급 형태보다는 지급 주기를 분기 혹은 월단위로 축소하기 위한 노력이 필요하다.

넷째, 총급여 요건 및 총지급액 상한을 물가 또는 중위소득 기준 변화에 연동시킴으로써 개정 때마다 자의적인 요건 변화로 인한 소득구간 확대 논란을 제거하고 정부정책의 일관성을 제고시켜 생계비 변화에 즉각적으로 대응할 수 있는 방안을 마련할 필요가 있다.

다섯째, 근로장려금 수급 대상의 사각지대 해소를 위해 재산총액 기준에 대한 조정을 검토할 필요가 있다. 실직 및 소득 감소로 생계유지에 어려움이 있지만 주택가격 상승으로 재산총액 기준을 충족하지 못한 취약계층이 증가할 것으로 예상된다. 모의실험분석 결과, 총소득 요건을 200만 원 인상하는 조정안보다 재산총액을 5천만 원 인상하는 안이 수급자 확대에 더 기여할 것으로 평가된다.

여섯째, 수급자 사각지대 해소를 위한 하나의 방안으로서 과세 관청이 수급 대상자를 선별하고, 이를 사후에 전산 또는 우편으로 공지하여 동의를 받는 방식을 적극적으로 검토할 필요가 있다. 이는 신청주의에 따른 실수급대상자 중 미수급자가 발생할 수 있는 문제를 완화시킬 수 있다는 점에서 긍정적으로 검토할 만하다.

다음으로 2021년 도입·시행하고 있는 국민취업지원제도에 대한 개선 방안은 다음과 같다.

첫째, 코로나 등의 경제위기 시에 한정하여 재산요건을 법 규정 상한까지 확대하거나 취업요건 및 소득요건을 완화하여 실업 상태에 놓인 구직자의 안정적인 소득을 적극적으로 지원할 필요가 있다. 다만 재산요건 완화의 효과가 잠재적 대상자 확대에 기여하지만 현재 잠재적 대상자 규모도 배정 규모보다 많다는 점을 고려하면 장기적으로 경제가 안정화되고 고용 환경이 개선된 이후, 그리고 제도 운영과정을 파악한 이후 재논의될 필요가 있다.

둘째, 관대한 실업급여로 인한 구직 촉진의 문제가 가장 큰 문제로 제기될 수 있으나 구직의 어려움이 증가한 위기 상황을 고려하여 소득 안정 측면에 초점을 두고 한시적으로 운영하는 동시에 구직 촉진 저하에 따른 지적을 설득하는 노력도 함께 할 필요가 있다.

셋째, 연령에 대한 조정을 고려할 필요가 있어 보이지만, 현재 고용 및 소득 충격 상황을 고려하면 경제위기가 완화된 시점에 고려할 상황으로 보인다. 다만, 장기적으로 볼 때 구직촉진수당을 통해 고연령의 고용촉진을 강화하는 것보다는 노인일자리사업 및 기초연금 등의 지원을 통해 소득보장을 강화할 필요가 있다.

넷째, 현재 지원 규모에서 점진적으로 규모 확대를 고려할 필요가 있다. 잠재적 대상자 추정 결과를 보면 모든 유형에서 예산 배정 인원보다 1.5배 또는 2배 정도 많게 추정되고 있다. 앞으로 제도가 정착되면 유입되는 인원이 더 늘어날 가능성이 있다. 단, 규모 확대 시에 잠재적 대상자의 규모를 감안하여 선발형 비경활 특례의 비중을 줄이고 청년특례의 비중을 높이는 방안을 검토할 필요가 있다.

마지막으로 고용유지지원제도는 코로나19 기간 중 지원 요건을 완화하고 지원 금액, 지급 기간을 늘려 지원 규모를 역대 최대 수준으로 확대함으로써 고용 충격을 완화하는 데 상당한 역할을 한 것으로 평가된다. 하지만 해결 필요성이 시급한 다양한 도전과제가 제기된 것도 사실이다. 고용유지지원제도의 고용 충격 완충 및 자동안정화 장치(automatic stabilizer) 기능을 강화하기 위한 개선 방안은 다음과 같다.

첫째, 코로나19와 같은 긴급 상황에서는 고용 감소 예상 인원 대비 고용유지지원 인원 비율을 OECD 평균 수준으로 확대할 필요가 있다. 이번 위기 역시 고용유지지원을 위해 투입된 재정지출은 기업 유동성 지원액의 1.7%에 그쳤다. 생산 및 고용 감소 규모를 고려하더라도 다른 OECD 회원국보다 고용유지지원 정책이 소극적으로 운용되면서 코로나19 방역 및 생산 실적보다 일자리 지키기 실적이 부진한 결과를 얻었다. 이 연구의 결과에 의하면, 2020년 2분기 우리나라의 고용유지지원금 지원 인원 비율을 OECD 회원국 평균 수준으로 확대했다면 실제 줄어든 일자리의 2/3 정도를 보호할 수 있었을 것으로 추정된다.

둘째, 코로나19와 같은 긴급 상황에서는 사업주 비용 부담을 더욱 낮춰 제도 활용률을 높일 필요가 있다. 사용자의 임금 비용 부담뿐 아니라 사회보험료 부담도 낮출 필요가 있고, 지원금 상한액도 인상할 필요가 있다. 특히 이번 위기 중 처음 도입되었으나 집행 실적이 저조했던 고용유지비용 대부사업의 접근성과 실효성을 높이고, 대출 기간과 고용유지의무 기간을 연계해 일정 기준을 충족할 경우 대부 상환의무를 면제하는 방안 등도 검토할 필요가 있다.

셋째, 위기 국면 초기 정책 대응의 신속성을 높여야 한다. 고용유지지원금 제도는 기존 고용 관계가 이미 종료된 후에는 효과가 없다. 코로나19 위기 때는 초기 정책 대응에 약 3~4개월의 시차가 발생했는데, 고용 동향에 대한 실시간 모니터링 체계를 더욱 강화해야 하고, 위기 발생 후 한시적 특별 대책을 통해 사후적으로 대응하는 방식뿐 아니라 고용유지지원금의 자동안정화 기능을 강화함으로써 고용 충격 완충(buffer)효과를 제고할 필요가 있다.

넷째, 현행 무급휴업·휴직 지원금 및 고용안정협약 지원금 제도는 「근로기준법」의 휴업수당 지급의무 규정에도 어긋나고, 사업주의 도덕적 해이 가능성이 크며, 기업 간/노동자 간 형평성에도 어긋난다. 노동자의 휴업수당 소득대체율에 차등을 두는 방식보다 고용유지비용 대부사업의 확대·보완을 통해 사업주의 비용 부담을 완화할 필요가 있다.

다섯째, 취약계층 고용보험 가입률 및 고용유지지원금 활용도 제고를 위한 대책이 강구되어야 한다. 우리나라의 고용보험 제도는 정규직을 중심으로 설계된 반면 코로나19 고용 충격은 비정규직에 훨씬 큰 영향을 미쳤다. 비정규직 노동자는 특수고용·플랫폼 노동자 등 일부 경우를 제외하고 대부분 고용보험 의무가입 대상임에도 실제 고용보험 가입률이 50% 수준에 불과하다. 사용자 미신고 규제 강화 및 노동자 자율 신고 장려·보호 등을 통해 비정규직의 고용보험 가입률을 제고할 필요가 있다. 사용사업주에 의한 신고제도 도입 및 기업 간 상생

협력기금 활용 등을 통해 파견·용역 노동자의 고용유지지원 제도 활용률도 높여야 한다.

여섯째, 기업 자금지원 프로그램과 고용유지지원 정책 간 연계를 강화할 필요가 있다. 코로나19 위기 역시 수백조 원에 달하는 기업 자금지원이 이루어졌음에도 고용유지의무를 연계한 경우는 일부에 불과했다. 미국식 급여보호프로그램(PPP)을 도입하거나 폴란드처럼 파격적인 금융 지원과 고용유지 의무를 연계하는 방안 등을 고민할 필요가 있다.

일곱째, 기업의 고용 관계 안정성 제고 및 숙련 축적·활용 유인을 높이기 위한 산업·노동정책의 근본적 전환과 조세·재정정책의 고용·노동 친화적 방향 전환이 필요하다. 우리나라의 비정규직 비중이 높고 고용 관계의 불안정성이 주된 원인 중 하나는 숙련노동을 경쟁력의 원천으로 삼는 기업 비중이 높지 않기 때문으로 볼 수 있다. 우리나라의 직업훈련 참여 인원과 지급 규모는 코로나19 전에도 축소 추세가 이어졌고, 특히 코로나19 기간에는 대면·집체훈련 제한으로 더욱 큰 폭으로 감소했다. 기업의 직업훈련 투자와 정부 지원제도 참여를 저해하는 요인에 대한 면밀한 검토를 통해 사업 참여율을 높이고 정책효과를 강화하기 위한 특단의 대책이 필요하다.

마지막으로 이 연구는 코로나19 위기로 인한 노동시장의 변화를 살펴보기 위해 지금까지 공개된 가장 최근의 공식 자료를 사용하고자 노력했음에도 여전히 코로나19 위기가 우리 경제·사회에 미치는 영향이 지속되고 있다는 점에서 한계를 갖는다. 또한 코로나19 위기의 영향을 심층적으로 분석하는 동시에, 정부 정책의 효과를 평가하기 위한 패널자료 등이 부족한 점 역시 연구의 한계를 분명하게 드러낸다.

다만, 이 연구는 향후 구체적이고 더욱 체계적인 분석이 다루어야 할 현상들과 논의들을 검토하고자 했다는 점에서 나름의 의의를 찾고자 한다. 이에 이 연구가 향후 발전적 연구를 위한 기초자료로서 유용하기를 바란다.

| 참고문헌 |

강두용. 2020. "이번 위기는 다르다: 코로나발 경제위기의 특이성과 정책적 함의".『i-KIET 산업경제이슈』제90호. KIET산업연구원.

고용노동부. 2021a.『2020년 일자리 사업 성과평가 보고서』.

_____. 2021b.『2021년 제2차 고용보험위원회 안건 자료』.

_____. 2021c.『2021년 제4차 고용정책심의회 안건 자료』.

_____. 2021d.『2020년 기업직업훈련 실태조사』.

국회예산정책처. 2020a.『2020년도 제1회 추가경정예산안 분석』.

_____. 2020b.『2020년도 제2회 추가경정예산안 분석』.

_____. 2020c.『2020년도 제3회 추가경정예산안 분석』.

_____. 2020d.『2020년도 제4회 추가경정예산안 분석』.

_____. 2021a.『2021년도 제1회 추가경정예산안 분석』.

_____. 2021b.『2021년도 제2회 추가경정예산안 분석』.

_____. 2021c.『2020 회계연도 결산 총괄분석 Ⅱ』.

김상봉·홍우형. 2018.『근로장려세제 효과성 제고 방안. 국회예산정책처 용역보고서』. 국회예산정책처.

김용성·김정호. 2010.『고용유지지원금사업: 2009년도 재정사업 심층평가 보고서』. 한국개발연구원.

김태완·최현수·강지원·김성아. 2021. (현안대응 2021-01)『코로나19 민생지원 특단의 대책 - 포용적 회복을 위한 민생회복 방안』. 한국보건사회연구원.

문혜진·구인회·김진석·손병돈·우석진·함선유·양다연. 2020.『서울시 재난긴급생활비 성과평가 연구』. 서울시복지재단.

박소은·안영·고제이. 2021.『근로(능력)빈곤층에 대한 근로장려세제의 효과 분석』. 한국보건사회연구원.

박지혜·이정민. 2018. "근로장려세제가 노동시장 참여에 미치는 효과". 『노동경제논집』 41(3): 1-59. 한국노동경제학회.

성재민. 2011. "상용직 근로자 증가에 대한 분석". 『월간 노동리뷰』. 2011년 8월호: 7~62. 한국노동연구원.

신상화·김문정. 2019. 『근로장려세제가 가구소득분포에 미치는 영향-최저임금제도와의 비교를 중심으로』. 한국조세재정연구원.

신우리·송헌재. 2018a. "근로장려세제의 노동공급 효과 분석: 복지패널 자료를 활용하여". 『시장경제연구』. 47(1): 61-89.

_____. 2018b. "근로장려세제 확대 개편의 효과 분석". 『응용경제』 20(2): 107-138.

_____. 2018c. "근로장려세제의 노동공급 효과를 고려한 소득재분배 효과 추정". 『세무와 회계연구』 7(2): 259-290.

여유진·오선정·송경희·류재린·김상현·김을식·김양중·남종석·김문길·이원진·우선희·손창균·노법래·송치호·허재준·문현경·박희석·노승철·최훈·김윤영·이민정·홍성운·이지완. 2021. 『코로나19의 사회·경제적 영향 분석 및 긴급재난지원금의 효과 평가 연구(종합편)』. 경제·인문사회연구회.

_____. 2021. 『코로나19의 사회·경제적 영향 분석 및 긴급재난지원금의 효과 평가 연구(지역편)』. 경제·인문사회연구회.

오상봉. 2020. "코로나19 대응 고용유지지원금 개편 방안". 『KLI 고용·노동 브리프』 제99호(2020-6). 한국노동연구원.

오상봉·정영훈. 2021. 『파견·용역 및 사내협력업체 근로자의 고용유지지원금 활용 제고 방안』. 고용노동부·한국노동연구원.

윤자영·김현경. 2021. "코로나19와 고용유지정책". 『한국노총 중앙연구원

연구총서』.

이승호. 2020. "코로나19 확산과 가구의 소득, 지출 변화".『월간 노동리뷰』
      2020년 12월호(통권 제189호): 7-20. 한국노동연구원.

이승호·홍민기. 2020. (정책연구 2020-14)『코로나19 확산과 가계 지출 변
      화』. 한국노동연구원.

이창근. 2020. 코로나19 "대응 실적을 통해 본 문재인정부 위기 대응 성격".
      『이슈페이퍼』2020-16. 민주노동연구원.

_____. 2021. "코로나 1년, 고용·실업대책 실적 분석".『이슈페이퍼』
      2021-04. 민주노동연구원.

이영주. 2021. "플랫폼 노동의 고용상 지위에 관한 최근 해외 판결과 연구
      동향".『국제노동브리프』2021년 7월호, pp.67-75.

이현주·정은희·김문길·전지현. 2021.『가구소득에 대한 코로나바이러스감
      염증-19의 영향과 정책과제』. 한국보건사회연구원.

임병인. 2012. "근로장려세제의 소득재분배효과".『경제연구』30(2): 147-
      168.

장흥배. 2020. "고용유지 지원금 제도 개선 과제".『Alternative Issue Paper』
      No.18. 정치경제연구소 대안.

정세정·김태완·김기태·최한수·이주미. 2020.『코로나19로 인한 소득분배
      동향과 정책대응 방안 연구』. 한국보건사회연구원·보건복지부.

정찬미·김재진. 2015.『근로장려세제의 거시경제적 효과. 한국경제의 분
      석』25(2): 1-52.

정흥준. 2020. "코로나19, 사회적 보호 사각지대의 규모와 대안적 정책방
      향".『KLI 고용·노동브리프』제97호(2020-04). 한국노동연구원.

조돈문. 2020. "전국민고용보험제의 정치와 고용보험 사각지대 해소방안".
      『한국비정규노동센터 토론회 자료집: 사각지대 해소를 위한 전국민
      고용보험 시행 방향』.

조동희. 2019.『주요 선진국 근로장려금 제도의 영향평가 및 시사점』. 대외
      경제정책연구원.

조영철·권혁진. 2020. "자산 불평등의 거시경제 영향 분석". 정해식 외, 『경제·인문사회연구회 협동연구총서』 20-01-01. 소득불평등 심화의 원인과 정책적 대응효과 연구3. 2장.

최강식. 2000. 『노동시장정책의 평가방법에 대한 고찰』. 한국노동연구원.

통계청. 2021. 『2021년 8월 경제활동인구조사 근로형태별 부가조사 결과』.

한국산업인력공단·한국직업능력개발원. 2020. 『최근 노동시장 변화에 대응한 사업주훈련 활성화 방안 연구』.

한요섭. 2020. "청년 고용의 현황 및 정책 제언". 『KDI 경제전망』 2020 상반기: 39-46.

함선유·이원진·김지원. 2021. 『코로나19의 확산과 청년노동시장 변화』. 한국보건사회연구원.

홍민기. 2020. "코로나19와 긴급재난지원금이 소비지출에 미친 영향". 『월간 노동리뷰』 2020년 12월호(통권 제189호): 21-40. 한국노동연구원.

황선웅. 2020. "코로나19 충격의 고용형태별 차별적 영향". 『산업노동연구』 26(3): 5-34. 한국산업노동학회.

_____. 2021a. "코로나19 이후 경제 상황의 변화와 노동의 대응". 『한국노동사회연구소 2021년 고용·노사관계 전문가과정 발표문』. 2021.7.1.

_____. 2021b. "정규직과 비정규직의 코로나19 영향 차이 분석". 장인성 외. "코로나19 감염 확산이 고용에 미친 영향". 『고용노동부·한국노동연구원 2021년 고용영향평가 연구보고서』.

Beland, L.-P., Brodeur, A., & Wright, T.. 2020. "COVID-19, Stay-At-Home Orders and Employment: Evidence from CPS Data". 『IZA Discussion Papers』 13282. Institute of Labor Economics (IZA).

Cho, S. J., & Winters, J. V.. 2020. "The Distributional Impacts of Early Employment Losses from COVID-19". 『GLO Discussion Paper』 No. 554. Global Labor Organization (GLO). Essen.

Ellwood, D. T.. 2000. "The Impact of the Earned Income Tax Credit and Social Policy Reforms on Work, Marriage, and Living Arrangements". 『National Tax Journal』 Vol.53, No.4: 1063-1105.

Fairlie, R. W., Couch, K., & Xu, H.. 2020. The impacts of COVID-19 on minority unemployment: First evidence from april 2020 CPS microdata (0898-2937). DOI: 10.3386/w27246

Ham, S.. 2021. "Explaining Gender Gaps in the South Korean Labor Market During the COVID-19 Pandemic". 『Feminist Economics』 27(1-2): 133-151.

IMF. 2021. 『Fiscal Monitor: Database of Country Fiscal Measures in Response to the COVID-19 Pandemic』.

Montenovo, L., Jiang, X., Rojas, F., Schmutte, I. M., Simon, K.I., Weinberg, B.A., & Wing, W. 2020. "Determinants of disparities in COVID-19 job losses". 『NBER Working Papers』 27132. National Bureau of Economic Research, Inc.

OECD. 2021. 『OECD Employment Outlook 2021』. OECD Publishing.

Saez, Emmanuel.. 2010. "Do Taxpayers Bunch at Kink Points?". 『American Economic Journal: Economic Policy』 Vol.2, No.3: 180-212.

〈보도자료〉

고용노동부. 2020.3.9. 신종 코로나바이러스 관련 지원제도 등 안내.

_____. 2020.3.18. 2020년 고용노동부 소관 추가경정예산 주요 내용.

_____. 2020.7.3. 2020년 고용노동부 소관 제3차 추가경정예산 주요 내용.

_____. 2020.9.23. 2020년 고용노동부 소관 제4차 추가경정예산 주요 내용.

_____. 2020.12.29. 코로나19 3차 확산에 대응, 맞춤형 고용안정 대책 적극 추진.

_____. 2021.3.25. 2021년 고용노동부 소관 추가경정예산 주요 내용.

_____. 2021.5.2. 국민취업지원제도, 5월 한 달간 집중 홍보의 달 운영.

_____. 2021.7.24. 2021년 고용노동부 소관 제2차 추가경정예산 주요 내용.

기획재정부. 2020.3.4. 코로나19 파급영향 최소화와 조기 극복을 위한 2020년 추가경정예산안 편성.

_____. 2020.3.17. 코로나19 파급영향 최소화와 조기 극복을 위한 2020년 추가경정예산안 국회 확정(보도자료).

_____. 2020.3.18.「'20년도 제1회 추가경정예산안의 국회 증액에 대한 동의 및 예산 공고(안)」국무회의 의결(보도자료).

_____. 2020.4.30. 2020년 제2회 추가경정예산 국회 확정(보도자료).

_____. 2020.9.22. 2020년도 제4회 추가경정예산 국회 확정(보도자료).

_____. 2020.12.29. 코로나19 3차 확산에 대응한 맞춤형 피해지원 대책.

_____. 2021.1.26. '20년 4/4분기 및 연간 실질 GDP 속보치: 동향 및 평가(보도참고자료).

_____. 2021.4.1. 코로나 극복을 위한 정부의 재정지원사업 업그레이드(보도참고자료).

보건복지부. 2020.3.17. 코로나19 관련 감염병 대응역량 강화와 민생경제 지원을 위한 보건복지부 추가경정예산 3조 6675억 원 확정.

_____. 2020.7.3. 코로나19 대응과 한국판 뉴딜을 위한 보건복지부 추가경정예산 1조 888억 원 확정.

_____. 2020.9.10. 맞춤형 긴급재난 지원을 위한 보건복지부 추가경정예산(안. '1조 4431억 원 편성').

_____. 2020.9.22. 2020년 제4회 추가경정예산 보건복지부 1조 6684억 원, 질병관리청 2153억 원 확정.

_____. 2021.3.2. 사각지대 저소득층 한시 지원 등 코로나19 극복을 위한 보건복지부 추가경정예산(안. '1조 2,265억 원 편성').

_____. 2021.3.25. 사각지대 저소득층 한시 지원 등 코로나19 극복을 위한 보건복지부 추가경정예산 1조 3,088억 원 확정.

_____. 2021.4.21. 사회적 거리두기 시행 내역(2021.4.16 송석준 의원실. 국회 대정부질문).

_____. 2021.7.24. 코로나19 피해지원 및 민생안정, 방역·백신 보강을 위한 보건복지부 제2회 추가경정예산 1조 8,578억 원 확정.

_____. 2021.6.10, 2021.6.16, 2021.6.27, 2021.7.1, 2021.7.7, 2021.7.9, 2021.7.14, 2021.7.23, 2021.7.26, 2021.7.28., 2021.8.4, 2021.8.6, 2021.8.20, 2021.9.3. 사회적 거리두기 관련 보건복지부 보도자료.

한국은행. 2020.4.23. 2020년 1/4분기 실질 국내총생산(속보).

_____. 2020.7.23. 2020년 2/4분기 실질 국내총생산(속보).

_____. 2020.10.27. 2020년 3/4분기 실질 국내총생산(속보).

_____. 2021.1.26. 2020년 4/4분기 및 연간 실질 국내총생산(속보).

_____. 2021.4.27. 2021년 1/4분기 실질 국내총생산(속보).

_____. 2021.7.27. 2021년 2/4분기 실질 국내총생산(속보).

_____. 2021.10.26. 2021년 3/4분기 실질 국내총생산(속보).

〈통계자료〉

통계청.『경제활동인구조사』월별 자료(1997.1 ~ 2021.9)

_____.『가계동향조사』분기 자료(2019.1/4 ~ 2021.2/4)

국정과제협의회 정책기획시리즈 18

위기 대응과 노동시장 전략

발행일   2022년 01월 30일

발행인   조대엽

발행처   **대통령직속 정책기획위원회**
서울특별시 종로구 세종대로 209 정부서울청사 13층
대통령직속 정책기획위원회 (02-2100-1499)

판매가   28,000원

편집·인쇄   경인문화사 031-955-9300

ISBN   979-11-975858-8-3 93300